21世纪经济管理新形态教材·营销学系列

客户关系管理

苗月新 ◎ 编著

清华大学出版社

北 京

内 容 简 介

本书重点介绍了客户关系管理的基本思想、理论和方法,以国外研究客户关系管理的主流方法为依据,研究了客户关系管理的由来、客户接触点、客户生命周期、客户终身价值、关系营销、客户服务能力及其评价、客户服务质量管理、客户忠诚、客户关系管理过程、销售队伍自动化管理、电子客户关系管理、客户关系管理中的伦理问题等内容。各章正文汇集了客户关系管理研究和实践领域的论述、观点和工具,并配有知识点的延伸阅读。正文之后安排了案例以便于读者学习和思考。

本书可作为高等教育院校管理专业高年级本科生的教材,也可作为市场营销学专业研究生和MBA的参考教材,同时还可以作为客户关系管理任课教师的参考书及企业客户关系管理人员的培训教材。

本书封面贴有清华大学出版社防伪标签,无标签者不得销售。
版权所有,侵权必究。举报:010-62782989,beiqinquan@tup.tsinghua.edu.cn。

图书在版编目(CIP)数据

客户关系管理/苗月新编著. —北京:清华大学出版社,2021.1
21世纪经济管理新形态教材・营销学系列
ISBN 978-7-302-57037-0

Ⅰ. ①客…　Ⅱ. ①苗…　Ⅲ. ①企业管理-供销管理-高等学校-教材　Ⅳ. ①F274

中国版本图书馆 CIP 数据核字(2020)第 238199 号

责任编辑:王　青
封面设计:汉风唐韵
责任校对:王荣静
责任印制:吴佳雯

出版发行:清华大学出版社
网　　址:http://www.tup.com.cn, http://www.wqbook.com
地　　址:北京清华大学学研大厦A座　　　　邮　编:100084
社 总 机:010-62770175　　　　　　　　　　　邮　购:010-62786544
投稿与读者服务:010-62776969, c-service@tup.tsinghua.edu.cn
质量反馈:010-62772015, zhiliang@tup.tsinghua.edu.cn
印 装 者:三河市中晟雅豪印务有限公司
经　　销:全国新华书店
开　　本:185mm×260mm　　印　张:13.25　　字　数:311千字
版　　次:2021年1月第1版　　　　　　　　　印　次:2021年1月第1次印刷
定　　价:39.00元

产品编号:083577-01

前言

客户关系管理是市场营销专业的重要研究领域,其内容体系随着整体市场的发展程度、企业的管理能力、市场营销的特点及客户特征的变化而改变。在中国深化改革和扩大开放的时代背景下,市场在资源配置中发挥着决定性作用。在营销概念体系中,市场是消费者的集合,是消费者需求的呈现。在市场中,客户是决定企业生存、发展的重要力量。企业要发展壮大,必须研究市场、关注市场变化,尤其要关注客户的需求结构和数量的变化趋势以及与企业之间关系的稳定性。企业的前途和命运,一半掌握在自己的手中,一半掌握在客户的手里。客户关系管理的重要性不言而喻。

既然客户资源对于企业发展是如此重要,那么如何建立、发展、维持与客户的关系就成为企业管理绕不开的话题。梳理企业与客户之间的关系管理,概括起来需要从以下三个方面思考:

首先,客户在企业管理中的地位。"尊客""敬客""让客"的客户优先思想在普通的社会人际交往中流行千年,至今仍有广泛影响。但是在激烈的商业利益争夺中,企业如何处理与客户之间的关系,是把客户放在优先的地位,还是平等的地位,抑或是从属的地位,事实上是对企业管理理念的一个考验。市场营销学强调"客户驱动型"战略,把客户放在中心位置来设计营销战略,抑制企业过于膨胀的"自我"意识。这对"客户地位在哪里?"这一问题给出了很好的答案:企业尊重自己的客户,事实上就是在尊重自己。

其次,关系在客户管理中的形式。经济学、管理学、社会学等不同学科都在研究关系这一范畴,但是关系在这些学科中的具体含义并不相同。具体到客户关系管理这一研究领域,关系是一种基于营销活动而形成的交往过程和结果。这种关系通常不具有社会学意义上特定人群的历史进化沿革特征,也不是经济学意义上的所有权、经营权、占有权、使用权、支配权等利益划分,它是管理学研究领域中特有的关系形式和内容。因此,企业在处理客户关系管理问题时,一定要遵循管理学规律,不可过多地借用其他学科的概念和形式。

最后,客户关系管理在国内与国外的差异。各国不同的社会文化习俗、政策法律法规、技术发展水平及市场上出现的各种潮流,都在深刻地影响企业的客户关系管理活动。这表现在,客户关系管理具有一定规律性,把一些规律运用于各种场景中都可能会取得较好的效果;同时,客户关系管理具有特殊性和复杂性,需要企业管理者结合企业自身特点、所在市场环境制定有针对性的实施方案。企业在对待客户关系管理这一客观事物时,要处理好包括在一般性规律中的理论、知识、方法与包括在特殊性中的企业具体实际、市场环境各要素的结合问题。

基于以上三个方面的思考,本书作者对客户关系管理研究和实践领域的前沿成果进行了梳理和借鉴，引用专家学者的著述精华和独特观点，融入自己的大量思考，撰写了这本著作，以期解答客户关系管理研究和实践领域的种种疑惑。由于作者的水平相对有限，书中可能有观点需要推敲，加之客户关系管理是一个比较新的领域，错误之处在所难免，欢迎读者提出宝贵的意见和建议。

  本书由中央财经大学商学院教授苗月新博士撰写。在撰写过程中，作者参阅了与客户关系管理相关的大量英文文献和一些中文资料，在此对这些著作的作者表示感谢！正是受这些著作的观点的启发，作者才能在这个目前尚存在许多研究空白的领域中，把艰难的、复杂的研究和探索工作进行下去。

苗月新

2020 年 11 月 8 日于北京

目 录

第1章 客户关系管理概述 ⋯⋯⋯⋯⋯⋯⋯⋯⋯⋯⋯⋯⋯⋯⋯⋯⋯⋯⋯⋯⋯⋯⋯⋯ 1
    1.1 客户关系管理的基本含义 ⋯⋯⋯⋯⋯⋯⋯⋯⋯⋯⋯⋯⋯⋯⋯⋯⋯⋯⋯⋯ 1
    1.2 中国市场环境中客户关系管理的特点 ⋯⋯⋯⋯⋯⋯⋯⋯⋯⋯⋯⋯⋯⋯⋯ 2
    1.3 营销观念变迁对客户关系管理的影响 ⋯⋯⋯⋯⋯⋯⋯⋯⋯⋯⋯⋯⋯⋯⋯ 3
    1.4 客户关怀 ⋯⋯⋯⋯⋯⋯⋯⋯⋯⋯⋯⋯⋯⋯⋯⋯⋯⋯⋯⋯⋯⋯⋯⋯⋯⋯⋯ 10
    复习思考题 ⋯⋯⋯⋯⋯⋯⋯⋯⋯⋯⋯⋯⋯⋯⋯⋯⋯⋯⋯⋯⋯⋯⋯⋯⋯⋯⋯ 14
    案例讨论 四季酒店的客户关怀——"待人如己"黄金法则 ⋯⋯⋯⋯⋯⋯ 14

第2章 客户接触点 ⋯⋯⋯⋯⋯⋯⋯⋯⋯⋯⋯⋯⋯⋯⋯⋯⋯⋯⋯⋯⋯⋯⋯⋯⋯⋯⋯ 16
    2.1 客户接触点的定义与主要作用 ⋯⋯⋯⋯⋯⋯⋯⋯⋯⋯⋯⋯⋯⋯⋯⋯⋯ 16
    2.2 客户接触点的主要类型 ⋯⋯⋯⋯⋯⋯⋯⋯⋯⋯⋯⋯⋯⋯⋯⋯⋯⋯⋯⋯ 19
    2.3 客户接触点的设计 ⋯⋯⋯⋯⋯⋯⋯⋯⋯⋯⋯⋯⋯⋯⋯⋯⋯⋯⋯⋯⋯⋯ 25
    复习思考题 ⋯⋯⋯⋯⋯⋯⋯⋯⋯⋯⋯⋯⋯⋯⋯⋯⋯⋯⋯⋯⋯⋯⋯⋯⋯⋯⋯ 32
    案例讨论 北京稻香村的客户接触点 ⋯⋯⋯⋯⋯⋯⋯⋯⋯⋯⋯⋯⋯⋯⋯⋯ 33

第3章 客户生命周期 ⋯⋯⋯⋯⋯⋯⋯⋯⋯⋯⋯⋯⋯⋯⋯⋯⋯⋯⋯⋯⋯⋯⋯⋯⋯⋯ 35
    3.1 客户生命周期的定义、内涵与作用 ⋯⋯⋯⋯⋯⋯⋯⋯⋯⋯⋯⋯⋯⋯⋯ 35
    3.2 客户生命周期的各个阶段 ⋯⋯⋯⋯⋯⋯⋯⋯⋯⋯⋯⋯⋯⋯⋯⋯⋯⋯⋯ 37
    3.3 客户生命周期不同阶段的营销战略 ⋯⋯⋯⋯⋯⋯⋯⋯⋯⋯⋯⋯⋯⋯⋯ 44
    复习思考题 ⋯⋯⋯⋯⋯⋯⋯⋯⋯⋯⋯⋯⋯⋯⋯⋯⋯⋯⋯⋯⋯⋯⋯⋯⋯⋯⋯ 49
    案例讨论 A公司的客户生命周期管理 ⋯⋯⋯⋯⋯⋯⋯⋯⋯⋯⋯⋯⋯⋯⋯ 49

第4章 客户终身价值 ⋯⋯⋯⋯⋯⋯⋯⋯⋯⋯⋯⋯⋯⋯⋯⋯⋯⋯⋯⋯⋯⋯⋯⋯⋯⋯ 52
    4.1 客户终身价值的定义及作用 ⋯⋯⋯⋯⋯⋯⋯⋯⋯⋯⋯⋯⋯⋯⋯⋯⋯⋯ 52
    4.2 客户终身价值的计量 ⋯⋯⋯⋯⋯⋯⋯⋯⋯⋯⋯⋯⋯⋯⋯⋯⋯⋯⋯⋯⋯ 55
    4.3 客户终身价值的管理 ⋯⋯⋯⋯⋯⋯⋯⋯⋯⋯⋯⋯⋯⋯⋯⋯⋯⋯⋯⋯⋯ 60
    复习思考题 ⋯⋯⋯⋯⋯⋯⋯⋯⋯⋯⋯⋯⋯⋯⋯⋯⋯⋯⋯⋯⋯⋯⋯⋯⋯⋯⋯ 66
    案例讨论 C公司在化妆品品牌竞争中的客户终身价值挖掘 ⋯⋯⋯⋯⋯ 66

第5章 关系营销 ⋯⋯⋯⋯⋯⋯⋯⋯⋯⋯⋯⋯⋯⋯⋯⋯⋯⋯⋯⋯⋯⋯⋯⋯⋯⋯⋯⋯⋯ 69
    5.1 关系营销的定义与内涵 ⋯⋯⋯⋯⋯⋯⋯⋯⋯⋯⋯⋯⋯⋯⋯⋯⋯⋯⋯⋯ 69

5.2 关系营销的主要影响因素 …… 74
5.3 东方企业文化背景下的关系营销 …… 76
5.4 关系营销策略 …… 79
复习思考题 …… 83
案例讨论 niko and...的关系营销策略 …… 84

第 6 章 客户服务能力及其评价 …… 86

6.1 客户服务能力的定义与内涵 …… 86
6.2 客户服务能力评价 …… 89
6.3 客户服务能力提升计划 …… 96
复习思考题 …… 101
案例讨论 M 银行客户服务能力提升策略 …… 101

第 7 章 客户服务质量管理 …… 103

7.1 客户服务质量管理的定义与内涵 …… 103
7.2 客户服务质量评价 …… 108
7.3 客户服务质量管理计划 …… 114
复习思考题 …… 119
案例讨论 海尔客户服务质量管理能力的网上呈现 …… 120

第 8 章 客户忠诚 …… 122

8.1 客户忠诚的定义与内涵 …… 122
8.2 影响客户忠诚的主要因素 …… 125
8.3 客户忠诚计划 …… 137
复习思考题 …… 140
案例讨论 联合利华的客户忠诚 …… 140

第 9 章 客户关系管理过程：计划、组织、实施和控制 …… 142

9.1 客户关系管理过程涉及的主要环节 …… 142
9.2 客户关系管理计划的内涵、作用和类别 …… 144
9.3 客户关系管理计划的组织与实施 …… 147
9.4 客户关系管理过程的控制 …… 150
复习思考题 …… 155
案例讨论 斯图·伦纳德(Stew Leonard)的客户管理规则 …… 155

第 10 章 销售队伍自动化管理 …… 158

10.1 销售队伍自动化的基本含义及其作用 …… 158
10.2 销售队伍自动化采用过程及其理论模型 …… 161

10.3　销售队伍自动化管理面临的主要问题及其成因分析 ················ 166
10.4　销售队伍自动化管理策略 ·························· 168
复习思考题 ····································· 172
案例讨论　不断变化的销售队伍自动化软件市场排名 ·············· 172

第 11 章　电子客户关系管理 ························· 176

11.1　电子客户关系管理的基本含义及其作用 ················· 176
11.2　电子客户关系管理的基本模块与主要功能 ················ 180
11.3　电子客户关系管理的采用问题 ····················· 184
复习思考题 ····································· 187
案例讨论　在实践中不断寻找 e-CRM 成功的秘籍 ················ 187

第 12 章　客户关系管理中的伦理问题 ···················· 190

12.1　客户关系管理伦理问题表现及各个主体的利益平衡 ············ 190
12.2　客户关系管理伦理中的东西方文化价值观念差异 ············· 196
12.3　客户关系管理伦理中的基本决策模型 ·················· 198
复习思考题 ····································· 201
案例讨论　心理学定律在客户关系管理中的应用的伦理问题 ··········· 201

第 1 章

客户关系管理概述

【本章知识点】
- 中国市场环境中客户关系管理的特点
- 市场营销观念变迁对客户关系管理的影响
- 客户关怀的定义与形式
- 客户关怀的内容与实践

客户关系管理是市场营销学的重要组成部分。作为一门知识,它有自身的理论框架和基本概念作为支撑,其内容随着企业实践活动的发展而不断更新。人们对这门知识及其重要性的认识是一个循序渐进的过程。

1.1 客户关系管理的基本含义

客户关系管理是建立在商品交换和市场经济基础之上的一种管理形式。它以经济利益为导向,是对企业与其服务对象之间关系属性的构建与维护。这包括以下三层含义:

首先,客户关系是商品交换关系的衍生品。随着商品的出现、交换的发展,以及商品关系和交换关系的演进,客户关系开始形成。如果没有商品交换及交换的发展,或者没有建立商品关系和交换关系,客户关系的产生就不具备客观的社会经济基础。

其次,客户关系在市场发展到一定程度,市场经济具备一定基础之后才形成重要的影响力,并显现其存在价值。市场发展程度是客户关系发展程度的检验标准,客户关系水平与稳定性又反映了市场的特征。

最后,客户关系管理在本质上是一种管理现象,需要将其纳入管理学范围进行思考。企业能够在实践中形成符合自身管理模式与风格的客户关系管理方式。

上述三个方面有助于我们了解客户关系的形成基础和发展方向。然而,客户关系管理并非局限于这三个方面,而是与企业外部的社会、经济、政治、文化、技术、教育、法制等环境要素紧密地融合在一起。因此,随着环境的变化,客户关系管理总是处于变动之中。这种变动是基于一定规律而展开的,尽管也有例外情形。客户关系管理主要研究企业与客户之间关系的变化规律,以便找出一条科学有效的路径来完善和提升企业的经营管理水平。

客户关系管理就其内容本身,是揭示企业与客户之间存在的各种有轨迹可以判断的关系特征,进而从管理的角度来预判和把握这种规律,指导企业未来的实践活动。

"客户关系管理"作为专业词汇,在形式上,它由"客户""关系"和"管理"叠加而成。但在内容上,它并不是这三个词汇的简单相加。"客户"是指管理对象,"关系"是管理内容,而"管理"则主要突出企业在这一具体活动中的计划、组织、指挥、协调和控制职能。

在非营利性组织中，事实上也存在客户关系管理行为，但是为了分析的便捷性和口径的一致性，我们将客户关系管理的行为主体统一为企业。适用于企业客户关系管理的方式和方法，经过一定调整后，也可以应用于非营利性组织中。

1.2 中国市场环境中客户关系管理的特点

改革开放以来，中国市场环境发生了巨大变化。企业数量的增多、类型的增加、业务规模的扩展，以及市场的发育与发展，对客户关系管理提出了新的、更高的要求。在市场经济这一背景下，客户关系管理显得更加重要。

中国市场环境的特点决定了中国企业进行客户关系管理的方式和方法。

1.2.1 中国市场环境的特点

从总体上看，中国市场环境具有以下特点：

(1) 在生产供应方面，中国市场环境中的生产企业数量巨大，每年都产出大量的产品和服务，因此在生产和服务能力上是一个规模巨大、结构复杂的市场。

(2) 在消费需求方面，中国市场环境中的消费者人数居于世界首位，在消费支出方面也在稳步增长，因此是世界上最大的消费市场之一。

(3) 在商品流通方面，中国市场环境中有大批外资生产企业，所生产产品和服务供中国和外国消费者使用，因此中国市场又是世界市场的重要组成部分，每年都有大量的产品和服务输入与输出，是联结国际生产与国内生产，国际消费与国内消费的重要场所。

中国市场环境的上述特点决定了中国企业服务对象的多元性：既要面向国内市场提供产品和服务，又要面向世界市场提供产品和服务。

社会化大生产是一个完整的、连续的、不间断的过程，循环往复地进行，因此不同生产企业之间的关系是一个网络状的合作协同关系，相互依存，从低端原材料的生产加工，产品、零部件的生产，到高端产成品和服务的提供，形成一个系统性的生态环境。

客户关系管理不仅出现在企业的纵向合作领域，而且在企业的横向合作领域也不可或缺。但是，它的主要作用领域，或者所触及的最为明显的关系，是企业与消费者或最终用户之间的关系。一般而言，这些企业的类型越复杂，消费者群体的构成就越复杂，因而客户关系结构更加复杂。从这个意义上讲，客户关系复杂性与市场环境复杂性具有一定的相关性。

中国市场经济是从计划经济转变过来的。传统计划经济体制下的客户关系管理思想在一些企业或多或少地存在。因此，在分析以市场为资源配置手段的企业客户关系管理方式时，也要注意这些企业是否在观念上转变了原有的管理思想和模式。传统计划经济体制下，由于商品紧缺、物资供应不充分，在购买商品和服务时，凭"证""票""号"的现象十分普遍，企业与消费者之间的关系是否能够从"客户关系"这一角度进行分析，是需要认真思考的问题。但是，在开展市场经济之后，随着商品供应的增加，市场竞争日趋激烈，企业与消费者之间的关系与传统计划经济完全不同，消费者具有更大的话语权。因此，对于企业而言，发展、维护与消费者之间的关系就是客户关系管理的重要内容，直接关系到企业的命运。

现阶段，中国市场经济正在不断向前发展，体制、机制逐步趋于完善。市场经济是法制经济，法律法规对生产企业、服务提供商的经营管理行为的约束和指导作用正在增强，对消费者的理性消费也提出更高的要求。因此，在中国市场不断走向成熟的过程中，客户关系的形式和内容正在发生根本性变化。强化产品质量、服务意识、诚信经营，是企业处理客户关系时的重要原则；同时，对于消费者而言，消费选择权的使用及对企业经营活动的监督，也是督促生产企业和服务提供商改进其经营管理状况的重要途径。因此，在中国市场经济进入新时代这一重要的历史时刻，客户关系管理被赋予了全新的、深刻的内涵。

1.2.2 中国企业客户关系管理的特点

中国企业客户关系管理的特点，主要是相对于外国企业提出的，包括企业的特征、企业家的风格、传统文化的影响，以及中国企业适应时代变迁所做出的改变。

从总体上分析，中国企业客户关系管理的特点与企业所有制形式、社会文化及地域亚文化、管理者能力与素质、消费者人群特点具有一定程度的相关关系。

1. 客户关系管理中具有传统文化元素

中国传统文化历史悠久，这在各类企业的生产经营管理中都有呈现。作为企业生产经营管理的一个分支，客户关系管理在发展过程中传承了中国传统文化中的优秀元素，如"诚信经营，童叟无欺""顾客至上"等。待客友好、热情接待、尊客敬客是中华民族的传统文化，这些在现代企业客户关系管理中都有充分体现。

2. 客户关系管理中具有区域文化差异

由于地区文化差异，在客户关系管理中，不同地区的企业所呈现的文化特点具有地方色彩。一般而言，不同企业之间的空间距离越远，客户关系管理方式的差异就越大。例如，在"客户至上""以客为尊"的具体管理方式上，各个地区的企业有所不同。

3. 客户关系管理中具有企业文化特色

中华文化博大精深，这也体现在企业与客户之间关系的处理上。在经营管理过程中，一些历史悠久的企业形成了文化特征鲜明的客户管理方式。例如，在对待客户的方式上，一些"中华老字号"企业具有十分明确的原则和要求。

1.3 营销观念变迁对客户关系管理的影响

营销活动出现100多年来，其观念形态经历了巨大变迁：从生产观念、产品观念、促销观念等传统观念，转向市场营销观念、社会营销观念等现代观念。在这些观念发展变化的不同阶段，客户关系管理的内容和形式有着明显的差异。

1.3.1 传统营销观念支配下的客户关系管理方式

1. 生产观念支配下的客户关系管理

生产观念主要是以提升生产效率、追求最大产出率为目标的一种营销观念。它是出现在市场供不应求或者短缺经济时期的一种观念形式。由于倡导营销活动主要是为了促进产量的增加和产值的提升,因此该观念坚持以企业自身为中心尤其是以生产部门为中心。一般而言,在生产、流通、消费相互影响的市场中,该观念占支配地位时对生产企业福利有增进作用,但是对参与流通的中间商(如代理商、批发商和零售商),就不一定特别有利。至于消费者,因处于营销渠道末端,受此种观念影响,在交换关系中较为被动,即使具有客户特征的市场地位,也很难具备议价能力和谈判权。因此,该观念支配下的企业生产经营活动并不是一种严格意义上的市场行为,而是生产企业居于营销渠道的支配地位,对产品配送、调配、分配等关系形式进行管理。

生产观念支配下的企业,其客户关系管理特征为:①计划部门、原材料采购部门和物流配送部门,在企业生产经营活动中作用尤其重要;②企业更重视与营销渠道上游合作伙伴的关系管理,即与原材料供应商、物资审批部门的关系;③在关系层次上,企业将经销商、消费者等渠道成员置于从属地位;④在处理客户关系时,有重点和针对性地进行资源配置,以提升整个渠道系统的关联效率。

营销渠道是一个完整的系统,个别层级或少数环节占用资源过多,势必造成整个企业的资源利用效率降低。如果整个行业的优质生产资源集中于少数企业手中,那么就会出现垄断经营和市场操纵等不良行为。

市场是消费者需求及由此而形成的各种关系的综合体。脱离消费者人群这一重要客户群体的诉求,而将重点放在上游供应商环节,事实上有违市场资源配置的基本规律。因此,生产观念支配下的客户关系管理并不是严格意义上的以市场为基础的客户关系管理,它是一种本末倒置的"倒挂式"或"逆向性"客户关系管理形态。这种现象只是在经济发展水平较低或者经济处于特殊时期时才会出现。

上游原材料供应商此时拥有最重要的资源,企业客户关系管理的关键任务是保持与这些企业的合作关系,进而保证其生产过程的连续性。这些原材料供应商通常具有一定的供应能力和经营资质,它们与企业之间的合作关系是一个组织对另一个组织的关系。与市场上存在大量的中间商和消费者人群所不同的是,它们在数量上比较少,对企业的关系形态通常是"多对一"或"一对一"。对于企业而言,"多对一"关系是一种竞争关系,因而选择权更大,而"一对一"客户关系具有垄断特征,容易诱发伦理问题,即可能形成"灰色交易"。企业应当尽量摆脱"一对一"渠道合作关系,而形成"多对一"供应商相互竞争的局面。然而,在短缺经济下或市场处于特殊阶段时,企业与上游渠道合作伙伴之间的客户关系管理并不以其意志为转移。

在资源短缺、产品供不应求的经济环境中,这种"倒挂式"客户关系与正常市场运行趋势完全相反。客户关系通常是指企业作为产品的提供者,与消费者形成的关系。其中,企业以关系中的"主人"身份出现,而消费者以"客人"身份出现。因此,在正常市场环境中,产品供应较为充分,竞争压力会促使企业尽可能地与消费者维持好关系。然而在经济非正常运行条件下,产品供应出现问题,短缺成为一种常态,市场上就会出现消费者向企业索取产品的情形,这时客户关系出现反向变化,企业作为产品提供者成为客户,而消费者成为客户寻找者。由于市场环境总是处于变化中,因此,企业与消费者的关系并非一成不变的。这种关系会随着竞争格局而发生变化,甚至呈现反向变化特征。

然而不论主客之间的关系方向怎样变化,在生产观念为主导的市场环境中,企业与消费者的关系发生错位,主要表现为产品在不同社会群体之间的分配。产品配给权力是对市场运行具有重要影响的一项特殊资源。这种权力是市场决定性力量之一。行业或市场垄断就是这样一种权力,它能够对产品数量和价格形成决定性影响,同时能够决定它们的销售对象。在垄断条件下,价格规律、供求规律严重扭曲,市场机制不能有效调节资源配置,最终导致市场效率降低,社会福利受损,而垄断企业利益最大化。在正常运行的市场中,反对行业或市场垄断、消除垄断的土壤是企业、消费者、社会的共识。垄断往往与市场优势地位、特定权力的滥用结合在一起,形成不公平竞争。在客户关系管理中,资源短缺或者供不应求,除了客户关系反向运行外,还恶化了市场环境,抑制了竞争,导致市场需求偏好向生产控制权力妥协。企业以调节生产批量、总量、结构、价格、供给对象等方式来最大化自身利益,而使整个市场缺乏活力。从社会经济发展总体趋势上分析,市场监管应尽可能消除这种主客关系反向变化现象。

需要注意的是,尽管人们普遍认为行业或市场垄断是阻碍经济发展的一种力量,但是在一些特殊行业环境和市场条件下,行业或市场垄断仍然有存在的必要性。除了上面所提及的国民财富(实物储备、资金、土地等)资源总量和人均数量严重短缺需要实行计划经济进行配给制,对矿产资源行业和一些关系国计民生的其他行业进行垄断经营,以防止市场完全自由竞争出现财富向少数人群过度集中外,亚当·斯密在《国富论》中指出,在国际贸易中,力量弱小的国家对一些重要行业资源和产品市场的垄断,有助于与力量强大的国家抗衡。这表现在贸易力量弱小的国家可以通过垄断把国内资源集中起来,统筹紧缺产品的生产、销售、定价、进口等事项,进而起到保护弱小行业和稳定市场的作用。一般而言,从经济学角度观察,资源丰富、产品过剩、市场饱和的国家和地区在国际贸易中倾向于提倡国际贸易自由化、市场开放和竞争,并反对行业和市场垄断;而资源短缺、产品不足、市场失衡的国家和地区则会对一些行业和市场采用必要的保护措施。正是由于不同国家和地区在经济发展阶段上的差异性,需要从更具体的国际市场情景中对客户关系管理进行判断。

2. 产品观念支配下的客户关系管理

产品观念是商品交换关系发展到一定阶段的产物。在该观念盛行的市场上,企业出于竞争考虑,把客户关系管理重心从"供应商"这一环节,逐渐转向"经销商"和"分销商"。然而,此阶段的企业与其原材料供应商的关系维持仍然十分重要,这对保证产品品质有利。

产品观念盛行时,市场出现供大于求现象,企业迫于竞争压力主动推出新产品,以便形成行业优势地位。在这种市场格局中,竞争聚焦产品功能、形式上的差异化,甚至包括情感性和象征性利益之区分。总之,企业要充分体现自身产品的不同特质。一般而言,产品之间的差异化,除了类别不同外,还能够通过款式、品牌名称、生产所用材料、原产地、价格等形式表现出来。因此,产品观念为主导的客户关系管理主要是强调某一特定的产品能够给客户带来什么,以及它区别于竞争对手的特点或优势是什么。

产品观念支配下的客户关系管理,强调给客户最好的产品或者最符合客户需要的产品。从营销渠道角度分析,企业通过产品的不同功能、属性和利益来吸引经销商、分销商加入销售队伍,进而实现扩大市场份额的目标。企业争夺中间商,是产品观念的典型形式。通过中间商的努力而把产品分销给最终消费者,是产品观念主导市场时的一种关系管理常态。

需要指出的是,以产品观念为主导的企业,其主客关系十分复杂。它既可能建立起符合市场运行常态的主客关系,也可能出现反向变化,朝着极端方向发展。产品是生产过程的结果,产品观念的极端情形,就是产品脱离市场需求而排斥消费者。因此,产品观念仍然是一种以企业为主的观念形式,它围绕企业的生产能力和技术偏好来判断市场需求。在处理客户关系管理问题时,这种决策主观性会导致不计成本和市场效果地追求极致。

在处理客户关系时,以产品观念为主导的企业,通常表现为:

(1) 企业通过向消费者提供差异化产品来增进客户关系。

(2) 企业主要关心产品的功能、材料、技术、款式、品牌等与产品质量相关的方面,并以此作为吸引中间商、消费者的营销重点。

(3) 企业大量投资产品研发,提升产品在功能、材料、技术、款式、品牌等方面的竞争力。其对自身努力的要求,明显强于对市场的洞察,尽管有时也会根据中间商、消费者的反馈来改进产品质量,但总体上采取的是一种面向生产与研发的经营管理思路。

(4) 产品成为连接企业与营销渠道其他成员的主要途径。客户关系管理的实质是产品关系管理,即基于产品生产和需求而建立关系。企业甚至认为客户之所以能够稳定在生产企业的周围,主要原因是其自身拥有客户想要的产品。企业认为,要想在激烈的市场竞争中立足,必须拥有质量上乘、安全可靠的产品。

(5) 在产品观念占支配地位的市场上,企业与中间商、消费者之间的关系以产品为中心,而不是以市场、生产为中心。以产品为中心的客户关系,因受产品频繁更新换代的影响而显得十分脆弱。产品进入生命周期下滑阶段后,关系维持将变得更加困难。技术更新对客户关系的影响也较为严重,强调产品观念的企业经常因技术落伍而被客户所抛弃。

(6) 产品观念在市场上并未消失,即使是在当今互联网时代,这种观念仍有大量企业追捧。有时,基于产品而设计客户关系并不是落后的管理方法,而是在市场竞争中取得不错效果的积极尝试。因此,以产品观念为支配地位的客户关系管理有其存在和发展的必要性。

3. 促销观念支配下的客户关系管理

促销观念主要在企业面向中间商或最终消费者时使用,有时也会在中间商之间或中间商面向最终消费者时使用。当市场上出现产品过剩时,企业为了减轻库存压力,或者在竞争中赢得更多的市场份额,就会采取这种客户关系管理观念。在营销渠道中,产品由企业经中间商买卖而流向最终消费者,因此促销是指营销渠道中的上游企业向下游企业或者消费者采取的销售激励措施。

促销观念支配下的客户关系管理,其主要活动围绕产品销售而展开,因此产品销售额、销售量是这种观念执行效果的重要衡量标准。例如,20世纪20年代美国农产品市场,由于交通不便和产地市场的有限性,大量农产品堆积在农场仓库中找不到销路,当时美国营销学者的主要工作就是研究如何帮助农户把农产品卖出去,其中包括营销渠道不同环节的促销措施及其具体效果评价。当时,农产品收购、批发、零售等环节的各类商人,在帮助此类产品由农村进入城市的渠道建设中发挥了重要作用。各个环节之间都或多或少有一定的促销措施。

促销观念支配下的客户关系管理,其主要内容是在营销活动中尽可能维持那些具有稳定客户资源的中间商,以及对产品数量折扣或低价格比较敏感的个人消费者。这种观念的假设是市场中仍然存在未被满足的需求空间,因而需要企业及其渠道中间商尽最大努力来开拓市场,寻找客户。客户关系在这种观念中的地位十分重要。该观念鼓励主动寻找中间商合作,寻找消费者支持的市场行为,强调中间商在连接企业、其他中间商、消费者中具有不可替代的作用。在促销活动中,为了激发潜在需求,使市场需求得到充分满足,企业的主动性远胜于中间商和消费者。所以,该观念支配下的客户关系管理,实质上仍以企业利益最大化为核心。过度促销有时会损害企业与中间商,中间商与消费者之间建立的信任关系。

这种客户关系管理方式具有以下特征:

(1) 其效果受促销活动的形式和内容的直接影响。与促销活动的主要形式(广告、人员销售、销售促进、公共关系)相对应,促销观念通常细分为广告宣传观念、人员销售观念、销售促进观念和公共关系观念。这些观念通过企业针对渠道成员的促销活动,而体现在客户关系方面。企业的产品类型对其促销形式和内容的选择具有一定影响,进而影响客户关系管理的具体方法。

(2) 它以完成促销任务为目标。在促销活动中,资金投入、活动规模及促销工具的组合效力,对客户关系的建立、发展与维持具有直接影响。为了完成促销任务,企业通常采用与市场环境及消费者偏好相匹配的促销工具和方法。例如,在互联网时代,电商平台具有促进交易完成的媒介作用,因而在购物狂欢节中,通过其开展促销活动,就是一条有效的途径。由此而建立客户关系,也就成为适应市场环境和消费者生活方式的一种正确选择。

(3) "拉式""推式"和"推拉结合式"促销,是客户关系建立、发展与维持的主要途径。"拉式"是指通过广告、邮寄目录、电子邮件等介质,以间接方式把客户吸引到企业身边;"推式"是指通过企业向中间商或中间商直接向消费者推销产品的形式,把消费者发展成为客户;"推拉结合式"是此二者的混合形式。尽管这些方式在使用上有所区别,针对对象也会存在差异,但最终目的都是把中间商或消费者培养成客户,进而为企业赢得更大的市场发展空间。一般而言,"拉式"促销由于点多面散,缺乏针对性,因而会产生促销能量损耗;而"推式"促销由于直接作用于渠道成员,容易被中间商或消费者直接拒绝,经常会出现"压力销售"等营销伦理问题;"推拉结合式"能够克服此二者的缺陷,在实践中比较常用。

(4) 其主要目的是说服客户购买更多的产品。企业的各种促销活动形式都围绕这一中心目的而展开,购买产品最多者被认为是最重要的客户,而最少者被认为是最不重要的客户。促销活动是维系企业与客户关系的纽带,在一些重要时间节点和事件场合,企业会利用各种方式来接近关键客户,为其送去购物便利与优惠。例如,在周年庆典、传统节日,开展赊购、购物信用贷款、批量优惠、价格折扣等促销活动。促销观念为主导的企业在营销活动中强调对客户的影响力与控制力,强调企业经营管理理念向客户准确、及时的传递。

1.3.2　现代营销观念影响下的客户关系管理方式

现代营销观念是企业关注点由自身转向客户而形成的一种观念形式。在这种总的观念形式下,客户关系特征随之发生相应改变。

1. 市场营销观念为主导的客户关系管理

市场营销观念支配下的客户关系管理,是真正意义上以客户为中心的管理方式。它使全体渠道成员在经营目的与方式上趋于协同一致。这减少了渠道运转能量损耗,提升了生产组织与市场运行效率,能够最大限度地把企业产品生产与客户需求连接在一起。

这种客户关系管理方式,以消费者需求为起点来安排企业生产经营活动,因而能够基于客户洞察来了解市场发展动向,有效地弥合生产与需求之间的空白。在生产经营活动中,企业能够坚持正确的发展轨道,以市场为导向安排生产资源,制订科学有效的战略计划和经营决策。

市场营销观念支配下的客户关系管理具有以下特征:

(1) 客户关系管理基于需求发现而建立。这其中包括市场调查与分析,以及基于数据分析的结论总结和经营方案的提出。市场调查与研究是客户关系管理的主要依据,所研究的问题包括:客户需要什么样的产品?客户由哪些市场群体组成?客户在什么时间和地点购买产品?客户购买心理和行为有何特点?企业能够为客户提供怎样的产品?企业在市场中地位如何?企业的竞争对手有哪些?在制订生产计划之前,企业应当认真分析这些问题,在充分讨论的基础上形成一致性意见。

(2) 客户关系管理体现了以客户为中心的经营管理思想。企业从以自身主观设计和设想,以自身需求为中心来安排生产经营活动,过渡到先了解客户需要并以客户实际需求和潜在需求为中心来开展经营活动,这既是营销观念的一次革命性变革,也是客户关系管理的一次本质上的飞跃。诚然,获取利润最大化是企业的首先任务,但是从直接的"利己"转变为"利他",并以此来实现利润最大化目的,这在道德上具有更大的感染力。

(3) 客户关系管理先由客户需求而引发,继而形成作用力来推动企业经营管理变革。这种新的逻辑顺序,既反映了管理思维的提升,也体现了经营管理优先事项的变化。也就是说,在客户关系管理中,企业的工作重点在于了解客户偏好并积极响应这种偏好。相应地,客户关系管理部门在企业整个组织架构中占有重要地位,从边缘部门进入核心部门,进而影响整个企业的经营管理决策。

(4) 客户关系管理是能够深刻反映市场演变、消费者偏好变化趋势的一种有效手段。它与市场环境变化紧密相关,也与消费者的消费习惯具有关联性。从某种意义上讲,它是市场环境与消费者行为等变量综合作用的结果,其内容、形式及所用技术手段既是市场经济发展变化的产物,也是消费者理性消费发展状态的一种体现。企业客户关系管理水平的市场化程度越高,其对消费者理性消费的正向引导作用越强;反之,则对消费者理性消费的影响力越弱。

2. 社会营销观念为主导的客户关系管理

社会营销观念是当代社会主流营销观念之一,它也是客户关系管理的重要指导性观念。社会营销观念强调企业市场营销活动要考虑社会利益,兼顾社会公众利益诉求。如果完全以社会利益最大化为导向,企业的生产、经营、管理行为就会违背价值规律,脱离市场目的和要求,进而使其变成一种纯粹的事业性组织;而如果在生产、经营、管理活动中,只注重自身利益最大化而不顾社会公众利益,企业的发展就可能陷入危害社会的境地。因此,企业必须在利润最大化与兼顾社会公众利益之间取得一种平衡。

社会营销观念支配下的客户关系管理更加注重社会核心价值观念的宣传,并把这些观念与企业自身生产经营活动结合在一起,以体现其在实现自身价值的同时也在为社会创造价值。参加公益活动、公共事业,以公益广告形式来唤醒消费者关注,在公共关系中搭建一种值得信赖的品牌形象,是企业以社会营销观念为指导而建立良好客户关系的重要途径。

企业以社会营销为主导建立、发展并维持客户关系,事实上是其作为法人主体在生产经营中道德情感的一种表现。从西方伦理学角度分析,倡导社会营销,是企业把自身作为一个"旁观者"来观察其生产经营活动的一种行为。其所观察、审视的自身生产经营行为对客户及社会的影响,不论是正面的,还是负面的,都纳入统一的评价标准之中。社会营销是一种道德制高点,它是营销观念发展到一定阶段的产物。除了追求利润,企业也在追求生产经营过程中的"道德合宜性",这是企业道德良心的体现,是企业在社会文明进程中行为自律和净化的一种结果。因此,社会越是进步,企业发展水平越高,社会营销为主导的客户关系管理就越会占据核心地位。

社会营销观念支配下的客户关系管理具有以下特征:

(1) 在客户关系建立、发展和维持中,企业想方设法在社会核心价值上与客户取得一致,以此吸引更多的客户关注其生产经营活动,创造更加良好的社会营销环境。在工具选择上,它把社会核心价值宣传作为一种营销方式,在产品形式和内容上尽可能加入社会公益成分,从社会公共利益视角来开展营销活动。

(2) 在客户关系建立、发展和维持中,企业十分重视与社会组织之间的业务结合点,甚至以社会组织开展公益活动的常用形式开展其营销活动,在营销传播中特别强调其使命、愿景、目标等经营理念与社会发展的同步性或者超前性,以实际行动影响所在社会的价值实现或价值超越。在这种营销氛围中,企业不只是从社会中获取精神资源,而且能够创造有利于社会发展的物质精神文化财富,从而成为社会发展的真正贡献者。

(3) 在客户关系建立、发展和维持中,企业尤其关注自然生态环境问题和社会弱势群体生存状况,以此引起最终消费者的积极响应,从而扩大品牌的影响力和号召力,提高产品的知名度、美誉度和忠诚度。在社会营销观念及其价值主张推广中,企业所倡导的越是接近中间商和最终消费者的价值观念,其社会认同感就会越高,所遇到的意识形态阻力就会越小。

从上述分析中,我们可以发现,不论是传统营销观念还是现代营销观念,都需要与企业所需建立的客户关系保持一致。由于观念具有一定的习得性和稳定性,并受社会环境、市场环境、企业家认知水平等因素影响,因此在处理营销观念与客户关系管理的关系时,企业必须明确自身的观念水平,然后认真研究客观环境中的客户关系状态,以此来寻找二者之间的衔接点。

1.4 客户关怀

从生产创造价值到产品创造价值,再到促销创造价值,之后发展到通过客户关系创造价值,直到通过兼顾社会利益而创造价值,企业对客户的关怀程度是一个不断提升的过程。客户关怀的前提是积极聆听客户心声。一般而言,客户关怀从行为逻辑上划分大致包括三个阶段:客户心声的倾听;客户诉求的回应;客户管理的改进。企业为了实现获得最大利润这一主要目标,必须对客户实施关怀,在建立关系、维持关系和吸引更多的客户这三个方面做出成效显著的工作。

客户关怀是企业通过有计划、有目的的针对性措施,解决客户群体中存在的突出问题,以此来稳定现有客户群体的人数规模和需求总量,并在此基础上寻找新客户,提供与客户需求相对应的服务,进而构建客户忠诚的过程。

1.4.1 客户心声的倾听

客户是企业发展的基础。在生产进行的同时,消费也在进行;企业的产品流向市场,进入客户手里,并不是社会生产过程的结束,而是一个新的开始。客户会针对产品使用过程中出现的问题向企业进行反馈。有的反馈是直接的,即直接向企业客户服务部门反馈;有的反馈是间接的,即通过中间商或者消费者协会,以及在同类产品消费者群体中相互传播来进行反馈。消费者通常不会把企业所提供产品的优点和缺点放在心里而不进行传播。因此,对于企业而言,在所生产的产品进入营销渠道之后,首先要对它们的消费状况进行跟踪。事实上,真正的营销活动是在产品销售之后才开始。客户心声对于提升企业经营管理水平具有重要的指导作用。是否能够从消费者那里获得及时、全面、准确、真实的评价信息,对于企业提升竞争力、扩大市场份额、提升产品质量与水平,具有重要影响。

客户心声通常有以下三种表现:

(1) 积极、正向的声音。企业总是希望从市场上听到关于其产品的积极正向的声音。不可否认,在企业所生产产品质量过硬、服务质量有保证时,客户反响通常是积极的和正向的。这样的声音能够把企业和消费者紧密地联系在一起,进而实现生产和需求相互促进的目标。例如,客户会对产品进行打分,在1~10分区间中选择一个比较高的分数或者满分,通常高于6分,这就是一种积极、正向的回应,同时给出一些肯定的话语,如企业"售后服务人员态度好""产品质量可靠""功能齐全"等。这样的正向评价对于企业而言是一种极大的鼓励,表明企业应当坚持既有做法,并在此基础上寻找更高层次的发展路径,巩固和提高经营管理水平。研究显示,从长期来看,企业与客户之间的关系呈逐渐衰减趋势,因此如果企业不能进一步提升自身实力,这种积极、正向的声音会相应地减小。

(2) 消极、反向的声音。客观地讲,企业并不希望从市场上得到关于产品的负面评价。但是,由于其自身并不是产品的真正使用者,而只是设计者和生产者,因此一些主观性的设计愿望和生产目的,需要经过市场检验才能够确认是否符合预期。一般而言,消费者之间的需求存在一定差异,他们对产品的评价标准也并不一致,有时对同一产品的评价结果可能出现较大的区别。针对这种情况,企业应当客观地对待来自市场上的消极、反向的声音。除了分析其真实性外,更重要的是分析这样的声音产生的原因是什么,属于企业方面的责任有多大,有无相应的解决办法,等等。以分值评价法为例,客户在评价表1~10分这样的区间中,如果所选分值低于4分,则表明其对企业产品并不满意;在其附加的语言评价信息中,通常包含"产品质量比较差""使用过程中问题频发"等内容。通过了解客户负面评价信息,企业应当明确未来主要应做什么,以及目前市场上竞争者主要在做什么,甚至能够明确获取更多客户的主要障碍在哪些具体方面。

(3) 中性的评价。这种评价对于企业判断其产品状况并不十分有利。与前面两种评价不同的是,它很难让企业对产品在市场上的表现作出准确判断,反而让其陷入"进退两难"的窘境。中性评价可能表明企业所生产的产品既没有明显优势,也没有明显劣势,因而在市场上显得比较"平庸",即"不上不下"。优势不明显,劣势不突出,可能意味着企业需要在发展方向上进行聚焦,或者在市场开发方向上有所侧重。以1~10分客户满意度评分为例,如果平均值落在"5~7分"这样的分值区间中,就表明客户对于企业产品虽然不贬低,但也并不赞赏;在附加的客户语言评价信息中,通常会包括"产品基本还可以""虽然不是太满意,但是还可以用上一段时间"等意见反馈。

延伸阅读1-1 美国福特汽车公司的例子

在实践中,了解和掌握客户心声的途径主要有以下6种:

(1) 电话回访。通过售后电话回访,分析客户对产品的意见和建议。

(2) 广告关注率测算。通过分析产品广告在客户群体中的关注率,观察客户消费兴趣变化趋势,以及相应的消费需求、动机和行为之间的关联性。

(3) 实体经营机构的展销活动。通过分析客户对企业直营机构或合作经销商的光顾率,具体观察客户的兴趣和偏好。

(4) 发送电子邮件。通过电子邮件推送企业产品信息,了解客户反馈意见。

(5) 参加大型展销会。通过参加进出口展览会或者行业成果展览会,企业能够了解主要客户所关注的问题,也便于掌握市场动向和竞争者状况。

(6) 其他渠道。

1.4.2 客户诉求的回应

对客户诉求回应的时效性,在较大程度上决定了企业的客户管理效率。一般而言,客户诉求都是围绕问题而展开的。在各种各样的问题中,有的是针对技术层面提出的,有的是针对功能设计合理性提出的,也有一些可能是针对服务人员的态度提出的,还有一些可能是针对服务费用是否合理提出的。在应对不同类型的客户诉求时,客户服务人员并不是解决所有这些问题的专家,他们通常只能以认真倾听和记录的方式对客户提出的问题予以明确,然后对于能够直接回应的问题进行解释,对于不能够及时回应的问题承诺在一定时限内给予答复。当然,对于一些超过客户服务责任范围的要求,客户服务人员可以比较委婉地予以拒绝。

不同企业所面对的客户群体构成存在差别,因而在回应客户诉求时并没有固定的模式和路径可以遵循。有时,客户的要求是非理性的,甚至是无限的,而企业的资源和能力则是有限的,要让每一位客户的诉求都得到满意的答案,事实上有相当大的难度。但是企业可以或能够做的工作,就在于解决好诉求倾听、记录、解释甚至委婉地拒绝整个过程中客户服务人员的态度问题。有时,客户并不是真正要求企业具体做什么,而只是在购买产品之后由于不确定心理和风险承受能力弱而需要寻找一个倾听对象。针对这种情形,客户服务人员在回应相关诉求时要显得积极主动,对产品充满自信,鼓励客户进行理性消费。

建立投诉处理机制,是企业在维持客户关系时通常要做的一项重要工作。客户服务和客户关怀由刘易斯(Barbara R. Lewis)在1989年提出,前者是指一种过程,后者是指一家企业的动机和价值体系的表达。刘易斯和史密斯(Anne M. Smith)认为,客户关怀比客户服务的内涵更丰富,它是全面拥抱型的服务,而且是实现商业目的的一种途径。① 因此,建立投诉处理机制也是通过有效接触客户传播企业价值观念的重要渠道。事实上,对客户诉求的回应,本身就是生产和服务的一种自然延伸,其中不仅包括新增的客户服务内容,而且增加了客户关怀,进而把企业的愿景、使命、目标、理念、战略等价值体系内容向客户作出进一步诠释。从这个意义上讲,企业的最终目的不仅是获取利润,而且是向客户群体输出关怀。

在处理客户诉求时,企业应当坚持以下原则:

(1)专业性原则。客户服务人员一定要具有相关领域的工作经验,能够对客户提出的问题进行准确识别与归类,同时能够对照企业服务标准给出合理解释。

(2)客观性原则。客户服务人员要实事求是,如实向客户和企业主管反映产品中存在的问题,不应当掩饰已经存在的问题。同时,对于那些过度的要求,客户服务人员也应当客观地给出回应,不做过度承诺。

(3)一致性原则。客户回应工作应当具有前后一致性,即对应于每一位具体客户,或者每一项具体诉求,都应当有指定的客户服务人员进行服务跟进,以避免客户多次提供诉求信息的不便,进而提升服务水平。

(4)服务性原则。妥善地解决客户诉求是一种有效的服务,是由售后服务延伸出来的新业务。它对于维持与拓展企业与客户之间的关系具有重要的稳定作用。客户服务人员的服务精神对于提升企业品牌形象具有重要的影响力。

延伸阅读1-2　日本索尼公司的例子

---

① Paul T. Gibbs. Customer Care and Service: A Case for Business Ethics[J]. International Journal of Bank Marketing,1993,11(1):26-33.

1.4.3 客户管理的改进

在讨论客户关怀的实际意义时,应当关注与客户管理改进相关的服务活动,这包括客户关怀和服务项目的理由与预期效果,提供高质量客户服务所需具备的关键要素,以及技术对客户关怀和服务的影响。因此,客户管理的改进就是要由常规的客户服务向着能够体现企业特点的客户关怀方向发展。

1. 明确客户关怀的实际意义

许多企业使用"客户关怀"这一词语时甚至将其与人员的职务名称结合在一起,这是为了将这些员工的注意力在更广泛的领域内聚焦在客户服务上,并以此将他们的活动与常规客户服务相区分。

在客户管理中,由于客户关怀比客户服务的范围更大、含义更丰富,因而它能够"拥抱"内部消费者并为企业发展提供全面的方向和战略指引。

客户服务是对客户友好并为他们提供实际需要的东西。与此不同的是,客户关怀是建立善待客户、让客户及时获得信息、照顾好企业员工的一整套管理哲学体系,其中涉及企业管理风格及对外合作条款、条件。

2. 明确客户关怀的战略地位

客户关怀是一种全面拥抱型的与客户合作、交往、交流的客户管理方式,它把企业放在了客户所处的位置上进行"共情"式思考,因而是一种战略工具。它既是一种态度上的体现,也是一种接近商业的方式,同时它还能够在客户提出需求之前就把产品送到客户手中。与此不同的是,客户服务仅是一种战术工具,它仅解决和应对客户的及时所需。

从客户服务向着客户关怀方向发展,是企业客户管理能力和水平的一次质的提升。在这个过程中,企业必须把人文关怀思想融入整个管理理念和管理过程。在许多现实场景中,服务只是一种听从、响应式的较为被动的工作状态,因而在客户关系管理中,服务人员与客户之间的关系定位是"接受要求"与"提出要求"之间的相互影响过程。

一般而言,如果仅从服务角度思考客户关系管理问题,容易产生时间和地位上的不对称性。从工作流程的时间顺序上分析,通常是客户提出要求在前,而服务人员响应在后;如果从接待工作形成的位次上分析,客户的位次要高于服务人员。这种不对称性有时会限制客户关怀的实际应用空间。为了克服观念或习惯上形成的不利因素,企业在产品提供过程中,要保证服务人员与客户在地位上的平等关系,同时在客户服务提供的时间上要先于客户需求的提出。

3. 提升员工的服务精神

一般而言,客户服务主要涉及日常的、机械式的行为,包括各项具体服务的定时、定点提供。但是,与之不同的是,客户关怀会涉及在处理这些具体服务时员工对待客户的态度以及双方的关系,甚至其中可能还包括员工之间的关系。因此,仅从关系角度判断,客户关怀就比客户服务更复杂。

但是,一些企业并不喜欢使用"客户关怀"这个词语,它们认为其已经被频繁使用,甚至过多地承载了不应有的含义。它们甚至认为"客户关怀"本身就是客户服务的一部分,因此提供高品质的服务本身就体现了企业对客户的关怀。基于这种认识,不少企业并不倾向于使用该词描述它们的目标项目或活动,而是使用"高品质的服务",甚至在客户服务人员的职务名称中加入"质量"一词。

尽管实践中确实有不少企业并不使用"客户关怀"一词,但是大多数企业既使用"质量",也使用"客户关怀",并把前者理解为一种高标准,而客户关怀则成为这些企业全面提升质量水平的一个重要动力源。①

复习思考题

1. 客户关系管理在中国市场环境中有何特点?
2. 传统营销观念支配下的客户关系管理有何特点?
3. 现代营销观念支配下的客户关系管理有何特点?
4. 客户心声通常有哪几种表现形式?
5. 如何对客户诉求进行回应?
6. 怎样对客户关系管理进行改进?试举例说明。

四季酒店的客户关怀——"待人如己"黄金法则

【案例信息】 四季酒店(Four Seasons)是一家闻名国际的奢华酒店管理集团,总部设在加拿大多伦多市。这家酒店由伊萨多·夏普(Isadore Sharp)于1961年创办,其所奉行的客户关系管理信条是"待人如己"。

在半个多世纪的发展历程中,四季酒店一直坚持伊萨多·夏普提出的这一客户关系管理原则,并将其发扬光大,逐渐塑造成为推动酒店业务国际化经营、管理水平不断提升的黄金法则。

那么,四季酒店是如何做到这一点的呢?

关于这一问题,夏普在他所著的《四季酒店:云端筑梦》(Four Seasons: The Story of a Business Philosophy)一书中间接地给出了答案。

他在阐述四季酒店集团的历史及经营理念时指出了"待人如己"这一黄金法则在该企业文化中的引领作用,并认为这一法则所包含的价值观念对于指导企业员工在对待宾客、合作伙伴及投资者时的态度方面具有重要的影响,同时也影响着该企业内部员工之间的合作方式。

其实,"待人如己"就是让四季酒店的管理和服务人员在客户服务中进行换位思考。这一客户关系管理法则或经营理念,体现在四季酒店客户关系管理的各个细节中。

首先,四季酒店实行高度定制化服务来满足客户需要。他们深入了解宾客的各种需求,并通过定制化服务体验提升服务效果。例如,四季酒店是世界范围内首家提供欧式礼

---

① Anne M. Smith, Barbara R. Lewis. Customer Care in Financial Service Organizations[J]. International Journal of Bank Marketing, 1989, 7(5): 13-22.

宾服务、全天候房内用餐和健康菜单的酒店。他们首创的一些服务内容和形式，如沐浴设施、浴袍、吹风机等后来逐渐成为行业标准。又如，为了让宾客有干净整洁的住宿环境，他们每日提供两次客房整理服务，提供 1 小时熨衣服务以及全天 24 小时干洗服务。这些服务项目和内容都是站在客户角度认真设计和精密安排的，因而充满了客户关怀。

其次，四季酒店十分关注宾客睡眠质量，通过打造"完美睡眠"这一品牌，将客户关怀深入细致、全面完整地表现出来。酒店业是旅游产业的重要组成部分，在吃、住、行、游、购、娱 6 个环节中，住宿是非常重要的一环，如果客人没有得到高质量的睡眠和休息，其他环节活动的体验质量就会相应下降。四季酒店很好地解决了这一问题。他们提出的服务承诺是"完美睡眠"。这一服务环节中，床铺、隔音、照明、饮食等均被纳入整体设计范围之内。例如，每间房间的隔音效果经过严格检测，在床垫、床单、枕头等物品的选择上，四季酒店为宾客准备了三种不同硬度的床垫选择方案，配有保暖而轻薄的羽绒被，客人可根据个人偏好选择不同泡沫填充、羽毛填充的专业矫形枕头。

最后，四季酒店为宾客提供具有特色的客户关怀，这些服务项目和内容与客人的个性化需求和酒店所在地区的文化特色紧密地结合起来。例如，四季酒店所提供的水疗服务和瑜伽课程，就是为了让客人能够在酒店内获得休闲式服务体验，进而放松身心；与各种服务相关的各类生活用品(如护肤产品)，都是国际知名品牌，让客人用得开心和放心，尽享超级服务品质；在保健、护理风格的设计上，也能够充分结合酒店所在地的文化特色，让客人获得全新感受。此外，为了满足客户群体中对更高品质的服务的追求，四季酒店还开发出品牌专属私人飞机，不仅塑造了卓越的品牌形象，同时也立足客户所需提供了更多的消费选择。

资料来源：(1) https://www.fourseasons.com/zh/four_seasons_story/story-4；(2) https://baike.baidu.com/item/%E5%9B%9B%E5%AD%A3%E9%85%92%E5%BA%97/3480671?fr=Aladdin.

【案例讨论题】

1. 四季酒店成功的秘诀是什么？
2. 四季酒店在客户关怀方面有哪些具体措施？
3. 从酒店业的服务性质分析，"待人如己"体现了哪些服务精神？

第 2 章 客户接触点

【本章知识点】
- 客户接触点的定义
- 客户接触点的主要作用
- 客户接触点的分类
- 客户接触点的设计

企业与客户之间相互影响。这种影响如果从方向上判断,可能是多维度的。其中,既有正向作用力,也可能有反向作用力。但是,不论这些影响力指向哪里,或者传递给谁,其中必然需要经过一些接触点,这些点就是客户接触点。客户接触点主要包括促销活动、渠道合作伙伴、企业员工、营销宣传手册、邮寄广告、产品使用过程、消费体验互动中心、网站界面、移动设备的应用软件、企业的品牌名称和标志等。这些有形或无形的接触点,为客户了解企业产品内容提供了便捷渠道。

2.1 客户接触点的定义与主要作用

客户接触是一个重要的管理学范畴,或者更具体一些,它是一个营销学领域的范畴。可以这样认为,没有客户接触,就没有真正意义上的营销活动。因此,营销活动就其本质而言,就是有意识、有计划、全方位、主动地接触客户的过程。但是企业主动"接触客户"与消费者通过"客户接触"渠道来发现企业的产品,在理论上并不是属于同一指向的概念。前者是企业作为行为方主动发挥影响力而接近客户;后者是客户出于实际需要通过客户接触机构、设施和人员接近企业及其所提供产品,进而形成一定的心理感受和行为意向的过程。由于企业与客户之间在行为上是一个相互影响、相互作用的过程,因此在实践中并不专门针对这种影响作用的方向和起点而对二者进行区分。客户接触是一个不断发展演进的过程,在从传统营销发展为现代营销的各个阶段,其概念界定与基本含义并不完全相同。在新技术引领营销全面创新的新时代,它在现代营销体系中被赋予了全新的含义。

2.1.1 客户接触点的定义

客户接触点是指客户在接触企业及其产品时遇到的特定对象或者介质。一般而言,它是指企业为了吸引客户而做出的具有一定目的性的陈设、活动或者安排。在各种各样的接触点中,人员、机器、场所、材料、产品、服务、工艺、流程、形象、图案、声音、气流、味道等都可以成为接触对象,因此也就成为接触点或接触点的构成元素。客户接触点主要是专门针对客户设计的,除了吸引客户外,还有助于在竞争者面前展示企业实力,在所在行业和竞争领域中塑造企业良好形象。不论客户接触点形式和客户接触方式如何变化,其根本目的是让客户及时、准确、全面地了解企业及其产品方面的信息,进而便于形成购买决策和完成购买行为。

客户接触点是随着营销观念、社会经济技术环境的变化而不断发展的一个动态概念。在营销观念的不同阶段,市场营销发展的不同时期,以及各种社会、经济、文化、技术环境中,人们对客户接触点概念的理解与所提出的标准和要求并不相同。例如,在以生产观念和产品观念为主导的市场环境中,客户接触是以客户主动寻找产品为主要接触方式,因而此时的客户接触是一个以企业提供客户接触服务和设施,而客户主动寻找这种服务和设施为特征的过程。这种市场环境中的客户接触点不仅在数量、规模上具有局限性,而且在服务理念、人文关怀等接触品质上与客户的需求也有一定差距。但是,由于人们已经习惯于落后的经济管理方式以及没有可行、可靠的接触点来替代,这种水平较低的客户接触方式成为市场环境中的常态。

在经济发展水平低、市场体系不成熟、技术条件落后的客观环境中,客户接触点更多情形下以客户主动地寻找企业的产品供应点、销售点和服务提供点为主要形式。企业"以生产为中心""以产品质量为中心""等客上门"的客户接触思想和观念占据主导地位时,客户接触点的设置容易围绕其生产运营流程、产品技术特点、产品项目和产品系列的一致性而进行。例如,在客户接触点设计方面,企业在其产品展览中更多地宣传所使用的新技术、生产的新产品、这些产品的市场分布,以及每年的产量和销量等;而对于寻找产品的客户特征、这些客户的需求类型,企业并没有进行现场信息采集和调查。因此,这种单向信息流式的客户接触点看似做了大量工作,但是从形式和内容上主要是满足企业向客户介绍自己的产品和服务的特点的需要,而对于客户深层次的需求以及对企业的建议并没有充分掌握。

然而,当经济运行中的市场导向逐渐取代生产导向时,企业"居高临下式""压迫式"的促销宣传在效果上越来越差。消费场景中体现人性化、人文关怀的接触点越来越受欢迎。因此,在市场营销观念和社会营销观念支配下的客户接触方式,通常是以客户认同、认可的方式来设计和呈现的。这些接触点在空间上更接近客户的工作和生活场所,在接触过程中也更便于节省客户的时间。例如,企业在把产品推向市场的过程中,经历了百货商店、专卖店、大型或超大型商场及目前流行的电商平台等阶段,总体趋势是客户在产品选择及议价方面具有更大的空间。与之相应地,企业和经销商更加重视在产品流向市场过程中的客户接触点设计。消费体验环节的增多,以及集购物、休闲与娱乐于一体的消费场景设计,使客户接触的效果更好。

2.1.2 客户接触点的主要作用

客户接触点是联络企业和客户的重要纽带。在当今市场上,客户体验变得越来越重要,而增进客户体验的重要环节就是在客户接触点上做到服务到位并充分体现出差异化优势。在零售商看来,客户体验是保持竞争优势的重要方法。在体验经济时代,客户比以往任何时候都拥有更多的方式发挥其影响力。例如,电商购物平台中的客户评价及社交网络和移动终端的接触点,能够使客户更多地了解产品、价格、渠道、促销及竞争方面的信息,因而使其具有更大的选择余地和议价空间。同时,客户所追求的并不只是产品的生产、交货和消费,他们更加重视这些过程所能够带来的身心愉悦和知识增长。因此,客户接触点的主要作用之一是满足客户的消费体验。

1. 客户接触点的设计和布置有助于增进客户体验

一般认为,客户体验是客户在与企业接触过程中产生的一种内向的或者主观的反应。客户体验存在于个人的内心之中,它是情绪、器官、智力及精神方面的一种具体表现。客户接触产生客户体验。客户体验的形成,需要通过服务界面、商店展示、广告等来实现,其效果需要通过与客户互动及了解客户购物目的来分析。由于客户体验是由客户在对所接触物的自我解释中产生的,这意味着它并不能直接为企业所控制。在客户接触点的设计与布置方面,企业虽然不能直接创造客户体验,但是能够通过设计和编排这种体验的先决条件与刺激物来促成客户想要的体验效果。

在每一次通过各种渠道、在不同接触点接触产品、服务、品牌或组织时,客户都会产生体验。这些接触点由于能够给客户带来相应的、真实的感知信息,因而就是我们所研究的"接触点"。客户完成一项特定的购物任务,如搜集信息、购买物品等,事实上是由一系列接触点构成的。了解客户在这些接触点的体验状态或者感觉,可能比仅仅了解客户累积的购物经验更重要。这种对每个接触点的深度分析与研究,比从总体上分析购物过程中所涉及的客户群体特征和零售商类型,以及他们在交易过程中所形成的结果更具有指向性。

2. 客户接触点的分析与研究有助于洞察客户在不同接触点感知差异的成因

客户体验形成并存在于企业提供产品所涉及的所有接触点中。它们可能存在于购买之前、之中或之后的环节中,并出现在不同的零售渠道。但是,它们可能并不与企业直接地连接在一起,因此客户的许多接触或体验是通过间接渠道形成的,比如与企业的产品、品牌的销售代表的偶然接触,对产品的推荐或批评性的交谈,电台广播、电视媒体、报纸期刊等的新闻报道或者评论。对于这些类似的直接或间接的客户接触点的深度分析,有助于了解客户在不同渠道层次或者不同购买场景中的真实表现,进而发现形成客户体验或感知差异的原因所在。

通过科学设置客户接触点,企业能够分析客户在整个购物消费过程中什么时候高兴、什么时候失望、什么时候犹豫不决。

研究客户消费行为的传统方法,主要聚焦客户购买或使用产品时的线索、刺激物或服务接触等,而这些线索、刺激物或服务接触在更多情形下是由企业安排的,是从企业的角度思考体验问题。与之不同的是,客户接触点包括客户在购买及消费整个过程中的寻找、评价、购买和售后体验等环节,是从客户的角度来研究体验问题。深入分析不同客户接触点在客户体验形成过程中的作用,有助于深化对客户心理感知的认识。

3. 客户接触点有助于客户旅程分析的深入开展

客户旅程(customer journey)连接营销渠道和渠道中的不同接触点,因此相关的研究与分析对于企业管理和人力资源开发具有重要作用。客户旅程分析既是一种战略工具,也是一种战术工具,它能够通过客户所面对的所有接触点、营销渠道和营销活动来获取、测量、分析和评估客户体验的质量与结果。在客户旅程分析中,接触点分析具有重要的支撑作用。它是把此类分析与研究工作联系在一起,形成具有内在逻辑的关系线路和关键事件等要素的组合。如果没有客户接触点,那么客户旅程分析就难以深入进行下去,其分析结果和结论就会缺乏生动的、具体的数据信息支持。

客户旅程分析有助于让企业了解客户通过各个营销渠道的一系列接触点后,他们究竟想要什么样的产品,以及怎样才能更好地为他们提供相应的产品。相应地,客户旅程分析有助于企业在提升产品功能和效用以及通过服务实现增值的同时,增进客户在购买旅程中的过程体验。甚至企业通过客户旅程分析,能够发现其在保持客户满意的时候,底线在哪里,即在不提高客户满意度的条件下实现更多的销售额和利润。例如,企业可以利用分析软件,通过客户旅程地图(customer journey map)来绘制客户在一家商店的行走线路和热点区域,进而得出客户在购物过程中花费时间最多的地点或接触点,然后再深入分析客户的实际购买与潜在需求之间的差异。甚至可以在分析客户旅程地图之后,改进客户接触点的整体布局。因此,客户接触点为深入分析客户心理和行为提供了基础条件。

2.2 客户接触点的主要类型

客户接触点类型可以依据不同标准进行划分:按照接触点的有形性或无形性特征;按照接触点在客户体验整个过程中的先后顺序;按照客户接触点设计所针对的主要消费者群体;按照客户接触点所采用的技术;按照客户体验点的战略或战术目标定位;按照不同的语言、文化、行业特征;等等。

2.2.1 按照顺序事件技术进行分类

斯坦(Alisha Stein)和拉玛斯汉德(B. Ramaseshand)在使用顺序事件技术(the sequential incident technique)研究客户接触点时指出[①],客户旅程包括寻找、评价、购买和购买后行为四个阶段。客户需要回忆在整个旅程中每个阶段所经历的事件,以及在经历这些事件时所涉及的接触点与具体感受。这项研究的分析结果表明有7个明显的主题与客户体验中的接触点相关,如表2-1所示。

表 2-1 客户接触点元素的定义

环境元素(Atmospheric elements)	客户在与零售商的任一部分互动时所观察到的物理特征和环境
技术元素(Technological elements)	客户在面对零售商时进行互动所接触到的任何形式的技术
沟通元素(Communicative elements)	从零售商到客户的单向沟通方式,包括促销和通知类的信息
过程元素(Process elements)	客户从零售商那里获得特定结果所需采取的行动步骤

---

① STEIN A, RAMASESHAN B. Towards the Identification of Customer Experience Touch Point Elements[J]. Journal of Retailing and Consumer Services, 2016, 30: 8-19.

续表

员工—客户互动元素（Employee-customer interaction elements）	在客户与零售商的任一部分相互作用时，与员工进行的直接和间接的互动
客户—客户互动元素（Customer-customer interaction elements）	在客户与零售商的任一部分相互作用时，与其他客户进行的直接和间接的互动
产品互动元素（Product interaction elements）	客户与零售商所提供的核心有形产品或无形产品之间的直接和间接的相互影响

客户接触点是加强客户体验的重要基础条件。派恩（Pine）和吉尔摩尔（Gilmore）是最早提出客户体验的学者，他们认为，服务商品化是企业强调客户体验的重要原因之一。有时，客户体验在概念上是指客户与企业之间关系的每一个接触点上所有不同体验的总和，它是一种意向性努力，即企业以此为基础去开发和保持良好的客户体验，并从竞争中寻找到差异点。但是，企业的这种努力意向应当在每一个接触点上与客户的价值判断相一致。一般而言，在生活用品市场中，零售商是客户接触企业所提供产品的第一个接触点，而且几乎所有生活用品生产供应商都会依赖零售商的努力来促进产品销售并提升市场竞争力。因此，从这个意义上讲，零售商对于不同市场经营者而言，是客户接触点的总枢纽，经过这个总接触点，然后再进入具体接触点，不同产品逐步流向客户。

根据斯坦和拉玛斯汉德的研究，在零售商这个总接触点中，客户接触点所涉及的元素可以进一步细分为以下不同形式的具体项目，如表2-2所示。

表2-2 客户接触点分析中的主题和具体项目

主　题	细　项
环境元素	设施（Amenities）
	氛围（Ambience）
	商店吸引力（Store attractiveness）
	商店布局和设计（Store layout and design）
	商店陈列（Store display）
技术元素	技术易用性（Technology-ease of use）
	技术便利性（Technology-convenience）
	自助服务技术（Self-service technology）
沟通元素	促销信息（Promotional message）
	通知信息（Informative message）
	广告（Advertisement）
过程元素	等待时间（Waiting time）
	购物导航（Navigation）
	服务过程（Service process）
员工—客户互动元素	有帮助的员工（Helpful employee）
	个性化的服务（Personalized service）
	友好的问候（Friendly greeting）
	好争辩的员工（Argumentative employee）

续表

主　题	细　项
客户—客户互动元素	客户评论（Customer reviews）
	口碑（Word-of-mouth）
	直接的客户互动（Direct customer interactions）
	间接的客户互动（Indirect customer interactions）
产品互动元素	产品质量（Product quality）
	产品搭配（Product assortment）
	直接产品互动（Direct product interactions）
	间接产品互动（Indirect product interactions）

延伸阅读 2-1　印度手机市场的例子

2.2.2　按照展示对象的真实性进行分类

不同企业由于所提供产品可能存在一定程度的差异，在客户接触点的设计与安排方面，对客户参与程度的要求并不相同。即使是同一企业，针对不同类别的产品，在客户接触点的参与度方面，标准并不一致。因此，客户接触点应当结合企业所在行业类型、产品属性作出安排。

1. 以真实产品为展示对象的客户接触点

真实产品的展示，对于吸引客户注意力具有重要的作用。在客户接触点，企业通过展示真实产品，让客户全方位了解产品特征，进而对其购买决策的合理性作出清晰判断。对于企业而言，在客户接触点尽可能呈现产品的质量和功能特点，本身就是一项重要的营销内容。适宜于以真实产品展示的客户接触点，产品性质通常具有能够从人的感官上得到充分验证的特点，即所展示产品能够对客户的不同感官产生刺激，进而使其形成感觉。这种接触点的接触是以感官"刺激"及感官"反应"完成的。例如，在向客户促销一种日用生活品时，商店可以用真实产品为样品，让客户尽量从各种感觉维度上接触产品，以便对产品的质量、功能和效用形成准确、客观的认识。

真实产品作为展示对象，固然是一种非常有效的客户接触点，但并不是所有产品都适合以这种方式面向客户。一些产品本身并不具有真实展示的可行性，因而不能采用这种接触点方式向客户营销宣传。这些产品如果以真实形式出现，通常会造成不便与隐患，如会带来一些安全问题，或者展示成本比较高、样本运输距离较远、不便于储存或者分割，等等。特别是那些把产品组合在一起销售的项目，在产品价值高昂、服务流程复杂的情形下，全面以真实产品展示的可行性就比较低。比如一家 5 星级酒店的客户接触点，如果以产品形式真实地全方位展示出来，就可能需要客户花上一整天甚至数天时间从住宿、饮食、娱乐等环节所涉及的接触点全面体验其服务流程，否则难以作出客观评价。

2. 以虚拟形式展示产品的客户接触点

以虚拟形式展示产品的客户接触点,通常是专门针对不便于以真实产品形式满足客户接触需要的情形设计的。在这种客户接触点中,通过虚拟产品,客户能够形象、生动地理解这些产品的品质和内涵。这种客户接触点通常出现在一些以服务为提供品的企业中,而且随着服务品质和内容的提升,所需虚拟呈现的内在要求更加强烈。在互联网时代,以虚拟形式展示产品的客户接触点越来越普遍,有时甚至一些能够以真实产品进行展示的客户接触点,也出于吸引客户注意力和扩大营销宣传效果,而采取了这种展示方式。这种展示所形成的客户接触点,其优点是可以充分利用客户的想象空间,通过文字、声音和图像等形式,将产品特点传递给客户,同时能够节省接触成本。这种接触点对一些不能移动的产品,如旅游景区、景点及附加服务项目,具有很好的展示作用;同时对一些面向未来、尚处于开发阶段,未最终成型的产品的展示,也具有一定的营销传播效果。

但是,以虚拟形式展示产品,毕竟不是真实产品的呈现,客户只有在真正接收和消费这些产品的真实内容时才会形成准确判断。因此,此类接触点的缺点也十分明显。例如,在虚拟形式的产品呈现中,可能会脱离真实产品的形式和内涵,在营销传播上形成错误编码信息进行发送,而导致客户接收到与真实产品并不一致的信息内容。这就使客户在接触点的感觉与真实产品消费过程的感觉出现偏差。例如,许多旅游景区项目在营销宣传中,通常都是选择景区最美的时间和地点制作营销活动宣传手册,而不会把一些不好的形象通过文字、声音或图像传播出去。当客户身临其境体验景区产品时,通常会发现许多在虚拟展示中并不存在的现象,如景区人满为患、服务设施过度承载、景区管理混乱、游客素质低下等。客户通过这些真实的接触点,虽然能够纠正虚拟形式接触点的错误信息或不完整信息,但是所形成的结果可能是对旅游企业满意度和忠诚度的下降。

3. "真实"或"虚拟"产品展示之外的客户接触点

克雷尔(Eric Krell)认为[①],良好的信赖关系体现在一些细节上,但是这要比销售人员通过打电话解决或及时跟进来完成客户关系管理的承诺花费更多的时间和精力。有时,即使企业拥有精细的客户关系管理战略,也会由于基本接触点的管理不善而丢失重要的客户资源。这些管理不善的客户接触点包括过度的推荐要求、一团糟糕的服务访问、草率制定的销售价格、劣质的账单结算操作等。造成这种被动局面的原因,就在于企业忽略了6个主要的客户接触点:推荐参考品管理;区域现场服务信息管理;不同职能部门之间的工作流管理;包括价格折扣在内的销售议价管理;客户细分管理;账单结算管理。如果在这些接触点上出现管理不善,那么通常意味着企业建立的客户关系宣告结束。

在客户接触点中有相当一部分内容是客户对企业管理方式和组织形态的接触,这些方式和形态把不同层次、形式的真实或虚拟的接触展示结合起来,形成一种综合的、整体的客户感知和体验效果。上面所提及的 6 个接触点,不论是内容或是形式,都不在企业产品本身的范围之内,而是在客户接触这些产品时企业作为供给方必须对相应的客户接触

---

① KRELL E. The 6 Most Overlooked Customer Touch Points[J]. Customer Relationship Management,2005,9(1):40-43.

点进行管理以及由此而产生的延伸客户接触点。如果在这些延伸客户接触点中出现管理问题,必然会间接地影响客户对产品的体验效果,也不利于企业品牌形象的塑造。有效的管理就是把这些可能出现的问题设法控制在一定限度内,使其不影响以真实或虚拟形式呈现的产品的销售。从这个意义上讲,在真实或虚拟的产品呈现形式之外,还有一部分属于企业管理部门职责范围之内的客户接触点,它们在内容和形式上体现企业的经营管理思想与战略方向,其综合水平与效率会直接影响真实或虚拟产品客户接触点的最终效果。

2.2.3 按照客户参与程度进行分类

不同类别的产品在所使用的原材料、加工工艺、质量、价格、款式型号、使用场景等方面存在差异,因而在客户接触点中,客户参与程度并不相同。一般而言,依据特定产品需要客户参与的程度,客户接触点分为以下三类。

1. 需要客户深度参与的客户接触点

在此类客户接触点中,由于产品本身的复杂性以及对使用场景的特殊要求,客户需要对相关产品,甚至对企业的管理、组织状况进行深度参与。深度参与是指客户需要花费大量时间和精力去一次或多次接触相关产品,以便获得稳定、一致的客户体验,进而形成购买决策。此类客户接触点通常针对具有以下特征的产品:

(1) 工艺和技术复杂的产品。在这类产品的客户接触点中,如果客户不能深度参与,既缺乏时间和精力保证,又缺乏相关知识和经验,就无法有效地了解和掌握产品的内涵,在仓促购买之后不能充分利用产品的功效,造成资源浪费。

(2) 成本和价值高昂的产品。在这类产品的客户接触点中,由于所涉及产品的价值高昂,如所用材料十分稀缺、加工工艺十分精细和复杂,根据客户个人的需求而定制,在技术方面具有引领性,或者管理流程十分严谨等,客户需要通过深度参与才能对这些产品具有深刻的了解。

(3) 购买周期比较长的产品。在这类产品的客户接触点中,由于购买活动需要在一个比较长的周期内完成,有时可能会涉及不同的生产阶段和时期,如分期交付产品,或者以分项目形式进行集合总成之后再交付客户,因此需要客户在每个重要时间节点对产品进展进行接触。例如,农产品生产过程的客户接触点,可能涉及选种、播种、灌溉、除虫、收割、加工、包装、仓储、运输等一系列环节,以此证明其过程符合绿色环保标准。

2. 需要客户中度参与的客户接触点

在此类客户接触点中,客户只需中度参与即可了解与掌握相关产品质量和功能方面的信息。这种接触点对于客户而言,在接触中一方面比较节省时间和精力,另一方面由于产品属性限制了接触程度,因而比较合理的方式只能是进行中度接触。此外,超过中度的接触对于企业或是客户而言可能并没有实际价值。

3. 需要客户低度参与的客户接触点

在此类客户接触点中,客户只需低度参与即可了解与掌握相关产品的质量和功能方面的信息。这通常有两种情形:一种是企业对客户的知识和经验的要求较低;另一种是在相关产品方面,客户的知识和经验非常丰富,市场上同类产品的标准化程度已经非常高,因而可以尽量减少对客户的影响。

2.2.4 按照服务对象进行分类

客户关系管理面临巨大的挑战,这是由于在倡导消费自主性和个性化的时代,每一位客户的需求都是独特的。因此,提升管理效率的办法是,企业必须致力于在所有的营销渠道和客户接触点中坚持更加持续的、相关联的与客户的相互作用。

尽管在客户接触点中,主要强调的内容是让客户亲自接触产品,但是由于客户所购买的产品可能并非其本人直接使用,因此需要按照直接使用产品的对象进行分类。

1. 以客户本人为服务对象的客户接触点

此类接触点主要应用于生活用品的营销推广与传播。比较常见的如企业在其零售渠道中设立的食品、饮料、保健品、服装、运动器械、医疗用品、教育用品、娱乐用品等消费品的客户接触点。由于这些产品直接作用于客户,因此接触点的营销宣传内容主要针对其功效在客户身心方面所引起的反应。这种反应可能出现在生理层面,也可能出现在心理层面。在这种接触点中,品质、安全、可靠、环保、卫生、健康、美丽、得体、个性化等指标是客户考虑的重要方面。同时,品牌广告代言人、品牌形象代表在营销传播中与客户心理认同的一致性,也是增进客户接触效果的重要方面。

2. 以客户所属物品为服务对象的客户接触点

此类接触点主要用于提升客户学习、工作、生活品质而服务于客户个人财产或其他附属物的产品项目。比较常见的,如企业在其营销渠道中设立的专门服务项目,用于满足客户个人物品保管、存放、寄养、维护等方面的需求。随着经济的快速发展,人们的个人财产及其他类别的所属物品逐渐增多,因此用于保护和保持这些私人物品的服务项目也在多样化。以汽车行业4S店为例,它们主要是针对有汽车购买需求或进行汽车保养维护而设立的客户接触点,其主要功能是便于客户从多个维度了解企业所经营汽车品牌系列中各款产品的特点。汽车作为客户私人物品,是定制化生产和专业服务的对象,对服务项目的直接接触和体验会间接地影响客户的内心感受。与此类似的还有私家花园的保养、家庭装饰与清洁、金融财产的保值增值及其他服务项目。一般而言,社会越发展,客户在这些方面的接触会越多,因而企业客户接触点的地位更重要。

3. 以其他事物为服务对象的客户接触点

有时,客户接触点中所接待的客户,其需求并非来自客户本人,而是来自与客户有直接或间接关系的其他人员或组织。此时,客户是以代理人或负责人的身份出现,如董事长作为企业的法定代表人,批发商、零售商的总经理在一些场景下代表各自单位进行合同洽谈等。从严格意义上说,这时的客户虽然是这些董事长、总经理所代表的企业或组织,但是在客户接触点,真正感受企业产品及合作项目内容的却是这些作为组织代表、具有一定职位的个人。因此,企业客户接触点的对客内容,不仅要从合作组织的角度考虑,而且要从这些组织代表的个人偏好方面考虑。在一些情形下,组织作为客户的接触点与组织代表的个人接触点并不是同一个层次的概念,因而需要在接触内容和形式上进行有效区分。

2.3 客户接触点的设计

关于客户接触点的重要性,电子仓库公司(EVault Inc.)的总裁坎宁安(Terry Cunningham)指出[①],现今的商业竞争空前激烈,每一位客户都能够进行市场分析,进行价格对比和核查,阅读其他客户对企业产品的评价。因此,在这样一个客户被充分赋予权力的时代,在如此激烈竞争的商业环境中,企业要想取得成功,实现差异化经营,就必须进行客户体验管理,其中之一就是做好接触点的管理。客户体验管理就是把客户体验放在企业管理运营的核心位置上,围绕这一核心来构建企业职能部门并以此获得竞争优势。但是这种构思由理念或理论变成实际行动的前提条件就是要从接触点开始做起。

2.3.1 客户接触点的形式与内容

客户接触点是指客户与企业接触的所有可能的"点"。但是在世界不同地区或者在不同的历史发展时期,这些客户接触点的形式和内容是发展变化的。客户接触点除了与产品性质直接相关外,也与企业经营实力和品牌影响力有一定关系。一般而言,客户接触点可能包括电话销售人员的销售服务和客户服务中心的技术服务支持,此外还可能包括发票、发货单和通知单中记录的内容,企业网站,商业广告以及营销渠道合作伙伴(如批发商和零售商)等。相对而言,比起实力弱小的企业,实力强大的企业在客户接触点数量上可能要多一些,但是这意味着要在更多层面上接触客户的反馈,因而容易出现更多的错误。针对这种情形,企业必须对各种类型的接触点进行验证,将其数量和质量控制在必要的范围内。

1. 客户接触点中的"接触"形式

"客户接触点"中的"接触"并非必须包括实体接触。因此,客户所接触的"点"并不全是企业与客户接触行为所发生的具体"地点",有时是指客户所接触的产品的某一具体形式或内容。客户接触点不仅界定了企业与客户之间的接触形式,而且界定了在服务提供过程中的客户满意和客户体验质量。因此,在产品创造和设计阶段,客户接触点分析是一个关键步骤。

在企业与客户接触过程中,事实上必须存在一个特定的场景或空间,以此为依托,接触过程才能顺利进行。因此,客户接触点所涉及的接触形式通常与场景或空间具有一定的相关性,甚至是以它们的存在形式而定义接触方式。在实践中,接触点通常是指企业作为产品提供者而能够与客户聚集在一起的地点。

詹尼基(Thomas Janicki)在分析客户接触点时,将接触形式分为实体店、销售代表、区域市场技术服务人员、普通邮件、电子邮件、服务中心、客户服务、智能手机、互联网、电脑等。[②]

---

① CUNNINGHAM T. Improving Each Customer Touch Point[J]. Smart Business Northern California, 2013(8): 6.
② KARTHIKEYAN P, SIVAKUMAR R. 360° View of Tough Points in Development of Customer Relationship Management (CRM) Practices[J]. International Journal of Marketing Research Review, 2014 (6): 1-7.

以一家银行为例，其客户接触点中的接触形式包括电子银行、实体打印窗口、员工、广告、自动柜员机、建筑物、呼叫中心、电话服务等。

2. 客户接触点中"点"的呈现

"客户接触点"中的"点"是指提供给客户的产品的某一具体层面。这个"点"的存在形式，可能是实体，也可能是非实体。同样以一家银行为例，这种产品的点可能是存折、借记卡、贷记卡、现金业务、外币业务、纪念币、黄金购买业务，也可能是金融理财产品、优惠利率、汇率、存贷期限、VIP服务、代理服务、抵押贷款、跨行收费服务、适时汇款服务、生活费用（如水、电、气等业务）的预交和结算业务、社保业务专户、跨境汇总业务、银行对公业务、银行对私业务。这些业务中的每一个具体项目都是该家银行所提供产品的一个侧面或一个层面，因而就是客户接触点中具体的"点"。

以一家酒店为例，在其产品构成元素中，服务应当占据较大比例，因此以无实体形式所呈现的"点"要比以有实体形式呈现的"点"多。这就意味着要想提高客户体验效果或者满意度，该酒店必须在客户接触的"点"上把有形呈现和无形呈现结合在一起。接触"点"的呈现，往往是一个关键时刻，它对客户体验具有直接影响。例如，客户在办理入住手续时，大堂的整体环境和陈设，以及服务人员的言语、态度和效率就是很重要的"点"，它们从不同侧面体现这家酒店的服务水平，并给客户留下第一印象。

科特勒（P. Kotler）和阿姆斯特朗（G. Armstrong）在定义客户关系管理时指出，客户关系管理是通过卓越客户价值和满意来建立与维持能够带来利润的客户关系。为了实现这一目标，企业必须基于客户数据（不论是现有的还是潜在的客户），来分析客户消费习惯。而这些数据的一个重要来源就是企业与客户接触过程中所能够展现的各种各样的"点"。

综合对比以上对客户接触点中关于"接触"和"点"的分析，我们可以发现，在中文语境中，"接触"和"点"是可以在客户关系管理过程中进行以上区别对待的。即把"接触"理解为企业走近客户所需要经过的介质或渠道，而把"点"理解为企业所提供的产品的不同层面。但是，事实上，在英文语境中，接触点是"touch point"，并不能够进行与中文语境下相类似的区分，因而通常是作为一个整体概念而出现的。这种在语言表述方面所存在的差异，是企业在分析和研究客户接触点时特别需要重视的地方。

但是不论"接触点"是否可以在语意或实践中进行拆分，企业总是需要在客户接触点中认真听取客户的声音。这些声音中有相当一部分内容可能是企业所不曾想到的。在客户接触点中，企业能够了解和掌握客户想要的产品究竟是什么、在什么时间和地点提供，以及以什么方式提供等具体信息。在客户接触中认真听取此类意见和建议，能够增进企业与客户之间的沟通与理解，有助于提升品牌忠诚度。

3. 客户接触点中的技术连接

如前所述，在客户接触点中，企业会向客户提供不同的接触渠道并向其展现产品的不同层面。如果这些渠道是零散的，或者这些点是不关联的，那么企业作为营销渠道管理者，其客户关系管理效果就会大打折扣。因此，在现实环境中，客观上要求企业把不同的营销渠道和渠道中不同的接触点进行整合，通过技术手段实现企业优势的全方位呈现。

客户接触点中的技术连接主要解决以下三个方面的问题：

（1）把企业的前台和后台业务连接在一起。一般而言，企业客户关系管理的前台业务主要体现在三个职能部门（销售部门、营销部门和客户服务部门）中，工作内容主要包括营销管理、订单管理、销售管理、销售计划、定价和售后服务等；而客户关系管理的后台业务主要出现于财务部门、运营部门和人力资源管理等部门，工作内容主要包括应收账款和应付账款、盈利能力分析、生产计划、存货管理、运输、工资单编制、人事计划安排等。在技术上，就是通过客户关系管理技术和 ERP 及数据仓库把这两个领域的业务连接起来。

（2）把电子接触点和传统接触点结合在一起。电子接触点包括企业网站和互联网、电子邮件、呼叫中心、语音响应系统、查询机等，传统接触点包括零售商店门面、服务部门等。前者主要侧重提供一些关于产品信息类的接触，而后者则主要提供实体产品的现场体验、面对面交易和咨询。因此，有必要对二者进行系统整合，通过一定技术手段实现信息交换和分享。

（3）客户关系管理软件与企业资源计划软件在技术上的融合。客户关系管理软件的主要功能在于通过改进前台工作流程和客户接触点来优化客户满意和利润率。但是，它与市场上普遍流行的企业资源计划软件的着重点并不一致。它主要解决客户数据零散化这一问题，而后者主要解决企业内部碎片化信息问题。它是基于企业网站或互联网而设计的专门针对客户、分销商和生产制造企业的客户信息收集与分析工具，因而是后者在这些相关领域的延伸。企业可以从技术上把这两类不同的应用软件进行系统整合，进而提升客户关系管理的能力与效率。

在前面的分析中，我们提到了客户旅程地图这个专业术语。廷彻（Jim Tincher）对此作了深入研究，并指出接触点的实际价值就包含在这个地图中。他认为，客户旅程地图大致可以分为客户体验地图、客户购物地图和客户接触点地图三个子项。其中，客户接触点地图主要服务于客户体验。但是，在分析和测量每一个接触点的有效性之前，企业应当对各个不同层级的客户可能面对的所有接触点进行系统的梳理。这项工作涉及了解和掌握以下信息：这些接触点在客户生命周期中所处的具体阶段；各自的营运目的；在客户体验中所扮演的角色；它们的实际所有者及其重要性和影响力。在此基础上，通过客户的具体感受来全面观察企业经营管理的整体状况。

4. 客户接触点清单制度

在客户接触点管理中，建立客户接触点清单（touch point inventory）制度十分必要。企业需要建立多少客户接触点，它们应当分布于哪些营销渠道，产品通过怎样的形式和内容进行呈现，不同接触点之间的内在逻辑关系是怎样的，它们之间是否相互支持，现有客户接触点是否能够满足客户体验需要，是否有增加客户接触点的必要等问题，这些都是在客户接触点清单项目内解决的问题。

客户接触点清单制度有助于企业对客户接触点形成全面、系统的了解和把握，进而控制客户接触的领域和内容。在强调经营管理信息透明化的当今时代，应尽可能地向客户展示企业产品种类及具体内容，这有助于提升企业形象，形成市场竞争力。但是，在一些特定情景中，并不是客户对企业信息了解得越多，对于提升企业经营管理效果就越好。因此，企业在面向客户设立接触点的同时，也要考虑竞争对手对这些信息源的关注。在许多情形下，为了保持企业与客户之间的紧密合作关系，必须把信息流向和接触点的设置限制在一定范围内。客户接触点清单制度有助于实现这一目标。

实施客户接触点清单制度，可以在形式和内容上使接触点更加具有完整性和系统性，以清晰、连续、一致的形象把企业目的表达出来。在这个清单中，除了强调一些品牌有形元素外，还需要向客户传播一些品牌无形元素，如企业的愿景、使命、目标和战略等。这些有形或无形要素，通过不同方式体现在接触点中，能够强化企业、员工和客户三者之间的价值主张沟通，进而增强客户对企业的品牌认同感。当然，价值主张并不局限于功能价值，在接触点中还应当体现情感价值和象征价值。

2.3.2 客户接触点设计

客户接触点设计是企业产品设计的中心内容之一。按照人们通常的理解，产品设计就是在不同的时间段和接触点中设计体验。客户接触点主要用于不同产品之间的差异化呈现，它把产品的提供者与消费者直接或间接地联系起来。迈耶（Christopher Meyer）和施瓦格（Andre Schwager）认为[①]，客户在消费一项产品时所经过的路径为"客户走廊"。在这个路径中，客户接触效果不仅取决于参与接触的人，而且取决于这个系统本身。

从前面的分析中，我们可以发现，客户接触点与营销渠道具有内在联系。在实践中，营销渠道设计与客户接触点设计总是放在一起进行考虑。不论是购前的接触，还是购买过程中的接触，抑或是购后的接触，客户接触点并没有脱离营销渠道。营销渠道是从企业到中间商再到消费者的一个完整流程。企业、经销商、消费者都是渠道成员；而物流运输、银行保险、营销咨询公司等辅助机构，虽非渠道成员，但是属于渠道参与者。因此，在客户接触点设计中，必须把营销渠道所涉及的各种因素都考虑在内，即不仅要考虑渠道成员对于接触点的要求，还要考虑非渠道成员的要求。当然，在这些需要考虑的因素中，客户对接触点的要求是最为重要的。

在互联网营销渠道快速发展的市场环境中，客户接触点设计与传统市场环境中的情形存在差异。线上营销渠道的广泛使用、线下营销渠道的迅速转型，在改变营销渠道结构的同时，也在改变着客户接触点的设计内容和形式。现实世界中的这种变化，给人们的总体感觉是，线上渠道及其接触点越来越普遍，而线下渠道和接触点似乎正在缩减。但是这种感觉可能无法全面反映市场上的真实情况。不少企业在增加线上渠道的同时，也在扩张线下渠道。究其原因，客户对于接触点和体验的需求增加带动了线下接触点的增加。因此，多接触点的线上和线下渠道整合，成为互联网时代接触点的新特点。

1. 线上客户接触点设计

在设计上，线上人机互动比物质世界中人与人接触要复杂得多，因而客户接触点设计需要更多的技术支持。技术越先进，客户接触的效果越好。在人工智能技术引领经济、社会活动不断向前发展的当今时代，线上接触点设计不应再局限于用户体验这一浅层次上，而应当更加与客户需求相融合。这在设计中就要体现出线上客户接触点所使用的技术能够对客户的身份特点、购物经历、个人偏好等进行清晰判断。例如，现今比较流行的人脸

---

① Christopher Meyer, Andre Schwager. Understanding Customer Experience[J]. Harvard Business Review, 2007, 85(2): 116-126, 157.

识别技术,就可以成为线上客户接触点设计的一项重要工具,用于快速识别客户是谁、其之前与企业有哪些接触、购买过哪些产品、在这些产品中主要偏好哪些功效、其本次购买时所表现出的情绪特征是怎样的等信息。这样的接触点设计,能够快速拉近企业与客户之间的心理距离,而对客户购买信息的了解和掌握,也有助于识别客户的类型,以便对其进行市场细分,对其所需产品进行有效推荐,进而取得理想的营销效果。

延伸阅读 2-2　好市多的接触点

线上客户接触点设计要充分利用互联网、移动通信技术和信息技术带来的优势,弥补线下客户接触点的信息缺失及产品展示时空局限性。但是,正如 20 世纪 20 年代美国早期营销学者们所指出的那样,以文字和图片所传递的信息由于存在一定程度的抽象性和模糊性,即在消费者 5 个感官维度中,线上客户接触点只能呈现声音和图像两种感觉,而其他感官维度只能依靠文字描述或图片进行"移觉"式传播,这就容易在消费者脑海中形成无法联想或者过度联想的结果,进而在营销中放大或缩小产品的实际功效。针对这种现场实际感觉与音像传播"感觉"不一致的情形,企业应当在接触点设计方面以线下体验店为补充把线上客户接触点无法有效传播的接触内容和形式呈现出来,以便校正线上客户接触点信息失准或错误。

一般而言,线上客户接触点设计需要主要考虑以下问题:
(1) 有效地整合网站的内容和形式;
(2) 使网站能够有效地吸引客户;
(3) 在网站与移动通信设备之间建立信息交流渠道;
(4) 网站和移动通信设备能够有效地引导客户与销售人员进行交流;
(5) 通过刺激手段吸引客户更多地光顾网站;
(6) 企业能够通过这些接触点来鼓励客户进行产品的口口相传。

2. 线下客户接触点设计

弗兰克·郭(Frank Y. Guo)在《开发客户体验生态系统——用整合多种接触点方式来促进商业效果》中指出[1],习惯上由于客户体验更多强调线上体验,如与数字平台相关的网站、移动设备和用户界面等,因而线下物质世界的体验(如在实体店购物和阅读杂志),很少被人关注。这带来的结果是,客户体验和互动设计的专业人员主要在数字界面上做文章,而在非数字产品设计上投入的精力很少。

一般而言,在线下客户接触点设计中,企业可以把实体产品完整地体现出来。然而出于经济性和安全性考虑,企业一般会综合考虑线下客户接触点所要展示的主要内容和方式,有的产品在性质上并不影响实体展示,但是因为企业能力不足,无法设立线下展示接

---

[1] Frank Y. Guo. Developing Customer Experience Ecosystem——Driving Business Results by Integrating Multiple Touch Points[J]. Lecture Notes in Computer Science,2013,8024(1):17-26.

触点。客户不应对企业的行为产生不解或抱怨。对于那些涉及生产环节多、技术内容复杂、不同合作部门之间协调难度大的产品,在线下接触点设计方面,企业应当采取十分慎重的态度。

线下接触点能够充分利用客户的感觉功能,因而只要企业坚持合同条款、保证产品质量,客户很少会产生"货不对板"的不满意情绪。例如,就服装定制产品而言,企业在其设立的接触点中可以让客户对产品材质进行触摸,对产品颜色进行比对,对所用材料味道进行感知,对穿上样品之后走动的声音进行体会,以及对其他客户在议价、试穿、付款过程中所表现的态度进行观察,等等。客户在线下接触点所获得的这些感觉通常是在线上购物过程中无法获得的。更重要的是,在线下客户接触点中,客户可能对企业工作人员的服务态度和可信赖感进行直接评价,也可以对店铺经营氛围作出直观判断,这些由客户直接感知的信息对于作出正确的购买决策至关重要。

3. 线上与线下客户接触点的整合

在互联网时代背景下,线上与线下客户接触点整合是一种潮流和趋势。如上所述,线上和线下客户接触点都有其各自的优势,把不同营销渠道的优势结合起来,让各种形式的接触点在提升企业服务质量和促进客户满意中发挥积极作用,是整合线上和线下客户接触点的意义所在。

线上和线下接触点设计中,首先需要考虑人员交互方式设计。不同类型的接触点人员交互方式及例子如表 2-3 所示①。

表 2-3 不同类型接触点中的人机交互设计

接触点	例子	人员交互方式:是/否
实体店 POS(Brick and Mortar POS)	在一家超市购买食品	是
网店(Online store POS)	在一个仅在网上出售产品的商店购买电子产品	否
普通网站访问(General web site visits)	从一家在线商店寻找产品	否
智能手机交互(Smartphone interactions)	通过移动设备提供行程延误信息	否
自助服务柜台(Self-service kiosks)	在五金商店自助结账	否
赠券赎回(Coupon redemption)	在实体店使用印制好的赠券购物	是
赠券赎回(Coupon redemption)	使用赠券密码在线购物	否
呼入式电话客户服务中心(Inbound call center customer service)	客户投诉	是
呼出式电话客户服务中心(Outbound call center processes)	销售呼叫电话	是
调查交互(Survey interactions)	在线营销调查	否
电子邮件交互(Email interactions)	收到付款的通知	否
结算单据(Billing statements)	邮寄的发票	否

---

① Chapter 6—Customer Touch Points and the Exchange of Value[M]//LOSHIN D, REIFER A. Using Information to Develop a Culture of Customer Centricity. Amsterdam:Elsevier,2013:39-49.

续表

接 触 点	例 子	人员交互方式：是/否
店内商品化形象展示和促销（In-store merchandizing and promotions）	"买一送一"	否
直邮广告和通信（Direct mail and Newsletters）	邮寄的广告	否
面向大众的通信（Broad-based public communication）	新闻报道	否
广告（Advertising）	报纸广告	否
社交媒介（如博客、脸谱网、推特）（Social media）	脸谱网的"喜欢"	否
展示（Demonstrations）	店内展示	是
展示（Demonstrations）	YouTube 视频	否
产品使用（Product use）	客户使用产品的体验	是
产品使用（Product use）	客户使用产品的体验	否

线上和线下客户接触点的整合，就是由企业根据自身经营实际从表 2-3 中选择相应的客户接触点，然后再进行有效整合。

销售自动化带来的便利，使客户接触点中的服务人员大幅减少，机器替代人工服务的现象逐渐增多。对于企业而言，这样的接触点设计可以降低人工成本，在不影响与客户之间关系维持的基础上，使总成本下降。但是，对于客户而言，线上客户接触点或线下客户服务点中的自动柜员机是一种客户自我服务状态。这种人、机互动模式，虽然并不影响产品销售和服务提供的效率，但是也会在一定程度上影响客户忠诚度。特别是当这些线上业务由于网络原因或者机器故障不能正常开展时，客户在没有情绪宣泄渠道时就会感觉到特别无助，因而会降低使用频率。自动化机器或者在线业务固然能够在整体上提升业务效率，但是如果在客户关系管理中缺乏人员的及时跟进，就会从整体上影响客户满意度。

因此，线上和线下客户接触点必须进行整合，强调直接接触可能是维持客户关系最有效的办法。

除此之外，线上不同接触点之间的整合，以及线下不同接触点之间的整合，也是客户接触点整合的重要内涵。例如，有些金融机构开发了各种线上业务，这些业务分别以不同的 App 形式和入口呈现，但是彼此之间却并没有联系，这就不利于形成全方位的客户接触体验。为了消除这种接触信息分离、孤立的现象，企业应当以客户为中心，专门成立监控各种接触点质量、一致性和互通性的机构。这些机构对所有接触点（不论是线上的，还是线下的；不论是人员交互的，还是非人员交互的）进行管理。

在线上和线下客户接触点整合过程中，企业应当在设计思路方面考虑如下问题：

（1）积极消除客户抱怨。出现在一个或一类客户接触点的抱怨，能够被另一类客户接触点所解决。

（2）回应潜在客户的信息检索。在不同接触点中，通过信息连接，可以及时为潜在客户提供统一、可靠、有价值的答案。

(3)保证所有接触点中,企业与客户交易的公平性。线上渠道和线下渠道在营运成本上有所不同,就同一产品的定价策略,二者之间可能存在一定差别。因此,企业必须保持不同接触点中价格差异的适度区间。价格差异主要体现在服务增值和消费体验区别上。

但是,由于企业所设立的营销渠道中具有不同的经营主体,它们都有各自的利益,因而涉及影响渠道不同经营主体公平竞争问题时,如价格、销售额、产品目录中的货品、库存及不同经销商所管理的客户数量等信息的提供,就需要给予渠道各个不同经营主体在一定范围内的自主权和保密权。因此,在客户接触点设计中,必要的线上线下整合应以渠道合作框架为基础,以不影响不同经营主体的独立自主经营为前提。

针对营销渠道不同经营主体的相对独立性,在客户接触点设计方面,企业应当考虑另外一些因素,比如:

(1)按信息共享程度对不同客户接触点进行分级分类;
(2)对重要商业信息进行单独处置;
(3)优先设置那些对各个利益相关方都有益且服务于企业目标的客户接触点;
(4)接触点所提供的信息应当能够为企业带来价值;
(5)从接触点中获取能够提升企业竞争力的信息。

为了从不同客户接触点中尽可能挖掘有价值的信息,识别企业服务与客户需求之间的差距,在客户接触点设计方面,企业还应当充分考虑以下问题:

(1)在每一项业务流程中,要识别现存的所有客户接触点;
(2)识别组织中对每一项具体业务及其接触点负责的机构和人员;
(3)确保每一个客户接触点都具有特定目的并与预期业务流程结果相关联;
(4)确保制定出衡量预期收入与每一位接触点贡献的绩效指标,并将这些指标作为现有业务流程有效性和接触点贡献的基准;
(5)明确每一个接触点的具体绩效目标;
(6)根据绩效目标决定增加或减少业务流程中的客户接触点数量;
(7)应当有助于企业分析和改进业务流程,提升整体绩效;
(8)应当有利于企业对客户旅程进行绘制。

综上所述,客户接触点设计不仅对客户体验、企业绩效有重要影响,对营销渠道中各个成员之间的关联效率也有间接影响。

复习思考题

1. 什么是客户接触点?
2. 如何划分客户接触点的类型?
3. 客户接触点有哪些具体形式?
4. 客户接触点的具体内容包括哪些方面?
5. 客户接触点设计时需要考虑哪些方面的问题?
6. 在客户接触点设计中,线上与线下功能如何整合?如何实现人员与机器之间的信息互动?试举例说明。

北京稻香村的客户接触点

【案例信息】 "悠悠百年,继往开来。"北京稻香村官网首页上的这句话,是对这家企业发展历程和未来期许的高度浓缩。

北京稻香村创始于1895年。作为"中华老字号",北京稻香村始终在做一件事,那就是以质量为纲,传承精髓。他们从传统食品加工工艺中提取精华,弘扬中华食品文化,把美食、健康和快乐带给身边的所有人。

在早期经营中,北京稻香村采用了传统的"厂店一家、自产自销"模式。重视产品质量、坚持诚信经营是这家企业能够赢得良好声誉的基础。在这种模式下,客户直接从北京稻香村厂店购货,获得全面的产品、价格、质量和结算服务信息,与厂店人员面对面交流产品销售情况和消费者反馈,企业与客户之间的接触方式既直接又高效。货真价实的产品、热忱周到的服务,树立了北京稻香村的优质品牌形象。北京稻香村食品,在京城内外享有美誉。

今天,北京稻香村借助互联网这一隐形翅膀,将海内外客户紧紧地吸引到自己的各类门店中。客户在网站平台上可以浏览到各种传统或新款美食产品的精美图片,以及产品品名、价格、重量等信息。在这样的接触中,客户可以体验到北京稻香村所提出的"选料苛,用料狠,工艺精"的真正内涵,而"美味糕点""可口速食""二十四节气""节令食品""速冻食品""糖醇糕点""面包主食""休闲食品"等细分产品类别,让客户在与这一品牌深度接触过程中能够拥有更丰富的消费选择内容。

在"daoxiangcun.com"网站,线上客户可以轻点鼠标在"门店地址查询"界面中选择筛选条件,快速查寻附近的北京稻香村门店。北京稻香村门店在华北各省市、东北各省、西北各省、山东省、河南省、四川省等地都有设立。这些网站地图中不仅标明了门店地理位置,而且注明了联系电话及服务时间,这对保证客户在实体店铺购买取货具有重要的引导作用。

为了方便客户购物结算,北京稻香村还推出了"储值卡"业务,面值分别为200元、300元、500元、800元和1000元,可在北京地区一百六十多家连锁店使用。客户除了可以在售卡处购买储值卡外,还可以在北京稻香村任意一家连锁店与其协商代购。温馨便捷的服务拉近了企业与客户之间的距离。

近年来,随着电商平台销售热潮的兴起,北京稻香村的业务迅速向线上方向发展,在天猫、京东等大型电商平台上,各类销售活动顺利展开。

在天猫上,"北京稻香村旗舰店"特别耀眼,下面紧跟的是四个字:"品牌直销"。"点点心意糕点礼盒""老北京糕点礼盒""京八件"等产品正在热销中。在京东,"北京稻香村"品牌标识旁边的"中华老字号""始于光绪年间""北京老味道"等字样给这一品牌赋予了浓浓的历史和文化情结,而页面上"北京稻香村,共享好味道"促销口号,则体现了共享时代的精神境界。客户通过这些电商平台所设立的接触点,既可全面了解北京稻香村的精品产品项目,也可更加深入地体会这一品牌的文化内涵。

北京稻香村作为中华美食文化中的一个著名品牌,其成功之处就在于把客户感受放在了重要位置上,并紧跟时代发展潮流,通过线上和线下与客户保持全方位的接触,把产品和服务送到客户手中。

资料来源:(1)http://www.daoxiangcun.com;(2)https://bjdxc.tmall.com;(3)https://bjdxc.jd.com。

【案例讨论题】
1. 北京稻香村的线下客户接触点有何特点?
2. 北京稻香村的线上客户接触点有何特点?
3. 北京稻香村的线上与线下客户接触点是怎样整合的?为什么?

第 3 章 客户生命周期

【本章知识点】
- 客户生命周期的定义与内涵
- 客户生命周期的作用
- 客户生命周期的各个阶段
- 客户生命周期不同阶段的营销战略

客户生命周期(customer life cycle)是客户关系管理的一个重要研究领域。在经营管理实践中,企业需要面对不同的客户,而每一个(类)客户的生命周期可能并不一致。这就要求企业必须了解和掌握其可能面对的客户生命周期,寻找其中的规律,并制定有针对性的管理措施。在企业类型、客户类型、生命周期类型三者之间寻找平衡点,是客户生命周期管理的重要内容。

3.1 客户生命周期的定义、内涵与作用

客户与世界上其他形式的存在体一样,是有生命周期的。这个生命周期,并非意味着客户可以周而复始地对其生命阶段进行循环,以至无穷无尽地进行下去,而是指客户在其完整的生命过程中,存在不同的阶段。作为客户管理的主体,企业应当认识到这种生命周期过程的重要性及不同阶段的特征,使其针对不同生命周期阶段的客户管理方式更有效率。

3.1.1 客户生命周期的定义

客户生命周期是指一个人或者一家企业由市场中普通的消费者成为被关注的客户,直至成为长期保持和维护对象的整个过程。

生命周期规律,既是自然界、生物界的生存法则,也是经济领域、管理领域和社会领域的通行证。正如达尔文在《物种起源》中所提出的自然法则和竞争法则:"让最强大的生命体生存下来,让最弱小的生命体消失殆尽",世界万物在这种生命周期循环之中不断繁衍和延续。单个生命不可能永远延续下去,而通过种群的变异、进化和迁徙,生命在不断延续。只有尊重生命周期规律,认识到所处生命周期阶段,企业才能在复杂多变的市场环境中生存下来。对于企业而言,认识自身所处的生命周期阶段固然重要,但是认清客户的这些特征可能更重要。在不同生命周期阶段,企业的市场影响力和地位可能发生变化,因

而导致与客户需求的不一致性,这事实上增大了客户管理的难度。

在发展过程中,企业获取一个主要客户对其本身的存续具有十分重要的价值。主要客户凭借其市场影响力和业务关系网络,能够极大地提升企业的经营绩效和竞争力。但是,在特定的环境条件下,企业必须根据生命周期规律做出舍弃此类客户的选择。这是因为那些处于生命周期鼎盛阶段的过大的客户,会直接威胁企业的利润和成长空间。研究者们一直在反复提醒那些过于强调客户忠诚的企业,不要过于依赖某一个或某几个客户,不能"把鸡蛋放在一个篮子里"。因此,企业在与不同类型的客户打交道时,要对客户生命周期规律的真正含义有深刻的理解,即对客户的生命周期阶段有科学把握,防止在生产制造、渠道定价、产品流转过程中陷入被动局面。

3.1.2 客户生命周期的内涵

客户生命周期的定义包括以下三层含义:

(1) 在具体时间上,客户生命周期并不是指客户作为自然人或组织的生命存续时间的长短,而是指个人或组织成为企业的客户直至不再具有这种身份的整个过程存续的时间长度。

(2) 在具体阶段上,客户生命周期与产品生命周期、组织生命周期等概念并不相同,因而针对不同阶段的管理方式有其自身特点。

(3) 在判断标准上,客户生命周期以企业所设定的标准为判断依据,因而标准不同,所得出的客户生命周期结论就不一致。

随着互联网技术的普及与推广,在相当一部分产品领域中,线上购物渠道正在取代线下购物渠道的功能。在这个过程中,电商平台和社交媒体发挥了重要作用。客户生命周期的特征随之发生了巨大变化。新技术背景下客户的知名度、忠诚度、美誉度的形成过程,与之前传统技术时代有着明显差异。企业产品供应与客户需求等信息在网站上全天候呈现,以及网上信息检索接近"零成本",使交易中供求双方沟通与对接变得更加直接、快捷和便利。同时,线上、线下销售渠道的多元化选择,导致客户群体中出现"蝴蝶效应",他们可以在不同供应商或网站平台间"飞来飞去",因而使短缺经济时代或信息封闭时期所形成的"非他莫属"式忠诚度与专注力快速下降。

客户生命周期缩短是互联网时代背景下的一个普遍现象。新技术总是把客户的需求和消费期望,从一个高水平推向另一个更高的水平。企业必须紧跟客户消费需求的变化趋势,尽快地调整产品种类,以跟上整个市场变化的节拍。从这个意义上讲,客户生命周期除了反映客户自身的特点外,还体现了一个国家或地区的技术变革反应速度和市场环境整体变迁轨迹。

3.1.3 客户生命周期的作用

了解客户生命周期阶段有助于企业制订更加有效的客户忠诚度计划。客户生命周期作为管理工具,在维护企业与客户之间的关系,以及应对客户行为变化和预测客户行为方向上具有重要的作用。这主要表现在以下三个方面:

1. 客户生命周期作为管理工具,有助于企业识别客户行为偏差

平丘克(Steven Pinchuk)在《用新的客户生命周期体系改变收入管理和营销》中指出[①],客户生命周期能够让企业对照生命周期普通行为而跟踪个人行为,比如企业通过计算全部客户的生命周期行为模式均值,设计可接受的偏差并将其作为门槛,进而启动自动化的一对一营销回应。这意味着当某个客户的行为超过这个门槛时,其行为不论是好还是不好,企业通过自动控制系统会一对一地与客户进行沟通。对于好的行为,应及时进行奖励;对于不好的行为,应立即采取应对措施,以防止类似情形在未来客户管理中出现。

2. 客户生命周期作为管理工具,有利于企业积极应对客户行为变化

从客户角度观察,企业应当了解、关心客户的感觉和行为。企业与客户之间的关系越紧密,客户忠诚度就越高,因而生命周期中在企业产品上的花费就会越多。分析客户生命周期,有助于我们掌握客户购买行为变化模式,以及各种具体行为的性质和影响。企业甚至可以对客户生命周期转变作出预测,进而及时采取应对措施,以鼓励或延迟这种转变。对客户生命周期的熟练把握,有助于企业在最佳时间和地点,使用最优方式自动应对客户行为变化。

3. 客户生命周期作为管理工具,有助于企业从客户个体层面上了解市场变化

客户是市场最为基础的组成部分。因此,如果一位客户的意见只是在某种意义上代表了市场的一个微小反应,那么所有这些微小反应就会汇集在一起形成一股巨大的力量。市场变化总是从最微小的地方开始,企业必须重视每一个客户的反应。客户生命周期在形态上类似于一个"层级制"的或连续的"树形"结构。在这个周期中,每一个较低层次的生命周期包括更多的变量并以此区别于其上层的生命周期。基于这种结构形态,我们可以发现在一些最低层次或者更加具体层面的客户行为发生了哪些变化以及是如何变化的。同样,我们也可以观察到哪些个体层面或者市场微观层面没有发生变化。如果我们在更多的时间节点上研究和分析这些变化,就能够对客户生命周期变化规律和方向作出准确判断。

3.2 客户生命周期的各个阶段

客户生命周期可以按照不同标准进行各个阶段的划分。在实践中,常用的方法主要有以下三种。

第一种是利润分布法。通过观察客户为企业所创造的利润的分布,根据利润大小变化来划分客户生命周期阶段,通常包括检验阶段、形成阶段、稳定阶段和退化阶段四个阶段。如果在客户生命周期中,稳定阶段持续时间较长,而检验阶段和形成阶段时间较短,则在企业与客户之间所建立的关系是有利可图的。

第二种是关系程度法。通过分析企业与客户之间的关系变化,根据关系的密切程度来划分客户生命周期阶段,通常分为获取阶段(acquisition)、吸收阶段(assimilation)、收

---

① PINCHUK S. Changing Revenue Management and Marketing Using a New Customer Life Cycle System[J]. Journal of Revenue and Pricing Management,2009,8(1):109-111.

获阶段(cultivation)和再生阶段(reactivation)四个阶段。

第三种是时间步骤法。通过分析客户转化的时间步骤,按照客户关系变化的时间顺序来划分客户生命周期阶段,通常包括到达阶段(reach)、获取阶段(acquisition)、转换阶段(conversion)、保留阶段(retention)和背叛阶段(defection)五个阶段。

本书重点讲解在实践中最常用的第三种方法。

3.2.1 到达阶段

在到达阶段,客户在形式上主要是以"潜在客户"出现的。企业所能够做的工作主要是关注这些潜在客户的行为和态度。潜在客户一般会出现在企业的各种促销活动和接触点中,也许他们对企业的产品仅仅局限于感兴趣,只是关注而已,并没有真正的购买意图。但是,这种感兴趣的心理状态极有可能向着真实购买行为转变,因此企业必须在这一时刻投入足够的时间和精力来研究他们的兴趣点。事实上,不论是这些潜在客户主动地走进客户接触点,还是客户接触点自动地呈现在他们面前,对于企业而言,潜在客户已经处于"到达"状态,而能否获取,则取决于它与这些潜在客户之间的吸引力的强弱。

一般而言,企业可以通过以下途径来评价潜在客户的"到达"情况。

(1) 对企业线下客户接触点(如实体店铺)的光顾次数,或者对企业线上客户接触点(如电商平台网站)的浏览次数;用这些指标数据值乘以最终可能进入客户生命周期下一阶段的概率,就可以大致推测出需要投入多少人力、物力和财力去准备后续的客户接待工作。

(2) 对纸质媒体(如报纸、期刊)上企业所刊登的广告,以及企业在电子媒体(如电视、网页)上所刊登的广告的观看和订阅人数,用计量经济学模型来计算通过这些客户接触点可能进入下一阶段的潜在客户数量。

(3) 智能手机终端中对企业产品信息的订阅数量,或者在社交网站上企业公众号的浏览数据,以及通过其他途径企业所能够引起潜在客户兴趣的统计数据资料。

这个阶段的主要特点是潜在客户从单方面表达出个人意向,但是并没有主动与企业进行接触。潜在客户之所以选择这样一种接触态度,有相当一部分原因是出于购买决策的谨慎动机,不想过多地投入时间和精力,以避免非理性消费或者被企业的促销活动所包围。当然,对于企业所提供的产品的不了解,甚至对企业所设立的客户接触点的陌生,也是潜在客户在这一阶段停止不前的重要因素。

在整个客户生命周期中,到达阶段是这个周期的起点。它可以是一种有形的呈现,如一位潜在客户光顾企业的实体门店;它也可以是一种无形的接触,如一位潜在顾客在线上无意浏览企业的广告。有时,这个起点仅仅是一种短暂的停留,在此之后,潜在客户就不再光顾这个接触点,客户生命周期停止在这个阶段而不再前行;有时,这个起点可能会继续延伸,潜在客户进入客户生命周期的下一个阶段。

让客户接触到企业的信息,或者走进客户接触点,是企业在这一阶段应当重点做好的工作。因此,在所有设立的接触点或营销渠道中,究竟有多少潜在客户光顾了这些场景或界面,是需要认真分析的问题。客户接触点的主要功能之一,在很多情形下是从事客户到达阶段的相关接待工作,潜在客户对接触点工作留下的印象越深刻,越有利于在态度上向着下一阶段转变。

3.2.2 获取阶段

罗宾内特(Scott Robinette)在《客户生命周期和情绪心电图》中指出[①]，与其他阶段相比较，获取阶段显得更直接，其主要任务是吸引新客户，建立企业目录产品和品牌个性。由于客户与企业之间是第一次接触，因而必须认真地对待客户的诉求，否则可能失去第二次接触的机会。

在获取阶段，潜在客户不仅对企业的产品投入关注和兴趣，而且表达出与企业进行互动的需要，这就使企业与这些潜在客户之间的交往具有一定的有效性。这个阶段的主要特征是企业能够得到潜在客户对于本企业产品的回应，并形成各种形式的交流互动。

获得潜在客户的回应，是企业把客户生命周期继续延长的关键一步。一般而言，只有那些有购买意向的客户才会对企业的各种接触点信息进行回应。在实践中，这种回应可能以不同形式表达出来。比如：

(1) 在购物电视频道中收看了企业所制作的一则家电广告之后，按照所提供的电话号码询问相关促销优惠活动的时间、地点、价格折扣等信息。

(2) 在大型电商平台上获得企业所销售产品的功能、质量、价格、售后服务条款等促销信息后，将拟购买产品信息放入购物车作为备选方案。

(3) 参加产品展销会时，在企业产品展台前询问产品的技术特点和主要功能，并在客户联系方式备忘录中填写个人信息。

(4) 应邀参加某商场举办的家电促销活动，在某家电产品专柜前与销售人员进行交流，了解相关产品信息，并就个人所关注的主要产品的款式和型号进行登记，但并没有达成交易。

从以上四种情形来分析，潜在客户通过企业的各种营销渠道或者接触点不仅了解了相关产品信息，而且给予了积极回应。他们对企业营销活动给予积极回应，这事实上表明其对企业产品不仅感兴趣，而且可能有购买意向。不论这种意向是暂时的，还是持久的，企业都要做好下一阶段的工作，争取把潜在客户转化为真正客户。

需要注意的是，在实践中，引导潜在客户进入这一阶段存在许多不确定性，有诸多偶然因素在起作用。这些因素中既有主观因素，也有客观因素。产品质量水平固然重要，服务人员的态度也起着关键作用。在许多情形下，是潜在客户对服务人员的形象和态度不满意，而选择寻找其他企业作为备选对象。因此，在获取阶段，潜在客户的购买热情很高，但是又十分容易转移注意力，即特别容易被一些外界因素所干扰，如竞争者的产品降价、另有新款式产品推出，以及潜在客户把购买力转移到了其他项目中等。此时，企业应尽可能为潜在客户创造能够排除其他因素干扰的购物场景，同时通过其他措施来强化潜在客户购买产品的动机，以便向着下一阶段顺利迈进。

3.2.3 转换阶段

转换阶段是整个客户生命周期中最为重要的一个阶段，它决定着企业是否能够顺利

---

① Scott Robinette. Customer Life Cycles and Emotional EKGs[J]. Catalog Age,1997,14(11):161.

地把潜在客户转换为真正意义上的客户。在通常情形下,这一阶段也是企业着重研究和分析的对象,因而在人、财、物的配置上具有优先权。

把潜在客户转换为实际客户,有一个重要的前提条件,即企业与客户之间建立了基本的信任关系。正如《市场营销学》中"黑箱"(Black Box)理论所提出的购买决策的难以判断性,客户需要的究竟是什么,他们如何进行决策,这些都是很难被轻易观察出来的。因此,在这个阶段,企业销售人员就是要尽可能把这个黑箱子打开,首先让客户说出自己的真实想法,然后由企业想方设法来提供满意的解决方案。由于在许多情形下客户对自己的真实需要并不是特别清楚,或者即使心里清楚,但是不能清晰、准确地描述出来,因而就需要企业工作人员来提供技术和服务方面的支持。一般而言,企业顺利地把潜在客户转换为实际客户,需要完成以下三个方面的工作。

1. 客户心理转换

开启客户的心理之门,这是营销人员必备的本领。这个前提是企业工作人员与潜在客户之间的彼此信任。在这个过程中,企业工作人员要通过各种客户接触点,让客户充分感受到"产品买得放心,用得安心,钱花得开心"。这事实上要向客户讲清楚三个问题:一是要把企业是怎样的一个组织讲清楚,如历史文化、所获得的荣誉、经营管理的品质、行业的影响力和地位等;二是要把产品的功效讲清楚,即让客户感觉到物有所值,甚至物超所值;三是要让客户在整个过程中有愉快的体验,获得尊重并受到友好的接待。这种从不了解到相互了解的过程,是一个逐渐建立信任和好感的过程,因此必须做得特别用心和到位,不可急于求成。必须经过的环节和流程,一个都不能少,而且要十分认真细致地去做每一项细微的服务。这时客户由于心理和行为正在逐渐走向一致,内心的斗争已经被产品的内容所取代,因而对购物环节中的每一个细小变化都会特别敏感和在意。例如,一些在平时并不太重要的服务环节,客户也会不断地放大来对待。这个过程由于涉及产品所有权的交接、货物款项的收付,因而企业工作人员需要十分认真和细致。

客户心理层面的问题十分复杂。一般而言,客户总是在内心深处想获得某一具有特定价值的物品的同时,又害怕因此而失去更重要的东西。这种"患得患失""进退维谷""举棋不定""犹豫不决"的心理状态,在企业与客户的正常接触中经常会出现,有时甚至会直接影响潜在客户向实际客户的转换。不同客户由于心理力量存在一定差异,因而在购买决策中表现出来的判断力和执行力有所区别。完成客户心理转换需要"对症下药",在找准客户的"心结"之后,通过选择正确的"疏导"方式,让客户从购货前的"心理不适"状态中走出来。因此,在接触点工作的每一位业务人员,都要了解和掌握客户购物心理,能够从心理分析的角度寻找正确的应对措施。一般而言,在接触点的心理"疏导"过程中,企业业务人员应当顺着客户的心理轨迹来寻找企业供给品与客户需求之间的一致点,而不是逆着客户的心理感受去说服客户其心理感受是错误的。

延伸阅读 3-1　洛克菲勒购买保险的例子

2. 企业与客户之间的关系转换

进入这一阶段，企业与客户之间的关系已经由信任关系逐渐转变为买主与卖主之间的关系。之前阶段的一些营销宣传和接触，会被正式的合同或协议所取代。企业工作人员要迅速进入此时的角色，即他们是在代表企业正式销售一款产品，因而必须把合同或协议中的各项款项以及可能出现的违约责任逐一向客户解释清楚；而客户此时也必须从购买挑选的复杂心态中平静下来，认真地阅读这些条款和责任事项，不清楚的地方要立即问询清楚。在签署合同或协议之前，任何形式的疑虑都应当及时表达出来；而一经签约，则只能按照合同或协议的条款执行。因此，在关系转换这一阶段，对于企业与客户的角色变化，双方都应有充分的准备。

在这种关系转换过程中，客户事实上成为产品的所有者，双方基于契约精神而完成了交易的整个过程。这种购销关系或合作关系一经建立，就标志着企业与客户之间不再是此前生命周期阶段的关系态势，而是在性质上发生了根本的变化。这时，潜在客户正式转为实际客户，并且相关个人或组织信息被录入企业的客户关系管理系统，纳入正式的客户关系管理范围之内。在与客户建立这种交易关系之后，企业通常十分重视客户的信息反馈，会根据客户所提的建议和意见进行产品改进，因此，从这个意义上讲，企业与客户之间的关系已经从前台接触式管理，转入了后台深耕式管理。

在潜在客户没有转变为实际客户之前，企业与客户是一种没有合同或协议约束的"若即若离"的关系形式，即二者之间凭借相互吸引力而产生接触兴趣。在这个过程中，企业可能更多的是在有针对性地向潜在客户传递一些关于产品的正面信息，如功能、效用和价值方面的优越之处，以及它们可能会给客户的学习、工作和生活带来的种种便利。但是，在这些客户变成企业的实际客户时，企业必须对产品的真实状态作出详细的、全面的、准确的解释，对于产品使用过程中的一些注意事项也要给出特别的提醒。这时的关系形式中包含更多的责任和义务。因此，企业与客户之间的关系定位，对于双方之间的信息交流的广度和深度具有一定的影响。

3. 购买意愿向购买行为的转换

在这个阶段，把潜在客户的购买意愿转换为购买行为，其中可能需要企业施加许多方法和措施。被动地等待购买意愿的"发酵"，这是许多企业采取的方法。此时，企业不仅不会干扰潜在客户的判断，而且会给予其足够长的时间去思考，允许其在意向表达方面出现多次反复，且将这种决策过程中的"摇摆不定"理解为一种理性的判断过程。有时，被动地等待潜在客户的购买意愿向购买行为转换，可能比主动地接近这些客户效果更好，现实中有许多客户是被企业的凌厉促销"攻势""吓"走的。因此，对于那些不喜欢过多接触或者害怕与人接触的客户来讲，这种方式更加适用。企业应认真分析潜在客户的心理和行为特征，对不同的客户采取不同的接近方式。

主动地促成潜在客户的购买意愿转换为购买行为，是大多数企业愿意做的一件事，因为它们认为"机不可失，时不再来"，要抓住"稍纵即逝"的大好时机，不能让潜在客户从自己的身边溜走。这种主动出击的工作方式固然有一定的道理，但是做法如果过于草率、粗鲁，或者超出了道德或法律上的"合宜度"，就会适得其反。在采用主动方式时，事先了解客户的真实需要对于后续的促销工作十分重要，这可能涉及客户市场细分及目标市场定位等具体问题。一般而言,受经济收入和社会地位等因素的综合影响,不同层次客户群体对企业特定产品的需求强烈程度存在一定差异。

购买意愿向购买行为的转换,中间可能涉及许多变量,其中,有些变量起中介作用,有些变量起调节作用。在影响购买意愿向购买行为转换的各个接触点中,企业可以控制的因素有很多,不可控制的因素也有很多,重要的是,企业要把影响这些接触点的诸多影响因素中的可控因素管理好。事实上,在所有影响购买意愿向购买行为转换的因素中,企业能够控制的因素越多,则表明企业越会促成这种转换;反之,则难以促成转换。在整个过程中,除了分析客户的心理、性格、行为特征外,企业还必须把各个客户接触点的工作做好,分析不同产品类型所应采取的接触形式和营销策略,提高转换工作的目的性、目标性和针对性。

在转换中,与营销计划相匹配的客户价值发现与发掘十分重要。对于企业而言,不同客户具有不同的可开发价值。企业除了将目标定位于已有产品销售外,还应当把目标定得更加长远,甚至可以考虑并没有列入计划目标的一些销售项目,如通过向上销售或者交叉销售来获得附加价值。也就是说,企业在这个转换过程中,要从更加广阔的业务领域来思考问题,引导客户去实现更大的购买价值。从价值角度分析,客户价值既包括客户能够带给企业的价值,也包括企业能够带给客户的价值,因此企业必须从单向价值提供思维的困境中走出来,在强调企业能够从客户那里获得价值的同时,也要突出企业能够为客户提供的价值。只有这样,才能说服客户所进行的交易是一种公平的或者"双赢的"结果。

从企业角度来看,客户能够带来的利润,通常是依据客户的行为、个性和其他变量来加以识别。一般而言,客户生命周期越长,给企业带来的价值就越多;反之,则越少。客户在生命周期不同阶段所表现出的各种行为,会形成不同的价值。其与企业在生命周期中的不同关系形式,是由其背后的不同推动力量所导致的。这种力量可能源于经济、社会、文化、技术、心理等层面的单一因素或综合因素的作用。即使是在作用力上表现为同样大小的一种推动力量,在不同的生命周期阶段,其所形成的结果也可能并不一致。因此,促成购买意愿向购买行为转换的前提之一,是对影响购买意愿的各种心理和行为因素进行深度洞察。

3.2.4 保留阶段

对于企业而言,上述各个阶段的客户接触点,都是一种资源投入型或要素密集型的客户接触点。但是,进入客户保留阶段,企业与客户之间的关系变得相对稳定,因而从人、财、物的投入角度分析,会出现一定程度的下降或维持不变。然而,保留客户与客户忠诚度紧密相关。在这个阶段,企业采取的营销策略与之前相比,侧重点有所不同。

在营销学理论中,有一个被企业普遍认同的数字规律:开发一批新客户所需投入的总成本,是保留这批客户所需关系维持费用的6倍。因此,人们通常认为,在前期已经投入大量成本之后,企业可以用少量费用把客户继续留在身边。从关系学角度分析,新客户替代旧客户过程中所引发的关系变化,实质是一种在时间、金钱、情感等方面的综合计量结果。毕竟对于企业和客户而言,在前面几个阶段的接触中,双方都投入了时间和精力,这在经济学上属于"沉没成本"。保留阶段的时间跨度越长,这些成本的分摊时间就会越长，因而使前期投入显得越有价值，即边际收益率递增。但是，这种判断需要一个前提条件，即企业所提供的产品质量并没有显著下降，或者相对于竞争者它们并没有表现出明显的劣势。否则，客户就会重新考虑与企业的关系。对于企业而言，客户基础如果出现松动，保留阶段的投入就会相应增加，客户接触点的工作也会变得更加困难。

通常来讲，老客户能够带来更多的价值，即通过较小的投入，带来等值的或更大的回报。相对于新客户，老客户的忠诚度更高，因而他们更容易成为企业的营销传播者。时间是情感维系的重要测量指标，一般而言，短期之内建立的情感通常并不牢固，而长期建立的信任关系则并不容易被瞬间冲突所取代。老客户由于在企业身上投入的情感时间较长，更容易去主动维护其产品形象，并把使用过程中的体验分享给新客户，因而他们是企业的重要客户资源。但是，企业如果在维持客户方面的工作做得不够好，就会导致这类客户的流失，他们会转向其他企业购买产品。企业再吸引这批客户的难度会相当大，甚至几乎是不太可能的。因此，对于企业而言，在客户保留阶段，只有两种方案可供选择，要么去积极保留客户，要么任由客户流失。

为了尽可能减少客户流失，企业必须对客户的特点进行分析，针对不同类型的客户采取不同的保留方式。在经济快速变化时期，市场动荡会加剧，试图用一种方法来应对所有变化的客户关系管理方式势必很难奏效。能够避免被客户关系中各类突发事件压垮的办法之一，就是要对客户生命周期积极地进行管理，而不是被动地任由这些变化左右企业的管理方法。客户保留阶段的工作一定要有弹性，在前面阶段起作用的管理方式，在这个阶段可能并不能发挥效力。因此，必须选择具有竞争力和实效的工具来进行客户管理。

客户保留率是评价一家企业经营是否稳健的重要指标之一。频繁的客户出入，对企业而言无疑会增加管理成本和营业费用。因此，比较稳妥的办法是保持一定比例的老客户，而留出一定的比例空间来增加新客户。但是，老客户与新客户之间的比例，究竟设定为多少比较合适，在实践中需要结合行业特点和企业生命周期阶段来判定。在一些行业，企业的客户保留率普遍较高，而在另一些行业，客户保留率普遍偏低。一般而言，行业中的技术更新越快，企业的经营风格变化越快，客户保留率就越会下降；反之，客户保留率就越会上升。动荡的市场环境和经营环境，一般只会增加客户保留的难度。客户保留也与企业的产品生命周期有一定关系。客户保留率会受到产品、技术、行业等生命周期轨迹的综合影响。

提高客户保留率的有效做法之一就是不轻易拒绝任何一位客户，特别是老客户。例如，乔·吉拉德这位曾经因汽车销售出色业绩而载入吉尼斯纪录的销售专家，其成功的诀窍之一就是从来不拒绝任何一位客户。他认为，一位客户的背后大约有 250 个潜在客户，因而不经意地拒绝某一位客户，如任何形式的不礼貌或者疏忽大意，都可能导致这位客户由于不满意而远离企业，并将负面情绪向其周围人群扩散，进而导致企业本应获得的潜在客户出现流失。因此，热情地接待客户并保留客户，而不是情绪化地管理他们与企业之间的关系（如不认真保留客户手机号码、通信地址等联络信息，甚至刻意地删除这些信息来发泄心中的不满），就是在为企业的发展赢得更大的潜在客户群体。他的这一论断被营销界称为"250 定律"。从这个意义上讲，保留住现有客户，就是保留潜在客户的形成基础和输送渠道。尤其在互联网和社交媒体十分发达、信息快速扩散的当今时代，保留客户比以往任何时候都更加具有挑战性,也更加重要。

3.2.5　背叛阶段

背叛是指丢失客户的过程。尽管人们习惯于赞誉忠诚、谴责背叛行为,但是在经济活动领域,只要背叛行为并不引起伦理道德层面的问题,而仅限于经济利益的得失,或者是竞争格局的变化,那么这种行为并没有多少值得批判或反对的地方。

与社会关系中的背叛行为不同,在客户生命周期中,客户很难与企业一直将原有的关系维持下去。经常出现的情形是,在这个周期的某个阶段,客户作出自己的选择和判断而离开了企业的客户关系网络,进入了其他企业的客户关系系统。从企业角度来看,这种行为可能是对企业产品的一种不认可,或者是对企业与客户之间关系的不认可。但是如果从客户角度分析,就会发现,这种背叛是基于自身需求的一种客观选择,并没有什么伦理争议。

在背叛阶段,客户通常是出于以下考虑而选择从企业的关系中解脱出来:

(1) 企业所提供的产品已经不能满足客户现有需求,即产品本身的问题导致了客户选择离开。这种情形在市场中比较常见。作为理性消费者,客户一般不会为企业的过时产品而承担连带责任。因此,这种背叛行为虽然有客户利己的一面,但是属于一种比较理性的选择。

(2) 市场竞争者能够提供更好的产品。同样的需求,如果能够有更好的产品来满足,为什么要坚持保留在企业的客户关系中,而不另做选择和安排呢?因此,当技术更新,新产品出现在市场上后,客户自然会选择更有竞争力的新产品,而不是仅仅强调情感忠诚,放弃对产品功能价值的追求。

(3) 在客户生命周期中,因与企业共创价值的空间十分狭小,客户需要更多的选择和更大的空间来实现自己的目标。客户与企业之间是一种"共生、共享、共赢"关系。当这种关系只有单向输入或者单向输出时,如果不能从这种交易中获得预期价值,那么客户通常会选择更符合自身利益的产品提供者。

(4) 由于竞争者促销攻势猛烈,客户非理性地选择退出企业客户关系网。争夺客户资源的行为在市场竞争中十分普遍。竞争者总是采用各种各样的手段从企业的客户资源中争夺潜在客户。当这种竞争势头十分猛烈时,客户非理性的选择就会频繁出现。

背叛阶段是客户生命周期的最后一个阶段,它可能出现在保留阶段之后的任何一个时间节点上。企业所能够做的工作是,一方面认真总结在客户管理与服务方面的经验教训,反思在客户关系管理中,尤其是客户生命周期的各个阶段,是否存在一些薄弱环节,以便控制相关风险;另一方面就是继续扩大客源和市场,做好市场份额空白的填补工作,充实新客户,增加客户接触点的针对性和实效性。

3.3　客户生命周期不同阶段的营销战略

在客户生命周期的不同阶段,企业营销战略应当体现出差异性和针对性。在总体方向上,客户生命周期营销战略应当与企业总体战略保持一致。

3.3.1 到达阶段的营销战略

在客户到达阶段，企业开展营销活动主要是为了吸引客户的关注度和注意力。例如，通过产品展示来赢得客户好感，就是企业拉近与客户距离的一种常用方法。尽可能多地设立客户接触点来展示企业的产品，对提升企业在这一阶段的营销成功率有重要帮助。实践证明，企业举办营销活动的规模和频率，与其吸引客户注意力所取得的效果具有一定的正相关关系。在传播媒体选择上，企业要尽可能选择那些覆盖面广、影响力大、时效性强的大众媒体，把产品的相关信息全面、快速地送到客户面前。

到达阶段的营销战略，从传播渠道角度来讲，应该把所有营销渠道都利用起来，把每一个接触点的功能充分发挥出来。"渠道全覆盖，全方位接触"应当是这一阶段营销战略的主要方向；信息送达是这一阶段的首要目标。企业应当把线上与线下渠道的功能和特点研究透彻，形成强大的组合影响力。实体店铺着重展示产品的物理特征和具体功效，而网上商店则主要通过图片、声音信息把在线潜在客户吸引到实体场景中。网上的用户评价信息及关于竞争者产品的对比信息，有助于潜在客户从第三方信息源判断企业的产品竞争力，而实体店中的实物呈现则有助于潜在客户亲身体验产品的外观、功效，并留下更深刻的直观感知印象。

在到达阶段，企业尤其要做好场景营销工作，这对体验营销活动的形式和内容提出了较高要求。除了产品本身展示外，企业整体形象展示、企业员工工作态度、渠道合作伙伴组织能力及客户群体主要特点，都是潜在客户判断其是否应当进入生命周期下一阶段的参考指标。例如，在一些大型购销展览会上，企业展厅布置与陈设、参展员工服务态度、展厅光顾人数、场景特色氛围是否令人难忘等，都会直接或间接地影响客户的判断和决策。因此，在这一阶段，企业需要做的具体工作特别多，而且必须具有一定的前瞻性，对到达的潜在客户的数量和地点，以及停留时间，应当有一定的预判，保证接待工作留有余地。

但是，这一阶段企业有多种可选营销战略方案。在不同方案采用过程中，企业应当及时评价每一种方案的实施效果，对效果不明显的方案要尽快更换，用其他可行方案替代，并对替代方案的实施效果进行快速评估。在实践中，一种比较好的方法是发出要约，对可能参与营销活动的潜在客户进行提醒，例如，发布营销活动通知、促销活动广告、企业参展摊位及相关产品信息等。到达率是到达阶段营销活动效果评价的重要指标，是指实际到达潜在客户数量与预期到达客户数量的比例。一般而言，到达率越高，表明潜在客户对企业产品越感兴趣；反之，则表明企业到达阶段营销活动的实际效果不佳，或者企业产品吸引力不够强。

3.3.2 获取阶段的营销战略

在获取阶段，企业的重要工作之一是记录潜在客户信息并进行市场细分，从总体构成比例观察企业的重点客户人群及其基本特征。在此基础上，企业进一步与这些潜在客户互动，收集他们的反应信息。这种反应可能是全方位的，比如，既可以是专门针对企业产品本身，也可以是针对企业工作人员或服务人员的态度，还可以是针对企业未来提供产品的建议，等等。这个过程对于企业而言，重要的是通过与潜在客户的联系，来认识客户并了解他们的需求。因此,获取阶段并不只是计算所获得的潜在客户数量,而且要通过数据挖掘技术来精确分析这些客户信息背后所蕴含的经济和社会价值。

获取阶段是把企业产品进一步细化或定制化的过程,即在技术、款式、型号、批量上无限地接近客户需求。获取不是一蹴而就,在实践中可能需要多次接触才能完成。因此,在接触点设计中,要有专门服务于获取潜在客户的一整套完善的管理制度和操作流程。负责客户服务的人员,要十分清楚企业整体业务流程及每个流程的具体工作内容。除了能够给予客户足够的信心购买外,客户接触点还应当提供具体措施来应对客户不合作行为。这个阶段,企业除了在接触点提供具有竞争力的产品外,更重要的是训练工作人员对"挫折感"或失败体验的忍受力。由于获取阶段只是潜在客户对企业表现出一种积极回应,因此,企业不能对此抱有过高的,甚至是不切实际的期望。毕竟这一阶段仅是信息层面的回应,并没有实质的购买意向或行为的显露。

潜在客户在获取阶段的回应,为企业提供了可以持续跟进的线路和方向。在这些回应中,企业可以清晰地梳理出客户对哪些产品感兴趣,对什么价位的产品感兴趣,他们购买这些产品的主要目的是什么,他们主要是怎样的社会群体,以及主要聚集在哪些地区,等等。对照这些需求方面的信息,企业可以对产品的供给数量和方向作出必要调整,从逆向上影响生产流程,直至整个企业的管理决策过程。因此,这个过程本身就是一个销售和价值创造的过程。例如,假设企业在大型商品交易会上销售自己的产品,从接触点设计上考虑,如果潜在客户对这些产品感兴趣,他们不仅会在展销摊位前停留,而且会与展销工作人员进行面对面沟通,进一步了解产品的技术特点和性能,以及价格、运输、保费和售后服务等条款;如果他们有意向购买,就会在企业所提供的通讯录上登记联系人、电话及地址。这些信息和回应对于后续工作的跟进具有基础作用。

获取阶段所对应的主要工作是回答潜在客户的询问,或者邀请客户提出问题并采集问题,有时这会让企业工作人员觉得没有明显的成就感,即并没有促成产品交易,或者建立起稳定的客户关系。这种心理状态其实对客户关系管理工作并无益处。企业应当做好工作人员的内部营销工作,让参与接待潜在客户工作的人员能够表现出稳定的心态。例如,在招商引资工作中,有时潜在客户的到来并不均衡,这就要求工作人员在客户稀少时,一定要有耐心,在与竞争者的比拼中表现出专业精神和职业素养,对于进入展厅的客户要想办法留下他们的联系信息,了解他们的具体需求及企业可以提供的服务。当然,在这个接触环节,邀请客户参与一些精心策划的促销项目的同时,应当把企业产品说明手册也一并送给客户。

3.3.3 转换阶段的营销战略

在所有针对客户的营销战略中,转换阶段的营销战略最为关键。在这个阶段,营销战略应当具体化,具有明确的目标。其中最为主要的工作就是做好目标市场研究,把那些对企业的产品感兴趣的潜在客户转化为能够带来利润的实际客户。因此,分析前面两个阶段中累积的潜在客户信息,制定有针对性的接近目标客户的路线图,是必须做好的工作。企业各个部门要通力协作,投入足够的时间、精力来把潜在客户尽可能向实际客户转换。在整个转换过程中,这些部门都有责任和义务向潜在客户提供力所能及的帮助。例如,在招商引资过程中,除了项目引进部门要主动做好潜在客户的接待工作外,企业的办公室、财务部门、人事部门、后勤部门等其他部门,都要为前来洽谈业务的客户做好服务工作。

在转换阶段,潜在客户可能会对企业的产品、价格、交货时间、数量折扣、付款条件、售后服务等条款逐项进行确认。这一阶段的极端重要性,决定了在营销战略上,企业应当把客户放在一个具体的细分市场、目标市场和市场定位情景中思考,即运用STP战略解决与客户沟通中可能存在的针对性不强问题。以市场定位为例,在与潜在客户沟通的过程中,企业必须了解自身产品在客户脑海中所占据的位置,以及作为品牌,它能够给客户带来的功能利益、情感利益和象征利益。这些深度沟通策略,体现在营销战略中,就是要在方向上有侧重点,在资源配置上有所集中。在转换阶段,企业要把核心资源投入关键工作和业务活动中,消除任何可能导致转换失败的事项。

延伸阅读3-2 企业对外合作中的客户关系实例

在转换具体操作方面,有的企业经常收取一定的保证金来"锁定"潜在客户意愿。当然,这种做法存在争议。如果站在企业角度分析,企业为转换潜在客户可能付出大量时间和精力,包括各项准备活动的安排、协议的起草、技术讲解和咨询等,这些都是需要投入人力、物力和财力来精心组织安排的,因此收取保证金似乎有其合理性。但是如果从客户角度分析,在签署购买协议前就交保证金,使客户变得不再"自由",承担了一定的决策风险。一般而言,这种保证金的数额越大,企业越有较大可能性把客户从潜在客户转为实际客户;反之,则可能性越小。从这个意义上讲,企业越是能够从客户手中获得一定的预付款项,或者越是能够在时间和精力方面"牵扯住"客户,就越容易完成这种转换。当然,企业的这些行为一定要符合法律、法规,不得违反商业道德伦理原则。

对于企业和客户而言,转换阶段是一场经验、毅力、耐力、决心的比拼。双方在这个过程中,既要相互合作,又要相互博弈。其中,涉及价格的变化、产品数量的调整、供货方式的变更、售后服务的充实,以及其他未尽事宜的补充等。尤其是针对企业类客户的转换,与转换个人客户相比,过程会变得更加复杂。

3.3.4 保留阶段的营销战略

当客户生命周期进入保留阶段时,企业与客户之间的互动应当更多地进入关系营销范围之内。对于企业而言,保留阶段的主要工作有两项:一是聚焦企业与客户之间的关系维持、维护过程;二是尽可能缩小客户心理预期与企业可提供产品之间的差距。

保留阶段关系营销策略涉及客户忠诚度的培养,产品知名度、美誉度的塑造,以及客户感知价值的大小等方面,即从多个维度和不同层面增强客户对企业的信心与信任感,使他们感觉到与企业的关系不仅是牢固的,而且从长期来看是具有价值的。为了做到这一点,在这种关系营销中,企业除了满足客户现有需求外,还要将产品研发定位于客户未来需求。

在保留阶段,企业相当一部分的时间和精力需要花在为现有客户排忧解难上,即在售后服务方面要有更多的投入。"问题导向型"服务式管理,是应用好关系营销模式的重要方向。企业会让更多的工作人员尤其是一线服务人员积极倾听客户心声,了解他们在产品使用过程中的具体感受。因此,在线交流和访谈,以及市场调查和回访,对于做好保留工作十分关键。在这个阶段,要把关系营销和体验营销紧密结合起来。

例如,摩根(Richard Morgan)在《延长客户"生命周期"——使用15种关系建立理念来增加利润》中讲述了关于汽车服务公司客户生命周期的例子[①]。他指出,尽管维持现有客户能够增加长期盈利能力,但是许多汽车和轮胎服务公司并没有对此投入足够的关注度;在客户保留工作中,以公平价格提供适当活动和及时服务来吸引客户固然重要,但是还需要更多努力才能实现客户保留;企业只有在竞争过程中达到超越对手的水平,才能够创造客户忠诚。为此,他把延长客户保留时间,为企业实现更多盈利的做法概括为以下15个步骤,如表3-1所示。

表3-1 延长客户保留时间的15个步骤

步骤1~5	步骤6~10	步骤11~15
1. 培养热情友好,有知识、有经验的员工	6. 提供客户忠诚项目和特殊优惠来吸引客户再次购买	11. 为本地客户提供免费班车服务
2. 创造干净、整洁、温馨的购物环境	7. 向客户说明每一项单据内容,公平交易	12. 提供直接邮寄或电子邮寄服务,提醒客户服务到期日
3. 增加检查项目,保证客户所购设施的有效运行	8. 检查一些独有的、专门针对特定用户的项目,并给予优惠	13. 制订客户满意度跟踪调查电话管理计划
4. 以微笑来答谢客户	9. 从上游供应商处获得免费教育培训项目	14. 投资建立客户友好型的互联网界面,保持经常更新
5. 以微笑来感谢客户惠顾,并邀请他们再来	10. 给予员工立即解决大多数客户问题的自主权	15. 保证在主流社交网站的出现频率

摩根甚至建议,企业应当把2/3的营销努力用于客户保留上,余下的1/3用于开发新客户。

在客户保留阶段,一般而言,如果客户流失率下降5%,利润将增加25%~50%。因此,现有客户对业务的贡献要比新客户大得多。在营销策略方面,企业可以通过创造客户满意,及时分析客户寻求变化的原因,来迅速填补服务空白,提升业绩表现,阻止客户基础的流失,进而降低损失。有时,通过采取"一对一"个人服务,企业能够吸引和获得更多的潜在客户,进而赢得更大的竞争优势。比较常见的做法还有,通过会员制或者积分制对现有客户进行分类,按照不同客户对企业的贡献采取不同的刺激和奖励方式,进而实现客户保留目标。

客户保留阶段的营销战略,通常是针对那些重复购买或者积极购买的客户而采取的。但是也有一些常见误区。例如,当客户一次次地主动购买企业产品时,企业通常会对这种行为采取一种任其自由发展的态度。这其实是一种不正确的做法。事实上,在这些客户

---

① MORGAN R. Extending Customer 'Life Cycles': Increase Profits by Utilizing 15 Relationship-building Ideas [J]. Modern Tire Dealer,2013,94(11).

身上,企业还可以获取更多的利润。即使无法实现这一目的,这些客户也可以成为企业的品牌传播大使,向其他用户推荐企业产品。因此,企业对于这些客户的行为应当给予及时鼓励。例如,当领英(LinkedIn)拥有 2 亿用户时,这家企业给那些在不同区域中处于前 1%、5% 和 10% 浏览最多的用户发去电子邮件。许多客户把这些邮件贴在在线平台上炫耀,使这一行动成为领英历史上最成功的病毒营销传播方式之一。同样,亚马逊(Amazon)在早期经营实践中,会在圣诞节期间给其忠诚客户专门送去特制的咖啡杯。

对于客户生命周期中的重复购买客户,企业应当从价值、行为、参与度、产品和品牌角度采取积极的营销战略。

3.3.5 背叛阶段的营销战略

对于不再参与企业营销活动的客户,不少企业试图通过电子邮件或其他沟通方式与他们继续保持联系,但是却得不到相应回复。这时,企业应当意识到这种单向联系的缺陷,即从长期来看并没有实际价值。因此,对于背叛阶段的客户关系管理,营销战略事实上能够起到的作用十分有限。

在这个阶段,企业要十分理性地认识自己所处的竞争环境,分析客户选择背叛的原因。从营销战略上讲,此时针对已经流失的客户采取主动营销方式,并不能从根本上解决问题。客户之所以流失,原因可能主要在于企业的产品缺乏竞争力,于是选择了从竞争者手中购买类似产品。这表明,竞争者产品的吸引力是导致客户流失的主要原因。因此在营销战略上,企业应当主要针对竞争者展开,从技术、产品质量、价格、促销方式等方面提升自己的核心竞争力,并努力争取在某些关键领域超越竞争对手。

同时,企业不应把这些流失的客户从客户关系管理系统中删除,而是应当把他们放在一种需要特殊处理的关系资源中,等到机会再现时,采取适当的营销战略来重新把这些流失的客户争取过来。

复习思考题

1. 客户生命周期作为管理工具有哪些特点?
2. 在客户生命周期中,到达阶段和获取阶段有何不同?
3. 在客户生命周期中哪个阶段最重要?为什么?
4. 在客户生命周期中,保留阶段的营销战略有哪些?试举例说明。
5. 在客户关系管理实践中,延长客户保留时间有哪些具体方法和步骤?试举例说明。
6. 试举例分析某家企业的客户生命周期,并对其营销战略进行设计。

A 公司的客户生命周期管理

【案例信息】 A 公司是一家服装生产企业,由张先生于 20 世纪 80 年代末期创办。在创办初期,中国市场上的大多数商品还没有摆脱产品供不应求的局面,因此只要能够把产品生产出来,且具有一定的品质,就不怕卖不出去。在这种快速发展的市场环境中,张先生刻苦钻研生意经,勤奋打拼,很快 A 公司就在服装生产领域占据了一席之地,特别是公司主打的春秋女装,在当时具有很强的品牌竞争力。

20 世纪 90 年代后期,随着国内经济结构调整,市场上出现了一定程度的结构性过剩。服装行业中产品种类增多,品牌同质化现象加剧,A 公司生意量出现一定程度下降。国内客户订单减少,大客户不断流失,公司财务账目"应收账款"增多,员工工资及福利刚性支出,使 A 公司经营陷入困境。张先生觉得自己的专业知识和工作经验已经不足以支持公司的发展,于是把公司日常业务管理交给了自己的一位亲戚打理,而自己则选择了一所国内著名财经高校开始读 MBA。

张先生是工科本科背景,他对服装生产技术可谓十分熟练,但是对于市场变化则不是特别精通。在 MBA 学习中,他不仅学到了管理学方面的知识,更重要的是他学到了市场营销和客户管理方面的诀窍。这对于此时陷入事业瓶颈的他来说,就像是"雪中送炭"。他一边认真学习这些专业领域的知识,与老师、同学们讨论课本上的知识点,一边认真地思考自己公司的出路。终于他用营销专业知识中的 PEST 和 SWOT 分析等方法,认清了公司未来的发展方向。

毕业后,他很快投入公司的改革与创新中。他把目标市场定位于国际市场,通过市场细分,把消费者人群定位于 18~28 岁女性群体,且主打春秋羊毛衫。在国际市场选择上,他聚焦日本、东南亚等国家和地区。在客户管理方面,他按照"到达、获取、转换、保留和背叛"五个阶段客户接触的一般规律,专门设计了 A 公司客户生命周期管理办法,对不同类型、处于不同生命周期阶段的客户采取不同的管理方法,包括接触点设计、营销预算金额控制等,并将其严格地付诸实施。他经常对具体负责客户关系管理的业务部门负责人说,一些海外大客户虽然在数量上仅占总客户量的 20%,但是却占有公司 80% 的利润来源,因此在客户接触与维持中,一定要关注大客户的诉求。

A 公司在面向国际市场经营中,在 B2B 这个环节上,每年都会在气候宜人的时节把世界各地的客户邀请至北京丰台花乡来参加公司的时装展销活动。在活动中,除了向服装批发零售商等经销商们介绍 A 公司的最新产品外,他们还专门为在过去一年中获得销售量前 10 名的 VIP 客户颁发荣誉证书和奖金,同时承诺在未来一年能够享受的"批量—价格折扣"。在展销活动中,国内著名专业服装模特们把各种新款春秋服装的特点通过优美的走动和姿态展示出来。在动感的韵律、光和影的交织中,客户们纷纷举起手中的牌子,快速地向现场工作人员示意要订购的款式和数量。

张先生把 A 公司的这些海外客户分为 VIP 客户、主要客户、普通客户和小客户四个层次。这是依据历年成交量和近几年表现而综合评定的。以 VIP 客户为例,他们通常属于行业领导者,有资金实力,营销渠道比较多,主要面对的下游客户是专门销售高档服装产品的零售商,他们对 A 公司业务增长和现金流状况具有决定性影响。除了在这样的活动中向这些客户表示感谢外,张先生每年还会专门前往这些客户的总部去拜访他们,在相互增进信任的同时,了解对方的需求。

重视大客户的同时,张先生也不放弃任何一个小客户。他会让 A 公司客户关系管理部门的人员定期通过邮件与客户沟通,了解客户方面的信息反馈。此外,他还在公司专门设立了"客户面对面洽谈工作室",让客户服务人员能够与客户直接进行交流。同时,客户服务专线、网络平台等,都有助于 A 公司把"用户至上"经营理念落到实处,真正在整个公司范围内把"销售""营销""服务""数据信息采集"和"对外联系"等功能整合在一起,进而实现全员营销的目标。

在张先生的努力下,经过 10 多年的管理变革与创新,A 公司又回到了行业领先地位。现在,A 公司不仅能够按照传统服装生产模式进行大批量生产,而且在"互联网+"的新经济、新技术背景下,实现了一定规模的定制服务。在重视产品质量与品牌形象的同时,A 公司与客户始终能够做到高度情感认同。客户在与 A 公司的合作中,也收获了丰富的产品和品牌体验。对于这一点,张先生感触颇深。他说:"我们公司是被优质客户资源推着向前走的。"在谈到自己多年来的经营体会时,他特别提到了学习的重要性。他反复强调,是 MBA 期间所学到的市场营销学和客户关系管理知识,把他带到了一个全新的认知领域,之后才有了 A 公司管理与决策的全面革新和巨大变化。

【案例讨论题】

1. A 公司的客户生命周期管理有何特点?

2. 结合本章的理论知识点,分析张先生是如何应用客户生命周期管理中的转换措施的。

3. 从本案例中你学习到了哪些新知识?它们在实践中如何应用?

第 4 章 客户终身价值

【本章知识点】
- 客户终身价值的定义与内涵
- 客户终身价值的作用
- 客户终身价值的计量
- 客户终身价值的管理

客户终身价值是客户关系管理的一个重要范畴,它能够从定量角度为此类管理所应采取的具体措施和努力方向提供参考。一般而言,客户终身价值的应用只是出现在市场营销管理工作中,在财务和会计领域,并不作为报表内容对外披露。因此,它实际上是一种营销管理计量工具。

4.1 客户终身价值的定义及作用

客户终身价值作为一个基本范畴,它从价值角度评价客户在企业经营发展中的地位及相对重要性。它既可以是一个总括概念,用来统计企业全部的客户终身价值;也可以是一个个体概念,用来计算单个客户对于企业的终身价值。客户价值与企业的关系是学术研究领域一直关注的问题,深刻洞察单个客户或者某一类客户群体的价值变化,对于企业发展而言具有重要影响。在当今激烈竞争的市场上,失去关键客户不仅意味着现金流减少,而且可能直接导致无法持续经营。因此,企业必须基于客户终身价值来吸引新客户、保持现有客户。

4.1.1 客户终身价值的定义

客户终身价值(customer life time value)是指在整个客户生命周期中,客户向企业购买产品和服务的全部支付净额(客户消费支出减去企业营销成本)的折现值。

在企业与客户的关系研究中,通常有两种角度:一种是战略角度,另一种是战术角度。前者预测长期客户关系,所采用的指标就是客户终身价值,与其相关的预测模型属于战略模型;而后者基于历史数据分析短期客户关系,称为客户盈利分析(customer profitability analysis),与其相关的预测模型属于战术模型。相比较而言,强调客户终身价值,其意义在于企业不再计较短期得失,而能够面向未来,从长远定位与思考客户关系。

关于客户终身价值的预测,除了上述战略和战术角度外,有时也可以分别从企业和客户的角度展开。从企业的角度,客户终身价值是基于现有和未来客户基础的总价值,又可分为期望客户价值和感知客户价值两个类别。从客户的角度,客户终身价值是指企业产品带给客户的全部吸引力。

在所有生产要素和市场条件中,客户作为一个独特的组成部分,其终身价值就是对企业全部资产、销售额、营业收入、现金流、投资收益率、净利润等财务指标的实际贡献能力。对不同财务指标与不同客户群体进行关联分析,是连接营销活动与财务指标的重要方法。通过评估一个特定时期内从客户身上获得的这些未来收益的现值,企业能够对各类客户的重要性作出准确判断,并据此配置人、财、物、信息、技术、合作条件、优惠政策等营销资源。

4.1.2 客户终身价值的作用

客户终身价值评估有助于企业对不同客户进行比较。例如,企业可以为那些终身价值更高的客户提供独特的产品和更好的服务;对那些价值不大的客户,可以采取一些更有利于回收营销成本的产品供给和服务方式。在实践中,客户终身价值的作用主要体现在以下四个方面。

1. 有利于进行客户细分

依据客户终身价值,企业可以把整个客户群体按照能够带来的收益进行细致划分,这有利于精准营销,提升营销活动效率。例如,在服务接触点设计中,可以专门为高净值客户设置服务区,让其便捷地办理业务,同时享有一定业务收费优惠。这种做法在证券、保险、银行、航空、邮轮、诊疗、铁路运输等行业比较普遍,常见的有会员制计划,或者根据客户的信用评级、资产总额划分不同星级,进而为不同类别的客户提供差异化产品和服务内容。

客户细分的优点是便于企业采用不同方式应对营销资源不足的问题。在资源紧张情况下可以把服务重点放在重要客户上,进而提升企业整体绩效。同时,客户细分能够了解和掌握不同客户群体的需求特征,及时跟进相应的产品和服务内容。从客户角度来讲,客户细分也可以省却不必要的产品或服务项目,在方案选择上更有针对性,进而节省自己做购买决策的时间和精力。

客户细分能够间接地让客户清晰地认识到企业主要是为哪一部分客户服务的。这事实上又是一个与品牌形象展示直接相关的问题。也就是说,企业在客户细分上做得越精准、越清晰,越有利于自身形象传播,同时也有利于客户自身的消费选择。企业在营销活动中正确地展现形象,可以在无形中减少客户的购买决策"烦恼"。对客户不加细分,提供统一、标准化的服务,固然可以,但是如果从企业长远发展角度观察,则不是十分有利。它会使企业成为一个缺乏特色、品牌形象模糊的经营主体。

2. 有利于做出客户选择

客户终身价值为企业设置了营销费用上限,即企业花在某位客户身上的营销费用不能超过从其身上获得的收入。如果超过,则表明企业收不抵支。如果在某类客户的到达、获取、转换、保留及背叛五个阶段的投入总额,超过从该类客户身上所能获得的总收益,那么事实证明企业开发与维持这样一个客户群体的决策是错误的。这就是通常所说的"享受了过程,而没有得到结果"。因此,测算客户终身价值有利于企业在客户关系管理中及时"止损",或者明确"止损点"在什么位置或者什么时间节点出现。对于企业而言,这样的分析是十分理性和明智的,它能够把企业与客户之间的关系从感性层次提升到新的境界。

例如,A 企业与 B 经销商之间建立的客户关系是 10 年,且每一年 B 经销商都能够为 A 企业带来 10 万元的净收益,那么,对于 A 企业而言,B 经销商的客户终身价值就是 100 万元。如果 A 企业在维持与 B 经销商的客户关系的过程中,每年需要支出 12 万元的营销费用,其中包括差旅费用、招待费用、经销商店内广告、促销费用及退货费用等各 3 万元,那么在这 10 年客户生命周期中,A 企业在与 B 经销商的客户关系建立、维持方面要亏损 20 万元。如果这样的结果在合作 10 年之后才出现,那么对于 A 企业而言,已经无法补救。如果在合作之初就可以作出这样的预测,或者在中途能够发现预测结果会不理想,那么 A 企业就可以把 B 经销商从中间商队伍中剔除出去。

3. 有助于进行合理的资源分配

企业的营销资源是有限的,而客户群体是无限的。把有限的资源用到无限的客户开发事业中,需要做好资源分配工作。对于企业而言,诸如人才储备、设备和技术、管理服务、信息储备、合作伙伴、营销渠道、企业文化、行业地位和经营优势等资源,是保证生存能力和战斗力的物质条件。这些资源的分配权力掌握在企业手中,它们在分配之后进入为客户服务的领域。企业与客户之间关系的建立、维持的过程,是一个各种资源不断地流向客户的过程,也是一种能量消耗和释放的过程。

因此,企业必须把核心资源用在关键领域和重要客户身上。这些核心资源就是业务能力突出的人才、核心技术和关键设备、市场上的稀缺信息、优质服务项目、科学的工作流程设计等。资源分配工作类似于管理学中所讲的战略业务单元规划,首先应当分清企业有哪些客户关系管理业务,然后再按照客户终身价值来配置资源。

但是,需要注意的是,客户终身价值是一个不断变化的量,它在不同时间节点所观察到的值可能是不一致的。它与客户本身发展潜力有一定关系,同时也受环境因素的综合影响。例如,对于个人消费者中的中老年客户而言,随着年龄的增长、收入的下降,其客户终身价值会出现下降趋势;而对于青年消费者群体而言,随着年龄的增长、收入的增加,其客户终身价值可能会出现增长态势。因此,企业在资源分配方面,要在现有客户中有成长潜力的客户身上多增加情感维持支出,而对于那些终身价值已呈现下降趋势的客户,则应更多地给予物质方面的支持。

4. 有助于企业之间的兼并重组

在企业兼并重组的过程中,除了财务报告上的资产、负债和所有者权益外,还有一些无法准确计量的价值。这其中就包括客户资源中的客户终身价值。被收购企业通常会把自己的客户资源也带入收购企业。这对于收购方而言,无疑是一项重要收获。因此,准确地计算客户终身价值对于企业之间的兼并重组,能够起到正确地估计兼并重组双方市场潜力的作用,并促使合作与谈判取得更为公平的交易结果。如果说财务报告数据主要是反映过去的经营业绩和现在的经营情况,那么客户终身价值就是未来盈利能力数据,它揭示了企业在市场上的发展空间和可挖掘潜力。

对于企业而言,与其他企业就部分业务展开兼并重组或收购活动,是比较常见的市场行为。其中可能涉及不同产品项目、品牌和服务内容下的客户转移,即从资产出让方企业转向资产受让方企业。如果能够准确地掌握各类客户的具体数据,特别是终身价值数据,交易双方就可以在兼并重组或收购过程中,有针对性地做好客户终身价值保值、增值工作,防止在这个过程中出现客户流向第三方企业的现象。当然,在这个过程中,可能会出现前后评价口径或者标准不一致的情形,这时需要由市场上比较具有公信力的资产评估公司进行推断。把客户终身价值完整地从交易一方转向另一方,不仅能够保证兼并重组或收购活动的顺利进行,而且有助于把客户关系管理工作推向新领域。

4.2 客户终身价值的计量

在客户终身价值计量中,会引出一个与客户终身价值近似的概念——客户资产(customer equity)。客户资产是指在一个特定的计划时期内,企业从现有客户及未来客户身上可以获得的现金流折现值总和。客户资产是一个总括概念,它一方面是从收入角度强调企业从客户方面获得的利益,即企业从所有客户身上获得的现金流加总;另一方面是指企业资产总构成中有一部分来源于客户方面,即强调客户关系在企业经营管理中的重要性。因此,客户资产通常是以集合形式出现的,它并不是针对某一个或某几个客户提出的。客户终身价值是客户资产的一种具体呈现形式。一般而言,把所有客户终身价值进行加总,就是客户资产。计算公式如下:

$$CE = \sum CLV$$

其中,CE 表示客户资产,CLV 表示客户终身价值。

4.2.1 客户终身价值计算公式

客户终身价值有多种计算公式,理论上的计价模式有 RFM 及其他计价模型、机率模型(probability models)、计量经济模型(econometric models)、持续模型(persistence models)、计算机科学模型(computer science models)、增长模型(growth models)、马尔科夫链(Markov Chain model)等。

例如,伯杰和纳斯尔(Berger and Nasr)[1]在 1996 年提出的客户终身价值计算公式如下:

$$CLV = \sum_{i=1}^{n} \frac{(R_i - C_i)}{(1+d)^i}$$

式中,i 是指时间,R_i 是指 i 时期内企业从客户获得的收入,C_i 是指 i 时期内总的客户成本,n 是指时期数。

又如,在 RFM 计算客户终身价值模型中,R(recency)是指客户上次购买与本次购买之间的间隔时间,F(frequency)是指在一定时间段内客户购买的次数,M(monetary)是指在同一时间段内客户购买的价值。

一般而言,客户终身价值的计算,主要基于:①获取客户所付出的成本;②提供产品

---

[1] BERGER P D, NASR N I. Customer Lifetime Value: Marketing Models and Applications[J]. Journal of Interactive Marketing, 1998, 12(1): 17-30.

的期间成本；③客户的保留率或流失率；④折扣率。

计算客户终身价值要掌握为获取客户而支付的费用、来自客户的收益流，以及向客户交付产品时所发生的费用。

具体计算公式如下：

$$\text{客户终身价值} = \text{来自客户的现金流净现值}$$
$$= \text{预期累积收入} - \text{获取成本(AC)}$$
$$= \sum_{i=1}^{n} p_i \times \text{DNCF}_i - \text{AC}$$
$$= \sum_{i=1}^{n} p_i \times \frac{\text{NCF}_i}{(1+r)^i} - \text{AC}$$

式中，p_i 是指在 i 期间保留客户的可能性；DNCF_i 是指在 i 期间的现金流折现值，折现率为 r；NCF_i 是指在 i 期间的现金流，即年收入减去在此期间的保留成本。

需要指出的是，客户终身价值在理论上应当以企业从每位客户身上所获得的毛利润来计算，但是在实践中，由于毛利润计算涉及成本扣除，而客户之间个体差异较大，企业很难把营销活动总成本在所有客户中准确分摊，因而就以企业从客户身上获得的总收入来代替毛利润。

此外，在不同行业或市场类型中，现金流特征并不一致。这种差异体现为各个行业和市场的毛利率及客户保留率有一定区别。有的行业和市场的毛利率高一些，特别是一些优势行业和垄断市场；而另一些行业和市场的毛利率则比较低，尤其是竞争十分激烈的领域。因此，企业必须根据所在行业和市场特点来计算、分析、应用客户终身价值。

现金流是评价企业资金流转状况的重要财务指标。如果一家企业的账面"净利润"指标比较乐观，但是在"现金流"指标上却有很大缺口，则说明该企业可能在项目投资方面出现了透支情况，或者应收账款比较多；如果不能及时回收，则容易出现坏账，导致其财务状况变差。在客户终身价值计量方面，现金流也是一项重要的评价指标。在具体计算时，应注意以下两类情况：

（1）在客户签订合同的情形下，企业应当通过观察现金流入情况，分析具体客户流失率，进而计算客户总流失率。

（2）在客户不签订合同的情形下，企业分析具体客户流失情况会比较困难。应当通过总资金流入量与历史同期相比的方式，计算客户总流失率。

4.2.2 客户终身价值的影响因素

萨米扎德（Reza Samizadeh）、库莎（Hamidreza Koosha）等人认为[①]，现有关于客户终身价值的研究仅是从财务角度分析其影响因素，而没有从非财务角度研究这一问题。因

---

① SAMIZADEH R,KOOSHA H,ZANGENEH S N,VATANKHAH S. A New Model for the Calculation of Customer Life-time Value in Iranian Telecommunication Companies [J]. International Journal of Management, Accounting & Economics,2015(5):394-403.

此,他们在研究这一问题时同时考虑了财务和非财务因素,并提出了"客户终身价值计价模型的有形变量"及其测量指标。

延伸阅读　客户终身价值计价模型的有形变量

他们的研究结果证明,客户终身价值受"创新""推荐意愿""引荐意愿""合作""流失"的影响,其中,前四个变量是正向影响,最后一个变量是负向影响。而"流失"受"满意"和"变革障碍"的影响,且均为负向影响。"满意"正向影响"推荐意愿""引荐意愿";而"价格""娱乐"和"质量"又会正向影响"满意"。

在客户终身价值的研究方面,类似的成果有不少。它们从不同侧面解释了客户终身价值的影响因素,以及这些影响因素受其他变量影响的情况。

客户终身价值量表中涉及的内容较多,在实践中每一个细项都可以进一步细分并计算其对客户终身价值的影响。比如流失率问题,在实践中就有许多计算模型。其中,客户生存分析模型——COX 回归模型就是一种常用方法。

COX 回归用于研究各种因素(称为协变量,或伴随变量等)与生存期长短的关系,进行多因素分析公式如下。

$$h(t,x) = h_0(t)\exp(\beta_1 x_1 + \beta_2 x_2 + \cdots + \beta_m x_m)$$

式中,$X_1, X_2, \cdots, X_m$ 是协变量;$\beta_1, \beta_2, \cdots, \beta_m$ 是回归系数,由样本估计而得;$\beta_1 > 0$ 表示该协变量是危险因素,越大则生存时间越短;$h_0(t)$ 为基础风险函数,它是全部协变量 $X_1, X_2, \cdots, X_m$ 都为 0 或标准状态下的风险函数,一般是未知的。

$h(t,x)$ 表示当各协变量值 X 固定时的风险函数,它与 $h_0(t)$ 成比例,所以该模型又称为比例风险模型(proportional hazard model)。

COX 回归模型主要用于因素分析。

4.2.3　客户终身价值计算例子

客户终身价值计算由于公式不同,中间涉及变量的多少不同,以及是否考虑一些概率问题,因而计算结果会有一定差异。此处以常用方法为例,说明客户终身价值计算的主要步骤。

1. 不含客户保留概率的计算过程

如果 A 服装制造企业为了获得 B 经销商客户支出的费用是 1 200 元,而保留阶段支出在 B 经销商客户身上的费用是每年 800 元。A 企业第一年从 B 经销商处获得的收入是 1 200 元,第二年是 1 400 元,之后每年为 1 600 元。假设折现率是 10%,B 客户在被 A 企业获取之后成为实际客户的时间长度是 6 年,那么 A 企业经过计算的 B 经销商客户终身价值如表 4-1 所示。

表 4-1　客户终身价值的计算(不含客户保留概率)　　　　　　单位:元

年次(n)	来自客户的收入(a)	保留客户的成本(b)	净现金流量(利润)(c)($c=a-b$)	折现现金流(d)
1	1 200	800	400	364
2	2 400	800	1 600	1 322
3	3 000	800	2 200	1 653
4	3 000	800	2 200	1 503
5	1 600	800	800	497
6	600	800	−200	−113

在表 4-1 中,计算"b"项时,应当注意的是,不能对企业发生在客户生命周期前半程为了争取潜在客户所发生的费用,在实际客户终身价值整个计算区间内进行分摊,即不能把在到达、获取及转换阶段为获得 B 经销商,由潜在客户转换为实际客户而支出的 1 200 元在完成客户转换之后的客户生命周期剩余时间内进行分摊。正确的计算方法是在计算出所有现金流净现值之后,再减去 1 200 元,即得到客户终身价值。

折现现金流计算公式如下:

$$\mathrm{DCF}_i = \mathrm{NCF}_i \times \mathrm{DF}_i$$

$$\mathrm{DF}_i = \frac{1}{(1+r)^n}$$

(假设现金流出现在年底。)

式中:r 是指每年的折现率(此例中为 10%);n 是指年次;DF_i 是指第 i 年的折现因子;NCF_i 是指第 i 年的净现金流(在 c 列);DCF_i 是指第 i 年的折现现金流(现金流净现值)。

$$总折现现金流 = \sum \mathrm{DCF}_i$$
$$= 364 + 1\,322 + 1\,653 + 1\,503 + 497 - 113$$
$$= 5\,226(元)$$

$$客户终身价值 = 所有现金流净现值 = \sum \mathrm{DCF}_i - 获取成本$$
$$= 5\,226 - 1\,200$$
$$= 426(元)$$

2. 含有客户保留概率的计算过程

在计算客户终身价值时,企业事实上对于客户经过转换阶段后是否会保留下来,以及会保留多长时间,是不确定的。尽管在一些正式合作中,双方都会签署协议或合同,明确合作期限,但是在实际执行过程中,经常会出现由于主观或客观原因导致协议或合同无法履行的情形。为此,企业需要对客户保留概率作出估计。而在一些没有合作协议或合同的客户关系中,企业所面对的客户关系可能更为复杂,因而在不确定市场环境中只能通过概率来推测客户保留情况。

加入客户保留概率的客户终身价值计算过程,用以下例子加以说明。

在对公业务客户细分过程中,A 证券公司专门针对某家企业作为公司客户的成本和收益数据进行了测算。在到达、获取、转换阶段公司所付出服务的初始成本是 200 万元,第 1~6 年公司从这个大客户股票交易中获得的收入分别是 360 万元、430 万元、560 万元、320 万元、280 万元和 100 万元。这 6 年中,提供服务的费用第一年是 50 万元,之后每年增加 10 万元;保留这个客户的可能性分别是 0.8、0.7、0.6、0.6、0.4 和 0.2。假设折现率为 15%。客户终身价值的计算过程如下(数据、指标见表 4-2)。

表 4-2　客户终身价值的计算(含客户保留概率)　　　　　　单位:万元

年次(n)	来自客户的收入(a)	保留成本(b)	净现金流量(利润)(c)($c=a-b$)	折现现金流(d)	保留的可能性(e)	预期折现现金流(f)($f=d\times e$)
1	360	50	310	270	0.80	216
2	430	60	370	280	0.70	196
3	560	70	490	322	0.60	193
4	320	80	240	137	0.60	82
5	280	90	190	82	0.40	33
6	100	100	0	0	0.20	0

总折现现金流＝216＋196＋193＋82＋33＋0＝720(万元)

客户终身价值＝720－200＝520(万元)

3. 客户保留率提升对客户终身价值影响的测量

在上面的例子中,我们假设客户保留率是下降的,直至客户进入背叛阶段时为零。但是,在现实环境中,企业的客户保留率也有提升的时候。客户保留率的提升,会大幅提高企业的盈利能力。

以一家固定电话通信公司为例,在到达、获取、转换阶段,公司为每一位潜在普通客户所付出服务的初始成本平均是 200 元,在由潜在客户转变为现实客户后,每一位普通客户在第 1~6 年给公司带来的收入分别是 200 元、300 元、400 元、300 元、200 元和 100 元。这 6 年中,提供服务的费用第一年是 60 元,之后逐年减少 10 元;保留这位普通客户的可能性每年以 10% 的幅度递减,分别是 0.8、0.7、0.6、0.5、0.4 和 0.3。假设折现率为 15%。客户终身价值的计算过程如下(数据、指标见表 4-3)。

表 4-3　客户终身价值的计算(保留率以每年 10% 的幅度递减)　　　　单位:元

年次(n)	来自客户的收入(a)	保留成本(b)	净现金流量(利润)(c)($c=a-b$)	折现现金流(d)	保留的可能性(e)	预期折现现金流(f)($f=d\times e$)
1	200	60	140	122	0.80	98
2	300	50	250	189	0.70	132
3	400	40	360	237	0.60	142
4	300	30	270	154	0.50	77
5	200	20	180	89	0.40	36
6	100	10	90	39	0.30	12

总折现现金流＝98＋132＋142＋77＋36＋12＝497(元)

客户终身价值＝497－200＝297(元)

如果客户保留率不是在原有比例基础上逐年减少 10%,而是减少 5%,即比减少

10%的预期回升了5个百分点,那么这家固定电话通信公司的客户终身价值计算结果将出现较大变化。计算过程如表4-4所示。

表4-4 客户终身价值的计算(保留率以每年5%的幅度递减)　　　　　　　单位:元

年次(n)	来自客户的收入(a)	保留成本(b)	净现金流量(利润)(c)($c=a-b$)	折现现金流(d)	保留的可能性(e)	预期折现现金流(f)($f=d\times e$)
1	200	60	140	122	0.80	90
2	300	50	250	189	0.75	142
3	400	40	360	237	0.70	166
4	300	30	270	154	0.65	100
5	200	20	180	89	0.60	53
6	100	10	90	39	0.55	21

总折现现金流=90+142+166+100+53+21=572(元)

客户终身价值=572-200=372(元)

从表4-4的计算中,我们发现,当客户保留率下降速度减小时,客户终身价值将有较大增长。下降速度从10%降低至5%,能够带来客户终身价值25%的提升。这充分说明客户关系管理中做好客户保留工作的重要性。

4.3　客户终身价值的管理

客户终身价值的管理,涉及客户资产的管理、营销活动的举办、客户忠诚计划的制订与落实以及对客户购买计划的预测等内容。由于客户终身价值是个人或组织在作为客户的整个过程中带给企业的价值,因而其管理并不是企业所能够直接操纵或控制的。尽管如此,企业仍可以通过一些间接方式来影响客户决策,使其在作为企业客户的过程中,能够在追求卓越价值和丰富体验的同时,为企业带来更大的利润。

4.3.1　客户终身价值管理理念

在现代营销理论中,通过成功地向客户营销产品和服务,与客户建立起相互信任和依赖的关系纽带,进而在今后的合作中获得客户终身价值,这已经成为指导企业走向成功的重要理念。客户终身价值管理理念,立足点在于体现客户关怀,接触点在于营销渠道设计,核心内容在于为客户创造价值。

1. 企业与客户的合作是价值创造过程

在客户终身价值管理过程中,企业首先要克服产品生命周期理论的局限性,从客户生命周期的角度思考客户终身价值的获取。从产品生命周期角度营销企业产品,对于企业而言是一个价值提供过程,对于客户而言则是功能和效用的获取过程。如果双方的合作仅是停留于产品交易,而没有客户关系管理理念为指导,企业与客户之间的关系就很难向着价值创造转变。由于产品在市场中的变化十分频繁,因而基于产品的合作是不牢固的;只有基于价值认同或者相互扶持所形成的合作关系,才能经受住市场动荡的考验。

把普通的产品交换关系转变为客户关系,是企业获取客户终身价值的基本前提条件之一。为此,企业要区分普通的产品交换关系与客户关系,将普通交易者培养成客户。这个过程本身,对于企业而言具有重要意义。其间,企业除了做好在普通商品交换或交易中的条件准备外,还必须成立专门的客户服务部门来解决客户所关心的问题,与客户保持密切联系,跟踪企业提供品市场上的质量和竞争状态,与客户一起解决可能遇到的问题。

客户终身价值管理,是从强调生产、产品、质量、技术等物质与技术层面的供给品和服务内容,向强调合作、信任、忠诚、关怀、共赢等精神和心理层面的相互支持逐渐转变的过程。物质和技术层面的接触点固然十分重要,它们是建立合作关系的基础;然而,精神和心理层面的契合更重要,它们直接决定着客户的体验及对自身所追求的理想和信念的判断。如果说,企业把产品和服务通过市场交易过程卖给消费者或者其他企业,只是解决了企业在现实环境中的生存问题的话,那么企业通过建立合作和信任关系而开发出高质量的客户群体,则体现了企业的发展实力和未来价值。企业的生存如果不是主要依赖产品和服务,而是依赖客户的合作精神和信任,那么企业就从一个比较低的经营层次走上了一个比较高的层次。

2. 企业以客户终身价值的大小作为客户选择标准

客户终身价值一方面受客户本身经营管理条件的影响,另一方面也与企业给予客户的帮助有一定关系。由于企业本身资源的有限性,在提供客户帮助时,需要作出理性判断。这就是根据客户终身价值大小来选择客户,而不是对所有客户都一视同仁。尽管在实践中,不少企业在营销口头宣传中倡导对所有客户都同样对待,但是在实际操作中通常出于管理便捷性和经营盈利性等诸多因素考虑,会对不同客户作出区分,并依据客户终身价值大小差异提供不同的产品和服务。

在营销活动中,客户终身价值分析有助于企业把客户细分工作做得更好。在大数据时代,企业可以利用数据挖掘技术作出用户画像,分析每一位客户的生命周期,以及生命周期各个阶段所能够提供的价值。这方面的分析可能涉及以下问题:

(1) 哪些客户群体是企业利润的最大提供者?在人口统计信息和行为方面,他们有哪些特点?目前为他们提供了哪些客户服务内容?这些服务内容有助于维持紧密的关系吗?他们的要求是什么?如何加以解决?等等。

(2) 哪些客户群体是企业利润的中度提供者?在人口统计信息和行为方面,他们有哪些具体特点?他们有可能转变为企业利润的最大提供者吗?如果有这样的可能性,目前缺乏的条件是什么?他们有怎样的要求?等等。

(3) 哪些客户群体是企业利润的最小提供者?在人口统计信息和行为方面,他们有哪些具体特点?他们有可能转为企业利润的中等级别的提供者吗?如果有这样的可能性,目前还欠缺哪些条件?他们有怎样的要求?等等。

企业应当分析在到达、获取、转换、保留、背叛等生命周期阶段中,每一类客户群体的成本和收益。

不过,这种分析方法是一种从单个或多个维度进行的客户分层和分级。实践中只是为了便于企业客户关系管理而采用,即明确不同职能在与某一类型客户接触中的业务边界和管理权限。

例如，对于企业中专门负责大客户接待的部门而言，上述分析方法的重要性是不言而喻的。企业通常会给这些部门配置相对优质的资源，并对其提出更高的管理绩效考核标准和要求。这些部门的工作可能十分细致，对每一位大客户的信息都十分清楚。而对于负责中户接待的部门而言，由于这个客户群体可能略大一些，因而接待工作范围增大，接触点要多一些，但在客户关系交流深度上，并不像对待大客户那样。对于小客户而言，企业的工作更多是在表面层次上，过多的深度交流和投入会影响整个企业的工作效率。

尽管理论上现有技术条件能够对每一位客户的需求和人口统计信息进行识别，但是把这些需求向着转化为利润的方向发展，需要付出很多时间和精力，这事实上涉及企业资源调度与安排的问题。因此，基于客户终身价值来分析留住一个特定客户的成本，以及开发一个新客户的额外支出，对于企业而言具有重要的参考价值。

3. 客户终身价值的获取必须以客户生命周期为依据

客户生命周期有多种划分方法。但是，不论是以利润贡献多少为依据，还是以客户形成过程为依据，事实上都说明了不同阶段的客户在与企业关系上存在一定差异，而且在生命周期长度上相同的客户，其终身价值也会存在差别。这就意味着对客户终身价值的管理必须根据不同生命周期的特点及客户本身的特点来决策。

例如，在客户生命周期的不同阶段，企业在对待客户的措施方面，应当体现如下不同的着重点。

第一，在到达阶段，企业对潜在客户的管理，在更多情形下是以具有吸引力的营销宣传活动为主，或者企业想方设法走近这些潜在客户来介绍自己的产品项目。在这个生命周期阶段，由于这些客户属于潜在客户类别，因而企业无法从忠诚度上考虑工作内容和方案设计，而比较有效果的是提升知名度，以此加深客户对企业及其产品的印象。从这个意义上讲，针对该阶段客户的特点，企业的重点是获取客户资产中的信任感和知名度。

第二，在获取阶段，由于潜在客户已经对企业产品产生了一定兴趣，尝试着与企业主动接触，因而企业所要做的工作是尽可能多地通过客户接触把企业自身的优势呈现出来，这时的着力点是通过接触点中产品的特点来吸引客户，即通过功能利益来打动客户。在这个阶段，如果企业采取关系营销方式，即主动接近客户，以情感为纽带来削弱客户对产品的疑虑，可能会适得其反，也就是说，过多的情感沟通会把客户"吓跑"。

第三，在转换阶段，由于潜在客户可能已经在各种备选方案中做了相应对比，在心理上不再抵触与企业过多接触，因而企业可以主动向客户讲解精神、文化、价值、理论、战略、使命、愿景、目标等方面的崇高追求，向客户传递有形产品展示与无形价值观念、经营理念，进而在客户脑海中形成对企业品牌形象的深刻认识。这个过程中，如果还是像以前的阶段那样着重宣传产品，就会使客户感觉到企业缺少文化品位。

第四，在保留阶段，由于已经成为现实客户，因而在关系上，客户是企业合作创造价值和体验的伙伴。在这个过程中，双方通过产品联系在一起，是基于利益和价值的共同体。这比没有任何利益关联关系更重要。企业必须善待这些客户，正是他们的认同和认可，以及首次购买和持续购买才推动了企业的业务发展。对这些客户，企业要从内心深处去感恩，同时要把这种想法转化为行为。这可能又会直接增加客户终身价值，并延长客户生命周期。从这个意义上讲,企业在这个阶段的重要工作是培养双向忠诚,即不仅强调客户对企业的忠诚,而且企业对客户也要忠诚,以优质服务精神来增强客户忠诚感。同时,还要想方设法提升客户感知价值。

第五,在背叛阶段,由于客户已经流失,流向了竞争者,因而对于企业而言,只能把客户终身价值管理工作停下来。客户生命周期的结束,也意味着客户终身价值的终止。在这个阶段,从理性角度分析,如果企业继续与已经流失的客户沟通和交流,一方面可能得不到对方的回应;另一方面可能会得到一些负面情绪和影响。客户服务工作人员在对待此类客户时,如果不能及时"止损",任由情感发展,会产生心理挫折感。针对这些可能出现的心理和行为问题,企业应当做好客户终身价值管理的及时"转向",主动给客户服务人员寻找新业务,或者努力开发新客户,来弥补由于老客户流失而出现的损失。

4.3.2 客户终身价值管理过程

客户终身价值管理过程,不仅在内容上十分复杂,而且形式上也比较多样化,主要涉及客户终身价值的判断、提升和实现三个方面的问题。

1. 客户终身价值的判断

在与客户接触之前,企业应当对客户终身价值有一个基本预判。一般而言,客户终身价值主要受以下三个因素的影响。

(1)产品的基本属性。有些产品只是在某些特定的时间节点和场景中使用,对于客户而言并不是一种生活必需品,这种情况决定了客户可能并不总是购买这样的产品,因而即使对企业十分忠诚,但是能够为其提供的收入相对而言比较有限。在这方面,生活必需品和非生活必需品的区别就非常大。有些非生活必需品对于个别客户而言,可能在某个特定状态下只购买一次或几次,之后不会再购买,因而客户终身价值计算比较容易判断。而一些生活必需品对于几乎所有客户而言,在许多时候都会用得到,需要不断地购买,因而计算客户终身价值比较困难。

(2)客户自身经济实力对产品需求状况的影响。客户经济实力并不是一成不变的。不同客户由于到达客户接触点的时间不同,因而企业产品对这些客户产生的影响力会出现差异。例如,一些经济实力较强的客户在"到达"阶段初次接触中呈现出较强的购买意愿,如果在此后不久,经济实力突然变弱,其客户生命周期可能就会缩短,相应的客户终身价值也会大幅下降;但是对于在"到达"阶段经济实力较弱,但是在未来一个较长时期内收入呈稳定上升的客户群体而言,其客户生命周期可能会延长,相应的客户终身价值也会大幅提升。

(3)产品与客户需求之间的匹配程度。一般而言,企业产品与客户需求之间的匹配程度越高,越容易预测客户终身价值;反之,则越难以作出判断。从这个意义上讲,企业应当在接触点设计和客户细分中,尽可能对不同客户需求作出准确判断,以便于客户终身价值管理。同时,企业产品与客户需求之间的匹配程度越高,越会形成客户满意与客户忠诚,因而也就越容易提升客户终身价值。如果企业产品远远高于客户预期,则更有利于形成牢固的客户关系,进而提升客户终身价值。

基于以上三个方面的考虑，企业通常可以将客户分为以下四种类型：[①]

（1）低当前价值、低潜在价值客户。此类客户属于终身价值最小的客户，过多的管理会增加企业的成本开支，而利润并不会同步增加。在客户终身价值管理决策中，企业应当舍弃此类客户。

（2）低当前价值、高潜在价值客户。此类客户属于具有终身价值成长空间的客户，企业应当投入更多的时间和精力关注其成长。在客户终身价值管理决策中，企业应当重点培养此类客户。

（3）高当前价值、低潜在价值客户。此类客户属于终身价值处于"下降通道"的客户，企业应当尽量在当前阶段把客户价值挖掘出来，在未来阶段则尽量减少投入。在客户终身价值管理决策中，企业应当采取"紧紧地把握现在，理性地对待未来"思路来处理客户管理问题。

（4）高当前价值、高潜在价值客户。此类客户属于企业客户终身价值管理中最重要的客户，也就是我们通常所说的"VIP"级别客户。企业应当把关键资源投放到此类客户开发与维持工作中，与客户保持密切的沟通与合作，最大限度地减少其流失率。

2. 客户终身价值的提升

（1）客户忠诚度计划管理。一般而言，客户忠诚度越高，客户终身价值就越高。忠诚度高的客户通常更容易购买更多的企业产品，同时在生命周期中也会有更长时间与企业交易。忠诚度计划涉及一些细节问题，如随着时间的累积，客户可以从企业产品中获得更多回报。但是，在实施过程中，忠诚度计划一定要与企业产品特质结合起来。

（2）客户流失率分析。客户流失的原因可能有很多种，认真分析这些原因有助于企业从根本上降低客户流失比例，进而提升客户终身价值。在实践中，完全不流失客户或者客户流失率为0的情形比较少见，而且随着接触时间的延长，客户流失概率可能会有所增加。分析客户流失率有助于企业发现现有产品的不足，以及营销渠道和接触点的劣势，并通过内部技术与管理水平提升来增加客户获得感。在"80/20"法则下，企业80%的利润来源于20%的客户。客户流失分析有助于保持那些可能流失的客户。在激烈的市场竞争中，企业获得新客户的成本逐年上升，老客户也出现了高流失率。一般而言，企业获得一位新客户的成本，是其维持一位老客户的成本的6倍。按照Laikehaide & Sachenko的统计，企业客户流失率下降5%，其利润会提升25%～50%。因此，老客户对于企业的平均贡献率远远高于新客户。企业所要做的是，利用数据挖掘技术分析这些客户的特点，为他们提供满意的服务，并及时分析他们流失的原因。

（3）交叉销售和向上销售的概率分析。在大型企业中，由于产品项目种类繁多，客户会被划入不同部门实施"归口"管理。这种方法尽管提升了客户管理专业化水平，但是也容易使不同部门之间缺乏协作，进而不利于把客户终身价值提升到最高水平。因此，企业应当把不同部门的客户放在同一平台上进行管理，通过跨越部门边界，更多地向客户推荐企业产品，同时也可以鼓励客户购买企业的一些高端品牌。交叉销售是指企业向现有客

[①] MAKKAR U, MAKKAR H K. Customer Relationship Management[M]. Beijing: China Renmin University Press, 2014: 40.

户提供新产品。通过相关分析和数据挖掘,企业可以为现有客户找到更多相匹配的销售内容。例如,对于高频次购买客户,企业通过分析他们的购买选项,找到他们"漏掉"的可选项;另外,企业可以通过分析每一位客户的购买规律,向他们推荐相关产品系列。向上销售是向客户提供更高质量的产品。

3. 客户终身价值的实现

客户终身价值的实现,是客户终身价值管理过程中最为重要的一个环节,它意味着企业要通过一定程序来帮助客户完成与企业的每一次合作和交易,其中包括通过创造极其便利的机会和平台,收获来自客户的各种回报。它是从经营管理角度促成客户身上的交易价值、关系价值等价值形式向企业预定利润目标转变。为了达到这一目标,企业必须在客户终身价值管理方面做好以下三个方面的工作:

(1) 在实现客户终身价值的过程中,要继续做好新客户开发工作。新旧更替,既是自然规律,也是市场规律。实现客户终身价值的过程,事实上意味着在一些特定时间节点和业务领域,企业正在与一些客户结束之间的合作关系。这也意味着企业在收到现金或其他收入性回报的同时,客户关系覆盖面或者接连点正在缩小。因此,企业必须把收入的一部分,有时甚至是全部,立即用于新客户或新业务开发工作。这样才能保证客户终身价值的实现具有生命力。

(2) 在实现客户终身价值的过程中,要做好企业内部工作人员岗位管理工作。在客户关系管理中,客户与企业员工之间的关系是一种不同于客户与企业之间的关系形式。尽管企业员工在处理客户关系时是以企业代表身份出现,但是在这种人与人接触的过程中,由于时间、精力、情感的投入,会产生一种仅存在于个人之间的人际信赖感和依赖感。这种关系对于企业而言是一把"双刃剑"。过度地依赖业务员个人工作能力,会降低业务员对企业的忠诚度,也意味着企业面临业务员成为"业务代理人"而收取业务费用的风险。这种现象在许多世界著名企业都曾出现过。企业必须以制度工具做好此类风险的防范。

(3) 在实现客户终身价值的过程中,企业要给客户留下一个可以自由发展的空间。在获得利润的同时,道德责任感促使现代企业必须进行自律式良心拷问,接受"良心"这个公正法官的"判决"。因此,实现客户价值不应当是"竭泽而渔",而应当是为企业自身带来价值的同时,也使客户获得更好的发展机会和提升空间。这中间会涉及企业帮助客户提升自身价值,以及如何更好地与其他企业合作。在完成与企业互利共赢、共创价值的合作之后,客户势必要进入下一个环节的生产或消费,这时它就需要一个比较好的社会关系网络和发展环境,企业应当从社会营销角度出发,把客户的发展推向更高的水平。

综上所述,客户终身价值管理的优势在于,它能够监控企业的管理战略和营销投入对客户资产的影响,便于计算出营销和销售活动的最优投资数额。同时,它也便于企业把营销活动聚焦客户长期价值实现;有助于进行敏感性分析,以便发现边际成本支出所引起的客户反应。客户终身价值管理能够把有限的资源用于正在进行的营销活动,进而取得最大回报,它是企业选择客户进行精准营销和测量客户忠诚度的决策基础。

客户终身价值管理之所以重要,是由于它有助于企业在现有客户保留与新客户开发之间保持一个理性平衡。这种平衡对于所有类型的企业都十分重要。它有助于纠正实践中企业过于强调新客户重要的错误倾向,而在获取和保留这两个不同的客户生命周期阶段作出正确的策略调整,使企业能够从整个生命周期角度来考虑利润获得过程。但是,在强调客户保留重要性时,也要避免进入另一个误区,即增加客户保留率而导致利润下降。在一些情形中,客户保留时间越长,利润减少越明显。

复习思考题

1. 在概念上,客户终身价值与客户资产有何异同?
2. 客户终身价值与客户生命周期有何关系?
3. 在分析客户终身价值时,有哪些计算模型可供使用?它们的主要特点是什么?
4. 使用常用方法计算客户终身价值时,需要考虑哪些具体因素?
5. 分析客户流失率时,企业应当从哪些方面考虑?
6. 试结合本章客户终身价值计算例子,对比分析企业客户与个人客户在终身价值计算中可能存在的差异,并解释其原因。

C公司在化妆品品牌竞争中的客户终身价值挖掘

【案例信息】 中国化妆品行业是一个既在内涵上传统味道十足,又在表面上光鲜靓丽的行业。在内涵上,中国消费者有着自己独特的审美标准。东方文化韵味与美感,决定了在这个市场上角逐的各个化妆品品牌必须符合中国消费者对于美丽、高雅、清新、品位、独特、个性化的需求。近年来,随着收入水平的稳定提升,市场上各种化妆品品牌大量涌现,化妆品行业品牌竞争变得越来越激烈。化妆品行业与市场格局的发展和变化出现新形势,以及企业之间在客户争夺过程中不断地陷入"价格战""促销战""阵地战"和"消耗战",使保留老客户、深入挖掘客户终身价值,成为化妆品企业提升竞争力的有效途径。

C公司是一家已经在化妆品行业经营了20多年的内资企业,其产品主要面向华北市场和华东市场销售,客户主要是城市中的高收入消费者群体。20世纪90年代末,这家企业成立之初,产品特别畅销。"面霜""唇膏""香水"之类的产品通过电视广告中的明星代言和商场现场展示,获得了很好的促销宣传效果。尤其是在一些大型和特大型城市,由于人们收入水平较高,需求趋于多元化,生活必需品之外的开支比例增加,对化妆品的需求随之上升,C公司市场份额因此占据了同类产品的较大比例。在一些地标型大型商场中,C公司化妆品经常出现在商场一层最显赫的中心位置上。

进入21世纪后,随着互联网的兴起,以及国际知名化妆品生产企业进入中国市场开展经营活动,C公司的传统优势地位受到挑战。这些国际知名化妆品品牌最早是通过中外合资或合作形式进入中国市场的,它们利用在品牌经营、生产技术设备、管理方法和技巧、资产规模等方面的优势,很快就把业务发展起来,在多个细分市场上与C公司的品牌形成了直接竞争局面。这些国际知名品牌在巨大品牌光环效应下,迅速地与C公司展开了激烈的客户资源争夺战。

在当时激烈的竞争形势下,如何分配营销资源成为C公司能否赢得竞争主导权的关键。相应地,是继续大力开发新客户,还是把主要精力花在保留老客户身上,成为C企业客户关系管理的核心问题。经过公司内部的激烈讨论,C公司上下达成共识:采取重点战略和集中战略与竞争对手展开抗衡。从市场调查中获取的数据资料也支撑这一决策,即继续大力开发新客户会导致企业营销资源过于分散,不仅不利于保护重点品牌和产品项目以巩固市场优势地位,甚至有可能导致客户流失率上升,因而必须把营销资源用于老客户保留上,继续为老客户提升服务价值和品牌感知价值,以增强企业品牌竞争力。

在具体应对措施上,C公司把挖掘客户终身价值作为客户关系管理最为有效的竞争工具。为此,C公司采取了以下三个关键步骤:

第一步,认真分析企业所面临的行业形势和市场形势,通过PEST分析法,描述行业和市场发展的基本趋势,通过竞争力指标逐一标明企业自身及行业中主要竞争者所在的具体位置,尤其是分析在客户争夺战中企业自身与竞争者所占有的客户群体特征及销售规模。

第二步,认真分析企业自身所拥有的优势、劣势、机会与威胁,从客户关系管理和品牌资产管理两个维度分析企业所有品牌的客户数量及客户终身价值,依据不同品牌客户终身价值,计算出企业应当在品牌竞争中聚焦的项目及配置的资源。

第三步,成立重点品牌项目和重要客户资源管理部门,以挖掘客户终身价值为目标,设计业务协作渠道和具体工作路径,把人、财、物等资源编入营销预算,与目标管理所制定的任务相结合,纳入绩效考核范围之内。

在重点战略和集中战略实施过程中,C公司对整个企业的品牌项目及与客户终身价值之间的关系有了更加清晰的了解,并围绕核心业务和重点品牌项目进行了资源整合。在落实以上三个步骤中的具体工作措施时,C公司客户服务部门的人员也更加重视各个接触点环节的客户服务与客户评价,通过加强与客户之间的沟通和交流,获得了客户心中想要的品牌形象和功能利益。C公司通过这种把销售人员和客户服务人员定位于业务一线人员的做法,拉近了与客户之间的距离,对于这些客户的价值判断更加客观与全面,因而在客户终身价值测算时能够达到比较准确的水平。

在客户终身价值挖掘中,C公司对客户流失数据及其背后原因也进行了深入分析。一般而言,在化妆品市场中,消费者品牌忠诚度通常高于其他市场的产品。这与客户需求个性化特征有直接关系。例如,客户中某种类型的皮肤和面部颜色,总是与某些品牌产品的实际功效紧密地联系在一起。然而,尽管对功能利益的需求必不可少,客户有时对情感利益和象征利益的需求也很看重。因此,对技术、管理和服务上的改进,C公司下大力气改革与创新。世界新技术革命所引起的在生命健康和生物技术等领域的重大突破,也为C公司的品牌产品创新提供了有力的技术支持,公司每年都会在一些重要品牌项目下推出新技术产品和服务项目,为老客户带来新的体验和享受。同时,公司十分重视客户情感利益和象征利益的维护,把客户的心理和情感需求与品牌属性进行有效对接。

在以老客户为重点而挖掘客户终身价值的同时,为了做好"新客户"与"老客户"在不同年代的合理分布及相互衔接,在客户关系管理中C公司也会着力利用新媒体来培养年轻消费者的需求,利用互联网营销渠道和社交媒体渠道把企业的品牌价值主张、品牌功能利益、价格和品质等与这些客户群体的需求紧密地结合在一起。

经过一段时间的战略与业务工作重心调整，C公司在激烈的市场竞争中不仅站稳了脚跟，而且在化妆品行业稳步发展中获得了业务规模与经营能力的大幅提升，如今已经成为该行业重要的领导力量。2018年统计数据显示：通过挖掘客户终身价值，C公司化妆品销售额增加了20%，客户流失率同比减少了6%，品牌忠诚度提升了10%。C公司通过采取客户终身价值挖掘措施，取得了预期效果。

【案例讨论题】

1. 与其他类型企业相比较，化妆品生产企业客户终身价值挖掘有何特点？
2. 试分析C公司在客户终身价值挖掘中采取集中战略和重点战略的必要性。
3. 结合中国化妆品行业和市场发展情况，分析化妆品企业在新经济时代所面临的主要机遇与挑战。

第 5 章

关 系 营 销

【本章知识点】
- 关系营销的定义与内涵
- 关系营销的基本特点
- 关系营销的系统构成
- 关系营销的战略策划

在复杂多变的市场环境中,企业处于各种关系网络链条的中间,经营维持着周围的关系,同时也成为被经营管理的关系对象。市场营销活动中企业与客户之间的关系是一种双向影响的过程。一方面,企业作为关系影响力的输出方,影响着客户的选择和判断;另一方面,企业作为关系影响力的接受方,受客户生产和消费选择的影响。完全不受其他力量影响的企业或客户在现实中是不存在的。一般而言,市场环境和社会结构越复杂,关系网络和结构也就越复杂。从关系营销角度分析企业客户关系管理,就是找出其中的规律,为简化或优化企业与客户之间的关系提出解决方案。

5.1 关系营销的定义与内涵

格罗鲁斯(Christian Grönroos)在《关系营销准备:理论背景和测量指南》中指出[1],关系营销的目的在于识别、建立、维持和强化与客户必要的最终关系,以便使所有相关者经济的和其他方面的目标都能够实现。在这个过程中,需要相互做出承诺并履行承诺。承诺的做出是关系营销的要义所在。

关系营销(relationship marketing)的定义最早由白瑞(Leonard Berry)在1982年美国营销学会服务营销第二次特别会议的会议论文中提出[2]。如今关系营销已经成为营销研究领域的重要分支。正如斯托巴克(Storbacka)和莱蒂宁(Lehtinen)于2001年指出的,关系营销不仅涉及如何从客户消费支出中获得一个更大的份额,而且涉及在客户的心中、脑海和钱包方面获得更大的支持[3]。舍特(Sheth)在2017年的研究中提出了基于服务逻

---

[1] GRÖNROOS C. Relationship Marketing Readiness: Theoretical Background and Measurement Directions[J]. Journal of Services Marketing,2017,31(3):218-225.

[2] BERRY L L. Relationship Marketing[M]//BERRY L L,SHOSTACK G L,UPAH G D. Emerging Perspectives on Services Marketing. Chicago,IL: American Marketing Association,1983:25-28.

[3] STORBACKA K,LEHTINEN J R. Customer Relationship Management: Creating Competitive Advantage Through Win-Win Relationship Strategies[M]. Singapore: McGraw-Hill,2001.

辑和承诺的理论①。

白瑞在最早提出关系营销概念时,是以服务场景为依托的。事实上,服务本身就是一种相互接触的各种关系的运动过程。进入21世纪以来,关于市场营销和其他商业活动的研究表明,关系营销在提升服务水平方面具有重要作用。从宏观经济角度分析,产品和其他有形资源是服务的载体,它们通过服务提供影响客户的价值感知;从微观管理角度分析,开发、维持与客户的关系,企业必须通过有形或无形的资源来支持其客户每日的活动。

因此,可以这样认为,在现阶段服务营销和关系营销在市场营销中的地位愈加重要的时代背景下,关系与服务具有等价效应。关系建立与维持过程中包含服务,而服务传递与提供过程中蕴含着关系。在互联网和社交媒体时代,随着企业与客户之间的接触点增多,关系链条的时空距离缩短,关系传递速度增快,以及关系触角可以无限延伸,关系营销在企业营销活动中的重要性更加彰显,它体现在企业的几乎所有服务环节中,有助于改进服务质量,把不同类型消费者紧密地吸引到企业周围。

5.1.1 关系营销的定义

芬奇(David Finch)、赖利(Norm O'Reilly)、希布伦兰德(Carola Hillenbrand)和拉贝扎(Gashaw Abeza)在《站在巨人的肩膀上:关系营销的跨学科基础探寻》中指出②,在营销中采用关系方式,在贸易和商业活动开始时就随之出现,然而20世纪70年代的能源危机和服务营销的兴起,使关系营销在实践和理论领域的价值凸显。20世纪80年代,关系营销成为一个独特的领域,是营销活动实践者和理论研究者分析具体问题的重要概念工具。按照白瑞、格罗鲁斯等人的观点,关系营销实质上是一种分析问题的方法,即把营销活动建立在合作各方相互作用的关系基础上,通过维持和强化这种成功的合作关系进而为所有各方创造价值。例如,企业每天都会投入资源来强化利益相关者的关系。这些关系投资可能涉及人员管理、研究与开发、广告与公共关系投入、接待工作、赞助和慈善事业等各个方面。

作为一个不断发展的概念,关系营销的研究成果在20世纪90年代及21世纪初的营销学文献中大量出现。这些研究涉及的专业领域有B2C、B2B、服务营销和营销传播。由于学者们所处的社会文化环境存在差异,因而他们对关系营销的定义和内涵有着不同的理解。基于不同的现实情景来研究关系营销,使这一领域的研究成果在学术上出现了不同的分支。对于关系营销这一客观事物的定义,不同学者的观点分歧较大,有时甚至截然不同。

不同学者对于关系营销概念界定的分歧,主要缘于关系营销本身是一个多学科交叉的产物。"关系"本身就是一个社会学概念,而"营销"则属于管理学范畴。在"关系营销"这一概念提出之后的近40年时间里,学者们主要是从营销和管理学科角度来研究其相关

---

① SHETH J N. Revitalizing Relationship Marketing[J]. Journal of Services Marketing,2017,31(1):6-10.
② FINCH D, O'REILLY N, HILLENBRAND C, ABEZA G. Standing on the Shoulders of Giants: An Examination of the Interdisciplinary Foundation of Relationship Marketing[J]. Journal of Relationship Marketing,2015,14(3):171-196.

内涵。这其中主要涉及企业与利益相关者(包括雇员、顾客、供应商、投资者和其他人)的关系。有学者认为,关系是组织价值所有构成要素中一个不可察觉的维度,即能够带来非实体性动能,这一属性是关系作为无形资产的重要原因之一。但是,关系并不能够独立地发挥作用,相反,它们通常体现为一种潜在价值,如同有形资产一样,必须与其他资产相结合才能发挥作用。

关系的内在价值在于它在实现企业目标和战略方面所形成的竞争优势以及所做出的实际贡献。因此,准确地界定关系的价值,客观上要求把这一影响因素与其他影响因素加以区分,独立地考察其对整个企业业绩的影响。而这又需要从多学科角度对关系这一复杂现象进行研究。

芬奇等学者对关系营销这一领域的研究,从管理学、营销学、心理学和社会学四个学科维度进行了梳理。因此,关于关系营销的定义,应当从以下四个方面理解:

(1) 在管理学领域,关系营销主要研究企业价值与企业利益相关者价值之间的相互关系。

(2) 在营销学领域,关系营销主要研究企业利益相关者行为中忠诚、信任和支持的建立及其影响。

(3) 在心理学领域,关系营销主要研究态度的形成、态度—行为之间的一致性以及外部调节因素对决策的影响。

(4) 在社会学领域,关系营销主要从个人角色和群体角度研究人类社会的结构和过程的演变。

上述四个领域关于关系营销的研究,主要涉及的理论如图 5-1 所示。这四个主要学科中涉及的关系营销理论内容,以及它们的提出者,延伸阅读 5-1 中有详细的说明。

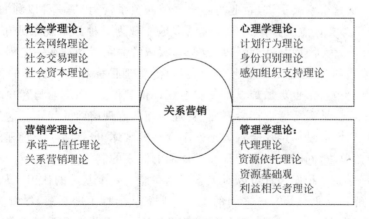

图 5-1 关系营销涉及的主要理论

从芬奇等学者对关系营销理论和观点的梳理中,我们可以发现,利益相关者、权力、优势、利益、价值、忠诚、承诺、信任、依存、竞争、影响、稀缺、资源、目标、信息、风险、合法性、成本、交易、冲突、经济性、标准、规范等关键词对于理解关系营销这一概念的具体构成要素,以及它在不同场景下的属性,具有重要导向作用。

综上所述,关系营销的定义可以界定为:它是企业为了实现既定目标,通过建立信任、履行承诺、保持忠诚等合作方式,基于互惠互利原则,从特定交易对象那里获取利益、价值和资源的一种营销方式。对于企业而言,关系营销可以在企业利益相关者之间进行,也可以超出这个范围,在普通市场主体之间进行。然而,不论是与利益相关者的关系营销,还是与非利益相关者的关系营销,在具体内容和方式方面,差异应该不是太大。在与企业达成合作协议之后,非利益相关者也往往成为企业的利益相关者,因而在关系本质上向前跨越了一步。

事实上,关系营销内容及方式的主要区别是由关系对象之间的地位和资源占有状况所决定的。在关系网络链条中,双方或多方之间的各种关系内容及形式,彼此之间存在一定差异。例如,企业与雇员之间的关系,与企业与消费者之间的关系有所不同;企业与政府部门之间的关系,与企业之间的关系内容和形式不同;而企业与媒体之间的关系,也与企业与其投资者之间的关系不同。由于建立关系营销的目的及动机不同,双方或多方之间的诉求不一致,因而关系营销最终结果的呈现也并不相同。企业与客户之间的关系营销,只是这些关系网络中错综复杂的关系内容及形式中的一种或几种。但是,这种关系营销内容及形式更有影响力,也更能够带来价值。

延伸阅读 5-1　关系营销涉及的主要学科与理论

由于是基于价值创造而建立关系,因而企业与客户之间的关系营销不同于非价值创造式关系活动。企业在向客户推销产品时所建立的关系,主要是为价值实现和价值增值服务的。因此,从这个意义上讲,企业与客户之间的关系营销,是一种以利润、利益、价值、服务、共赢、交换为立足点的合作关系。它更多地体现为一种经济现象或市场现象,是企业行为或消费者行为,因而与社会、管理或心理领域的关系活动存在一定程度的区别。社会关系、管理关系和心理关系,是服务于社会目标、管理目标和心理目标的关系形式和内容,它们更抽象、更复杂,也更加难以量化和客观评价。但是,在企业与客户之间的关系营销中,必然或多或少地需要考虑社会层面、管理层面和心理层面的问题。这是由于不论是企业还是客户,它们都是一定社会背景条件下存在的客体,也是在一定管理模式下运行的经营主体或利益单位,同时又都会受到心理层面的因素的制约。

从上面的分析中,我们大致可以对关系营销概念有一个基本的认识。从范围上讲,关系营销主要是解释企业与其客户之间的关系问题;从学科角度观察,尽管有许多学科都会涉及关系这一理论和实践问题,但是从本质上分析,关系营销主要属于营销学科中的问题,因而必须用营销学知识加以解释。当然,从其他学科角度分析关系营销,也具有一定的理论意义和实践价值。

延伸阅读 5-2　芬奇等学者构建的关系营销价值概念模型

5.1.2 关系营销的内涵

在经营发展的过程中,不同生命周期阶段企业所面临的客户关系内容和性质并不相同,因此,在实施关系营销的过程中,除了要根据客户特点来设计营销方案外,还应当掌握关系营销的内涵与实质,把握正确的方向。

一般而言,关系营销包括以下 6 层含义。

1. 关系营销是以目标为导向的活动

关系营销是企业与客户之间发生相互作用的一种过程。在这个过程中,不论是企业还是客户,都是以一定目标为导向的。对于企业而言,在不同的发展阶段,与客户建立并发展关系的目标可能有所不同,利润最大化、追求市场份额、击败竞争对手、开发新产品、市场多元化等都可能是企业的目标;而对于客户而言,主要关注企业提供品所能带来的利益,其中主要包括功能利益、情感利益和象征利益。因此,企业与客户之间关系的牢固程度,在某种意义上取决于双方或多方对各自目标实现程度的感知上。

2. 关系营销具有资源占有的独特属性

企业与客户之间的关系,在性质上具有资源占有属性,即企业越是占有优势资源,如行业特殊地位、技术优势或品牌优势,就越容易与客户建立牢固的关系;同样,客户越是具有企业所寻找的优势,如营销渠道网络覆盖面、市场占有率及信息资源优势等,客户就越容易成为企业的关系目标。资源特殊性除了一般意义上的竞争力、质量、价格等因素外,还包括排他性信息渠道和市场地位,以及资源配置决策权等。

3. 关系营销是一种互惠性合作过程

企业与客户之间关系的稳定程度,与关系营销双方或多方之间的互惠互利程度有密切关系。关系营销不是一种简单的此消彼长式"零和博弈",它更像是一种双赢或多赢的利益合作关系。因此,互惠性质是关系营销的重要基础。在关系营销过程中,企业能够从客户那里获得收益和利润,客户也能够从企业那里获得想要的功能和效用,这是关系营销最为直接的结果呈现。但是,在互惠合作中,关系营销所能够带来的结果要比利益和功效广泛得多。

4. 关系营销各方之间具有相互依存性

在实施关系营销的过程中,企业与客户之间是利益共同体,它们相互依存。稳定、持久的关系能够带来更大的发展空间,而松散、短暂的关系通常会导致损失。因此,关系营销活动的各方,对于彼此的市场、供给与需求、价格与信息等,具有相互支持作用。关系一经建立,依存状态就体现出来。任何一方在关系网络中的信息失真、货源不济或者现金流断裂,甚至是违规和违约,都会牵扯到其他关系方。因此,在关系网络中,企业与客户都要从整个网络的稳定性方面思考自己的经营决策。

5. 关系营销涉及交易、利益和风险

在企业营销实践中,一般而言,没有交易,就没有关系;同样,没有关系,也就不会带来交易。关系清晰性与交易简单性高度相关。一般而言,交易过程越简单,关系就越明了和直接;而交易过程越复杂,关系就越不清晰。在交易过程中,利益和风险是企业与客户在双方或多方合作中必然考虑的项目。最大限度地扩大利益面、控制风险面,是关系营销的一个主要出发点。但是,由于关系网络本身的复杂性,再加上关系链条涉及多个环节,在利益输送和风险传递方面,通常不会均匀或者平衡地出现,而是会集中于一个或某几个环节,这时就会出现关系营销活动的利益和风险不对称性。企业必须在对客户的关系营销中,及时识别交易利益与交易风险的非对称状况。

6. 关系营销以信任、承诺、沟通为桥梁和纽带

在关系营销中,信任是关系建立的基础条件之一。没有相互信任,关系不仅难以建立,而且无法维持下去。对于企业而言,要得到客户的信任,可以有多种途径,如企业的诚信经营记录、所获得的荣誉、产品和品牌声誉、产品的品质报告、所通过的技术和等级检验等,都是信任产生的基础;而对于客户而言,要得到企业的信任,同样可以有多种途径,如在付款方面的良好记录、稳定的收入来源、较少的退换货情况、在社会人群中的声誉等。但是,不论信任是从何种渠道获得的,要想发挥它的作用,就要相应地做出承诺。基于信任的承诺是关系营销的重要保障。在承诺付诸实施的过程中,加强企业与客户之间的沟通是十分重要的一环。

5.2 关系营销的主要影响因素

在关系营销过程中,许多因素直接或间接地影响企业与客户之间的关系互动过程和结果。从总体上分析,这些因素可以归为客观因素、关系营销主体的态度和行为、其他因素三个类别。这些类别中的各个因素又有不同的内容。

5.2.1 关系营销中的客观因素

关系营销客观因素中的第一类因素来自行业或市场层面,它们通常独立于关系营销的合作主体而存在,这些因素会影响企业和客户对于关系资源重要性及其分配结构的决策,并影响关系交易主体在价值取向上的判断。

1. 经济因素

经济因素的价值在于,它们通常对关系营销过程中的财务交易价值和交易数量产生影响,能够加速或减缓关系营销进程,如市场价格运行趋势、产品供求总量和结构、行业内平均结算成本的变动、不同行业之间的转换成本等。

2. 社会因素

关系营销中的企业与客户是否拥有一致的信仰、原则和标准,对关系的可靠性和稳定性具有重要影响。社会因素中包括对同情心、情感、互惠互利、合作的理解程度和具体把握的准确性。共同价值观念和行为准则是关系营销的重要社会基础。

3. 稀缺性因素

稀缺性因素是指在行业或市场中对关系营销构成影响的那些不可替代的资源。这些因素有的是可以察觉的,有的是不可察觉的。一般而言,一个特定的市场或行业中稀缺性影响因素越多,关系营销所能够带来的价值就越大。但是,这其中可能涉及营销伦理和道德风险方面的问题。

5.2.2 关系营销中的态度和行为

1. 关系态度

关系态度主要通过以下四个指标进行测量:

(1) 关系信任度。关系信任中包括认知和情感属性。其中关键观测点在于信心、可靠性、可预测性、价值一致性,以及不会被利用。

(2) 关系满意度。它是指合作一方对另一方感觉满意的程度,是一种情绪方面的评价,即关系状态是否达到企业作为合作一方的预期。

(3) 关系承诺度。它是指合作方中的某一方准备在未来保持与促进关系时付出的时间和精力。一般通过对关系投资的后悔程度来测量。

(4) 关系依存度。它是指基于合法性和互惠性的关系权力结构。关系各方应当在目标和关系权力分享结构上保持一致。该指标同时也测量关系某一方对关系中自己所拥有控制力的满意程度。

2. 关系行为

关系行为主要通过以下三个指标进行测量:

(1) 忠诚度。忠诚是一种受到广泛关注的市场营销行为,通常是指关系营销中的一方对另一方表现出积极的行为。忠诚度的测量指标很多,相关量表也较多,本书将在第8章详细阐述。

(2) 拥护率。拥护率是指关系营销中的某一方向其他单位或个人推荐或引见其合作伙伴的可能性。该指标也可用来表示维护合作方利益不受侵犯的意愿。作为关系行为,由于维护合作方利益需要承担风险,因而与忠诚相比,拥护在关系营销中的层次要更高一些。

(3) 合作性。合作性是指在关系营销过程中,关系中的某一方主动支持其他方以实现共同目标。

5.2.3 关系营销中的其他影响因素

关系营销中还有一些因素发挥着影响力。这些因素主要包括:

1. 各种媒体

在关系营销中,企业与客户之间的关系有时会受到各种媒体的干扰,如商业广告、电视新闻、行业资讯等。这些影响因素有些是可控的,有些是不可控的。

2. 社交网络

社交网络作为一种重要的信息传播交流工具,在企业与客户的关系营销中作用越来越明显。作为有一定可信度且有价值的信息来源,它能够影响企业和客户对于关系的感知。

3. 互动频率

在关系营销中,企业与客户之间互动的时间长度和强度对结果也有一定的影响。

需要指出的是,在一些文献中,对关系营销的研究并不是按照以上因素分类的,而是采用了一种比较综合的方法。例如,约翰斯(Raechel Johns)在《自助服务中的关系营销:

不再适用？》一文中，就对摩根（Morgan）和亨特（Hunt）1994 年提出的关系承诺模型进行了梳理①，如图 5-2 所示。

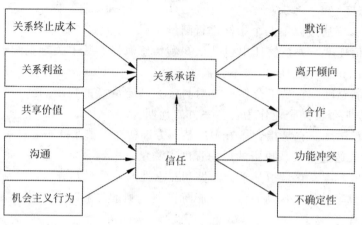

图 5-2　关系承诺

关系营销在服务业的应用范围要远胜于生产加工制造行业。在服务业中，与有形产品销售不同的是，服务本身具有无形性、易消失性、标准难以制定、与服务提供者不可分割、不易储存等特点，因而通过关系营销建立起来的诚信与承诺，对于稳定客户情绪具有十分重要的作用。为了让关系更加牢固，企业通常与客户建立联盟关系。摩根和亨特是较早研究关系营销的学者，他们认为关系营销就是建立、发展与维持成功的交易关系，并提出与客户及其他利益相关者建立信任和承诺是关系营销的要义所在②。

从营销观念的发展历程来考察，1963 年麦卡锡（McCarthy）提出的 4P 模型企业是作为促销工具使用的，也就是"告知"人们，企业在以怎样一种创造性方式来生产产品和销售产品，但是在交易等式的另一边，并没有涉及客户这一层次，即没有"听众"。在舒尔茨（Schultz）的整合营销观念中，客户聚焦的特点初显，即更接近 1994 年摩根和亨特提出的上述模型中的观点。

5.3　东方企业文化背景下的关系营销

在前面的分析中，我们观察了关系营销的社会影响因素，但是这些因素的筛选和推断主要是从西方企业价值体系中得出的。尽管在经营哲学、商业伦理学的一些基本概念和范畴上，西方企业与东方企业有着共同的基础，但是在核心价值体系方面二者的区别十分明显。这种价值观念体系上的不同，直接或间接地影响了企业行为和客户行为。因此，在客户关系方面，西方企业和东方企业既有共同点，也有明显的区分。关系营销中除了经济

---

①　JOHNS R. Relationship Marketing in a Self-Service Context：No Longer Applicable？[J]. Journal of Relationship Marketing，2012，11（2）：91-115.

②　MORGAN R M，HUNT S D. The Commitment—Trust Theory of Relationship Marketing[J]. Journal of Marketing，1994，58（3）：20.

性、交易性、交换性元素外,还有社会性、交互性和情感性元素,这就使这一营销方式不是一种纯粹的经济或管理领域的活动,而是与企业文化环境结合在一起发挥作用。

5.3.1 东方企业文化背景下关系营销的影响因素

梅里里斯(Bill Merrilees)和米勒(Dale Miller)在《西方和东方的直销:产品和关系驱动力》一文中,对比分析了东方企业和西方企业这两种不同文化情景下关系形式(Relationship 与 Guanxi)的不同含义[①]。他们的模型是在卢克(Luk)等人 1996 年关系模型基础之上提出的。卢克等人提出的中国企业文化情景下的关系,主要包括以下四个方面[②]:

(1) 群体导向(group orientation)。主要是指亲戚之间的纽带以及紧密的个人关系。

(2) 人情(renqing)。主要是指在未来的一个时期内,由于之前受人恩惠而需要偿还所形成的义务,而这种义务会影响目前的交易。

(3) 感情(友谊)(ganqing)。与西方企业文化情景不同的是,中国企业文化情景的经济关系与非经济关系更容易联系在一起,即主张有福同享、有难共担。

(4) 面子(face)。主要体现一个人的社会地位和优越感,这种条件更容易使人们获取资源并完成想要做的事情。

梅里里斯和米勒提出的西方企业文化情景(以澳大利亚企业为例),所获得的关系维度主要包括互利性、良好的客户服务、友谊、信任、良好的个人关系、低价格 6 个方面。

延伸阅读 5-3 梅里里斯和米勒的研究:客户承诺购买的原因分析

梅里里斯和米勒的研究从一定程度上证明了东方企业文化与西方企业文化不同背景下客户关系的差异,这与霍夫斯蒂德文化维度模型的观点是基本一致的。将这些研究结论进行引申,则表明,在东方企业文化情景下,客户更加看重感情,企业与客户之间的关系更加感性,注重他人的感受,体现出群体意识和集体主义倾向;而在西方企业文化情景中,客户更加理性,即以自我为中心,更加重视产品或服务的本身性质或价格属性,因而个人主义倾向更加明显。

需要指出的是,理论上"关系"的两种英文表述(guanxi 和 relationship)所对应的概念范畴并不一致。前者的含义更加复杂、微妙,它不是一种普遍意义上的关系形式,而是有一定的社会纽带联系在一起,是一种特殊的关系形式。后者则泛指一切形式的接触与联系过程中形成的关系,包括财产关系、交易关系、人与人之间的合作关系、商业上的伙伴关系、债务关系、社会关系、利益关系、工作关系等。前者更倾向于是指社会人群中形成的天

[①] MERRILEES B, MILLER D. Direct Selling in the West and East: The Relative Roles of Product and Relationship (Guanxi) Drivers[J]. Journal of Business Research, 1999, 45: 267-273.

[②] LUK S T K, LORNA F, LI S C Y. Managing Direct Selling Activities in China: A Cultural Explanation[J]. Journal of Business Research, 1999, 45: 257-266.

然亲缘关系、社会工作中形成的上下级从属关系、共同生活经历中形成的友情关系以及其他形式的社会关系,因而它是一种具有特定含义的关系(special relationship)。应当说,与前者相比,后者的范围口径要大得多,甚至把前者包含在内。在研究关系营销时,正确的研究思路是从后者的角度出发来探索关系营销的普遍规律,而不是从前者的角度出发来研究一些特殊情形下的关系营销现象。但是,这并不意味着对于前者的研究就没有意义。企业要在实际工作中区分两种不同的关系营销方式,并明确二者之间在具体指向上所覆盖范围的差异。

5.3.2 东方企业文化背景下关系营销的影响因素

东方企业文化是东方社会文化的一个侧面,它是整体社会文化在生产加工制造和商业活动领域的具体表现,包括了东方企业的哲学和伦理学思想,反映了东方商业组织结构中人与人之间的关系本质。与西方企业文化中的哲学、伦理学不同的是,东方企业更加强调人与他人的关系。如果在自然法则(生存法则、延续法则、选择法则、竞争法则等)与社会法则(群体法则、集体法则、公平法则等)之间进行选择的话,东方企业文化下的企业管理者或者客户更加倾向于选择后者,而不是前者。这与西方企业文化具有明显的差异。东方企业文化中比较典型的中国企业文化、日本企业文化、印度企业文化等均强调管理者通过内省和自律来达到经营管理过程中的超越自我、忘我的境界。在利己主义与利他主义之间,儒学思想以"人性本善"假设更多地强调利他主义,这与柏拉图、亚当·斯密等西方伦理学"人是利己的"观点有着一定的区别。尽管西方伦理学中也一再强调"同情心",但是与东方伦理学的出发点并不完全一致。

东方企业文化背景下关系营销的影响因素很多。除了上面提及的特殊因素和东方企业哲学、企业伦理学的影响外,还有其他方面的一些因素也在影响企业与客户之间的关系属性。这些因素与西方企业文化环境中的某些因素有一定的相似性,但又具有东方企业文化情景中的特殊性,主要包括以下三个方面。

1. 市场结构和经济资源状况

脱离市场发展阶段和经济发展状况而研究关系营销是没有明确指向性的。对于同一个企业而言,在不同的市场制度下和经济发展阶段的不同时期,关系营销的重点和方向也会出现一定差异。市场发展进程和整体秩序对关系的影响是直接的。在高度结构化和秩序稳定的市场中,关系营销的方向和动机比较明确,竞争也相对公平;而在低度结构化和秩序不稳定的市场中,关系营销的方向和动机可能复杂多变。除了市场方面的问题外,经济资源的充足状况也会直接影响关系营销。一般而言,经济资源越是充足的企业,对关系的依赖程度越弱,因而关系营销的方向和目标越简单、明确;反之,经济资源越是稀缺的企业,对关系的依赖程度越强,因而关系营销的方向和目标越复杂、模糊。经济资源的充足与否,可以用一些经济指标来衡量,如企业员工数量、资产规模、市场份额、年销售额等。经济资源越充分的企业,对人与人之间的关系理解越简单、越具有非功利性。在资产实力雄厚的企业,关系营销的重点和方向与资产实力弱小的企业有着明显的差异。关系营销走入误区或者出现扭曲的情形,通常出现在资源争夺激烈和相对不发达的市场中。

2. 企业所在行业的总体诚信状况

与西方企业文化环境一样，在东方企业文化中，关系营销也是建立在诚信基础之上，但是不同之处在于，企业对客户或客户对企业的诚信评价标准并不相同。这种差异一方面体现在对诚信含义的理解存在差异；另一方面体现在诚信证明方式上不一致。一般而言，东方企业文化中的关系更倾向于通过正式书面形式加以确认，而对于口头上或非正式场合中的承诺，一般需要反复求证。这种关系状况也在一定程度上导致了关系营销的建立和维持成本比较高，关系证明和求证过程也会特别复杂。

但是，正是由于东方企业文化情景中关系建立和维持模式的复杂性和高成本，因而相对于西方企业文化情景中的关系，可能更牢固和更具有商业价值。这对于企业而言是一种重要的财富和无形资产。关系投资与关系收益之间的对比，是评价关系营销效率和效果的一个重要指标。东方企业文化下人与人之间交往的含蓄性和间接性，决定了关系营销链条可能比较长，而且间接化程度比较高。这种企业文化情景下企业与客户之间的关系营销，就是一种先基于直接的关系人群来开展关系营销，而后再向间接的关系人群拓展企业业务的过程。在这种由直接向间接的关系营销过程中，企业与客户之间的诚信链条会逐渐延伸，越是处于这种关系链条外围的客户，进入这种关系网络所需的诚信资质越严格。

3. 规则意识和程序化程度

在东方企业文化情景中，关系与规则有时似乎是一个相互对立的事物。在一些特定的场景中，狭义的"guanxi"是一个贬义词。因此，企业管理者和员工的规则意识越强，对于狭义关系的依赖性就越弱，也就越不会求助于这种关系形式；反之，企业管理者和员工的规则意识越弱，对于狭义关系的依赖性就越强，因而就越会求助于这种特定关系来解决问题。但是，在广义的关系（relationship）中并不存在这种倾向性。因此，客观关系管理中的规则意识越强，程序化程度越高，对于狭义关系的依赖性就越弱，而对于广义关系的依赖性就越强。事实上，随着市场的不断扩大以及企业的文明进步，关系营销中狭义关系的作用越来越小，而广义关系的作用越来越大。狭义关系作为一种特殊关系形式，对于企业更广泛地开展客户关系管理活动并不能够提供足够的市场空间；而广义关系作为一种普通关系，能够为企业提供足够的客户购买力和社会资源支持。

因此，从规则遵从意识和决策程序化水平来分析关系营销，企业越是处于扁平化管理结构，信息沟通就会越通畅，规则意识和程序化水平就会越高，企业与客户之间的关系营销就会越容易通过低成本形式建立起来；而越是高耸型企业结构，由于信息传递速度慢且容易失真，规则意识和程序化水平就会越低，企业与客户之间的关系营销也就需要更高的成本和投入。由于东方企业文化情景中，企业组织层级倾向于高耸型结构，因而相对而言，关系营销的建立成本要高于西方企业。

5.4 关系营销策略

关系营销策略不同于传统的4P营销策略，也与以服务为中心的4C营销策略有一定区别。不论是产品营销策略还是服务营销策略，都是以企业所提供的产品或服务为中心而设计营销策略,这里的营销思维主要是一种以企业为中心"卖"的思维。而关系营销与这些传统营销有所不同,它是以客户为中心的一种新思维。尽管在关系营销中也会涉及产品策略、价格策略、分销策略和促销策略,但是引导这些策略的思维发生了改变,即它侧重强调企业与客户之间的关系取向,以关系为纽带和桥梁来促进营销活动的开展。

关系营销策略主要涉及两个方面的内容:一是关系营销策略基础的建立;二是关系营销过程中的具体策略。

5.4.1 关系营销策略基础的建立

关系营销策略的开展,必须具备一定的基础,即必须在企业与客户之间形成一定的合作前提与条件。这些前提与条件就是我们在本章前面提及的信任、承诺和忠诚。但是,企业认识到这三种关系的重要性,并不等于它就能够把这三种关系很好地建立起来。事实上,在实践中这三种关系的建立也是关系营销策略的重要组成部分。

1. 信任关系的建立

信任关系的建立是整个关系营销活动的前提条件,没有信任就无法有效地开展关系营销活动。但是,信任关系是一种相互关系,即它并不是一方的单向努力就可以获得另一方的信任。有时,企业付出了很大的努力,但是仍然很难获得客户的信任,这时企业就应当认识到这种单向付出是没有实际意义的。因此,企业必须想方设法改变客户的不信任状况,使之能够对企业的主动接触给予回应。客户对企业产生不信任感的影响因素很多,如企业的经营历史、行业地位、资产规模、收入和业绩、员工素质、管理者能力、产品质量、服务水平、生产设备和技术、企业的整体风气等。客户由于对企业的某些领域甚至整体表现不满意,就会产生不信任感,因而难以与企业建立信任关系。企业经营历史上的不良记录,如管理者的失职、员工的不良行为、产品或服务的以次充好、企业的夸大宣传和虚假陈述等,导致客户对企业形成不好的认识,则很难使企业与客户建立信任关系。

因此,在与客户建立信任关系时,企业一定要从客户角度出发来消除其不信任感。增进了解是消除不信任感的有效途径。企业可以让客户多方位地接触企业的经营管理情况,通过更多的接触点让客户消除建立关系时的不确定性。通过客户与企业都信任的组织或个人的信用担保来消除企业与客户对彼此关系不确定性的感知,在实践中也是一种比较好的方法,特别是在关系建立初期,通过一些征信机构了解合作双方诚信状况对于日后合作十分必要。由于诚信是一种潜在的、未来的素质,属于表象下面的企业性格,因此,客户不能仅是简单地通过一些显性资产或环境要素做出判断。尽管行业地位、资产规模、员工素质等外在元素在客户形成企业诚信经营的判断方面作用不可低估,但是更多方面的了解,尤其是对企业文化和精神层面的分析可能更重要。

信任与不信任并不是完全割裂的两个极端状况,在更多情形下二者之间是一种连续的关系线路,即从一端的绝对不信任一直延续到另一端的绝对信任。在这个连续的线路中,其中的任何一个点都代表一种不同于其他点的信任程度。一般而言,在企业与客户之间的信任关系中,信任程度越高,越容易形成合作关系,即产生交易行为进而形成交易结果。在信任关系中,50%的信任度应当是起码的信任程度,即基础信任度。在不同的文化环境和行业中,企业对基础信任度的理解有一定差异。产品和服务的质量越是不容易被观察和感知,越需要企业具有较高的基础信任度;相反,客户越是能够对企业的产品和服务质量做出直接判断,对企业的基础信任度的要求就越低。关系营销的主要任务之一,就是在企业与客户之间建立信任,提升信任度。

2. 承诺关系的建立

承诺是关系营销中的重要环节。承诺有时是单向的,即一方对另一方的承诺;有时又是双向的,即双方都需要对彼此做出承诺。在关系营销中,承诺者和接受承诺者,所处的关系位置并不一样。承诺在许多情形下意味着必须履行的义务。承诺的做出是否庄重、承诺事项是否过多、承诺的时间是否过长等,都会影响企业与客户之间关系的建立。在关系营销中,企业向客户做出承诺的同时,客户也需要对企业做出承诺。例如,企业向客户承诺产品和服务的品质,而客户向企业承诺支付款项的时间。由于在不同的行业、产品和服务项目中,所涉及的承诺事项和内容存在差异,因而企业对客户的关系营销应当充分考虑这些差异并做出相应承诺。

在实践中,企业的过度承诺或承诺不足都不利于关系营销活动的开展。前者会涉嫌夸大宣传和不实承诺,而后者则显得有些保守,对产品和服务缺乏自信,不能获得客户足够的信任。因此,为了统一企业员工对待客户时的承诺行为,企业应当在关系营销活动中列出可以承诺的事项及内容,以及不同职能部门和不同管理层级在承诺方面的具体权限和范围。一般而言,产品和服务质量承诺可以通过一些技术检验机构的证明和权威机构的评价给出,如设备使用期限、产品和服务抗风险能力、运输交接过程中的安全性等。但是,具体到一些相对复杂、受市场环境和行业格局影响的要素,企业一般不应对客户做出过于严格的承诺。

关系营销的第二项任务,就是要使企业能够做出承诺,同时能够履行承诺。这些承诺既可以是产品质量和服务内容方面的,也可以是其他方面的。一般而言,在关系营销中,企业承诺客户的事项越多,证明企业的产品和服务越有保障;反之,则缺乏保障。但是,在某些情形下,企业可能做出过多的承诺,但却无法兑现。这两种不同的情形,需要客户结合企业其他方面的指标综合判断。鉴于承诺中有可能存在一些虚假成分,因而客户需要具体问题具体分析,根据企业的历史、现状推测其不能兑现承诺的可能性。在承诺的履行方面,企业除了受自身的历史、文化、现状影响外,还可能受地域文化的影响。

3. 忠诚关系的建立

忠诚是在承诺基础上形成的一种自愿行为。忠诚有时是双向的,有时又是单向的。因此,除了在一些特定的企业与客户关系情景中,需要特别强调双向忠诚的重要性外,在普通的企业与客户的关系中强调客户忠诚并不是一件能够在道义上获得社会广泛认同的事。由于企业与客户之间的关系从根本上说是一种商品交易关系或者相互利用的关系,因而把社会关系中的忠诚引入这一关系领域本身就比较牵强。但是由于客户对企业产品和服务的过分依赖现象确实存在,因而从客户对这些产品和服务的偏爱程度来解释忠诚,虽然并不是真正意义上的忠诚,但是也能够在解释关系营销方面有所帮助。

在各种关系营销情形中,形成自愿且积极的忠诚行为应当是一种受鼓励的合作行为。但是,非自愿的忠诚行为,如受企业的行业垄断或其他因素干扰而形成对其产品或服务的依赖,则是一种假象忠诚。忠诚关系与信任关系不同,尽管理论上认为忠诚的客户能够为企业带来稳定的收益,但是在实践中它更像是一种关系领域的奢侈品,因而并不是企业与客户的关系营销中必不可少的关系要素。对于企业而言,培养客户对企业的忠诚固然重要,但是维持与客户之间的正常商业关系可能更加务实。

5.4.2 关系营销过程中的具体策略

在企业与客户之间的关系营销过程中,实践方面有许多具体的策略。除了传统营销方式下一些策略可以延伸到关系营销领域继续使用外,还有以下三项策略需要引起企业的重视。

1. 交叉销售策略

对于企业而言,维持好与现有客户的关系具有重要的意义。交叉销售是加强企业与客户之间关系的一种常用策略。交叉营销是指企业向客户销售与之前销售相关的产品项目,有时甚至是销售不相关的产品项目。通过交叉销售,企业可以获得销售额的增加,提升客户满意度和忠诚度,并使客户的平均消费支出水平增加。同时,交叉销售有助于企业降低获取客户的成本,使客户转移成本增加。客户转移成本增加、客户满意度提升,都能够帮助企业强化与客户的关系。由于企业与客户之间有更多的联系,因而企业对于客户的消费偏好有着更清楚的了解和掌握,这又会进一步降低客户流失率。

但是,如何把交叉销售策略落到实处呢?这需要企业了解能够带来交叉销售业绩提升的关键因素。尽管企业管理层应当对交叉销售作为客户关系策略承担主要职责,但是在实际工作中,实施这一策略的企业员工的努力决定了最终效果。事实上,这涉及企业内部营销如何向外部营销转化的问题,即企业向自己员工的营销努力如何转化为企业向客户的营销活动效果。因此,企业首先要做的是让一线员工认识到交叉销售在关系营销中的重要性,同时必须加强对员工的交叉销售技能和动机强化培训。在这个过程中,要明确员工在交叉销售活动中的角色、自我效能和动机。其中,自我效能是社会学习理论中重要的概念,是指个人对其自身能够成功地完成组织赋予任务的自信程度;而动机则取决于另外三个因素,即个人对于目标实现的紧张程度、在方向上或选择性上的判断情况,以及向着目标所做的持续性努力情况。

交叉销售对于关系营销强化固然重要,但是它无形中增加了企业销售人员的工作压力,同时,如果关系处理不当或活动安排过于密集,也容易使客户产生反感或排斥心理。因此,交叉销售要与客户需求分析和企业现有产品分析结合起来。在客户购买更多的产品时,企业应给予其更多优惠。这种做法虽然鼓励客户购买更多的产品项目,但是它与全产品线强制力或捆绑协议等渠道合作形式存在明显不同。它是基于客户自愿而扩大企业与客户之间的合作领域,而不是基于企业的行业或资源优势地位的促销行为。

2. 会员制俱乐部式营销策略

俱乐部营销有许多种形式,如价格俱乐部、会员制俱乐部等。由于不同俱乐部营销的目标不同,因而对于关系营销的依赖程度也会有所差异。一般而言,会员制俱乐部中关系营销的成分要更高一些,因此其营销策略对于分析关系营销的特点更具有参考价值。

会员制俱乐部式营销的重要特点是体现在具有会员身份的客户在购买企业的产品项

目时能够享有一些特定的权益,而这些权益是非会员客户所不具有的。这种体现在客户身份上的差异有助于企业把一部分有价值的客户稳定下来,通过与其建立持久的合作关系来提升其利润。

会员制俱乐部式营销的最大优点是企业与客户之间的关系特征比较明显,不同的会员类别享有不同的交易权益,因而便于企业处理各种复杂的客户关系。这种将客户以会员身份归类的方法,有些类似于市场细分策略,能够更加深入地了解不同类型客户群体的需求和偏好,进而专门提供与其相匹配的产品项目。这种营销策略有助于企业实施精准化营销,提高企业客户关系管理的针对性和实效性。

3. 数据库营销策略

数据库营销策略相对而言是一种新型的、依托计算机技术和数据挖掘技术的客户关系管理策略。它在当今时代具有广阔的应用前景。大数据技术的广泛使用,使企业更容易从现有客户中提取更多的潜在购买信息。

数据库营销策略对于各种类型的企业都适用,但前提是企业必须建立自己的客户数据库,并具有分析相关数据的能力。在当今市场上,客户关系管理的分析软件比较多,管理模块和预测模型也比较成型,因而十分有利于企业对客户关系的属性进行判断。例如,企业可以对现有客户进行用户画像,根据客户的各种信息,分析其消费习惯。又如,企业也可以对潜在客户进行分析,分析其成为现实客户的可能性。

数据库营销策略的实施基础是具有丰富的市场信息和客户信息资源。因此,这种营销策略对于一些以互联网和移动通信技术为基础的企业(如电商销售平台和移动通信公司)特别适用。随着线上和线下经济的逐步融合,数据库营销策略已经为更多的实体店铺所采用,并取得了比较好的效果。

数据库营销策略在关系营销中的主要作用是能够准确识别客户身份信息,不会出现身份信息不对称状况,因而能够防止关系营销中的信任风险。同时,数据库营销策略在关系营销中能够确定目标市场,跟踪市场潮流和方向,进而快速地调整关系营销计划。

在实施数据库营销策略中,企业应当及时掌握客户关系动态,对客户购买频次及支出情况进行认真分析,对客户关系稳定性做出准确判断,对可能出现的客户流失有所准备,同时对于客户的新需求给予积极回应。

复习思考题

1. 关系营销与其他营销方式有何不同?请举例说明。
2. 关系营销主要包括哪些要素?为什么信任是关系营销的基础?
3. 在西方企业文化情景中,关系营销主要有哪些特点?
4. 在东方企业文化情景中,关系营销主要有哪些特点?
5. 在中国企业文化情景中,关系营销中的信任如何建立?试举例说明。
6. 关系营销策略与其他营销策略有何区别?各种不同的关系营销策略主要针对的企业类型是什么?

案例讨论

niko and...的关系营销策略[①]

【案例信息】 2019年12月21日，niko and...全球面积最大的旗舰店在上海开业。这家门店的总面积达3 500平方米。niko and...隶属于日本ADASTRIA服饰集团，是该集团近年来发展最快的年轻品牌，其总部位于日本时尚潮流发源地和集散地的东京涩谷。

在激烈的市场竞争中，品牌是营销资源争夺战中的制高点。将优势品牌率先在中国市场布局，可以抓住中国市场全方位开放的有利时机，在日后的竞争中获得市场主导权。现阶段，中国市场环境日益完善，国外商业企业能够感受到中国市场环境的变化。这种转型升级、新旧动能转换、向着高质量发展的总体趋势，对于品牌企业而言是重要的、难得的战略机遇期。niko and...作为世界知名品牌，进军中国市场既符合上海市场的经济发展之需，适应淮海中路一带通过引入新店、首店、旗舰店等措施使城市商业品牌化、年轻化的发展思路，也有利于快速地在中国消费者心目中树立品牌形象，扩大品牌影响力，形成优势地位，进而获得稳定的收益。

1. 关系营销新模式：实体店铺作为品牌传播窗口，带动线上销售

niko and...之所以能够快速发展，就在于在解决实体店铺与线上销售之间的矛盾时找到了合理且有效的结合点。在这些品牌企业看来，线下店铺不仅要设立，而且要高水平地经营。而要做好这一点，首先要把二者之间的关系理清晰，即线上平台的主要功能要不同于线下实体店的功能。在niko and...看来，线上与线下的交易并不冲突，而是营销渠道的优势互补。比如，它们能够把实体店铺中专门针对客户的体验式营销与利用大数据和用户画像技术在线上平台采集市场信息有效地结合在一起。因此，它通常是在一线城市设立品牌旗舰店，通过格调新颖的店面装饰、精品陈列或独特的经营理念来充分展现品牌形象，全方位、全感官(视、听、触、嗅、味)地接触客户，发挥品牌传播作用；同时，在线上通过7/24的视频和音频信息接触点设计不断扩大品牌经营范围，把业务延伸到更广阔的领域。

2. niko and...在关系营销中的主要竞争优势与市场定位

正如达尔文在《物种起源》中所言："让最强大的生存下来，让最弱小的销声匿迹。"这一自然法则同样适用于市场竞争。

在企业管理层面，niko and...具有明显的优势，它有着一整套完整的运作体系和制度规范，愿景、使命、战略、目标、理念等品牌无形要素十分清晰，而且相互支撑，品牌经营思想和理念一经确立，不会轻易修改与动摇，而是随着市场的变化，不断充实新内容和增加新内涵。自由、宽松的市场经营环境和高素质的管理者队伍，也使这家品牌企业在创新能力方面十分强大。

在关系营销方面，它的优势主要表现在以下6个方面：

---

① 白真智，王喆，厉妏，李兵兵. 国外实体店来袭，中国商家如何应对？[EB/OL]. 人民网. (2019-12-24). http://www.people.com.cn/BIG5/n1/2019/1224/c32306-31520933.html.

(1) 目标市场十分明确。它将品牌经营与所在市场的收入水平结合起来,在品牌推广上定位于一线城市或新一线城市。这些城市存在的大量高收入人群能够支持其品牌生存和发展下去。

(2) 市场细分效果突出。它对于主要满足市场中哪一部分消费者的需求,或者提供怎样的产品和服务有着清晰的认识。niko and...主要满足年轻消费者的需求,着力培养对日本文化感兴趣的消费者忠诚度。

(3) 市场定位十分清晰。niko and...的主题是"像杂志一样经营店面",在传递给消费者以店铺陈设风格不断变化的新鲜感的同时,品牌中"时尚及生活形态"主题思想却保持不变。这就能够在消费者脑海中形成明确的、前后一致的品牌定位。

(4) 差异化经营路径独特。niko and...在品牌营销中融入设计与个性化元素,成为科技、潮流、艺术、人文等众多元素融合在一起的商业综合体,并着力塑造成为年轻消费者喜欢的集聚地,创造一个"意识流"世界。

(5) 体验式营销。niko and...倡导领先的时尚及生活形态,强调感官刺激,感觉涉及衣、食、住、游、知、健、音、旅等方面,并融入店铺所在城市的生活文化元素。休闲、娱乐、创意、情趣、艺术、教育、个性发掘、产品设计与定制等元素在现实场景中通过人与人或人与机器之间的互动完美地呈现出来。

(6) 网上网下互动。例如,niko and...线下店铺与线上平台共同开展惊喜福利活动,客户注册会员参与消费,即可享受三倍会员积分,旨在为客户打造更高效贴心的消费体验。

3. niko and...品牌旗舰店关系营销策略的未来方向

niko and...在其他国家和地区的市场上的关系营销策略无疑是成功的,但是进入中国市场后,它必须适应中国的市场文化环境和消费者购买行为习惯。由于近年来,像niko and...这样的国外品牌店进入中国市场的数量在不断增加,因此,这家企业除了需要快速适应中国市场环境的特点外,还要面对美国、欧洲等品牌店铺进入中国市场所形成的竞争压力。如何通过关系营销处理好企业与客户之间的深度沟通,这家品牌企业可能还有大量的工作要做。

【案例讨论题】

1. 结合本案例,请你从关系营销角度分析外国企业进入中国市场需要处理好的客户关系包括哪些方面。

2. 从niko and...的关系营销策略中,你觉得有哪些方面值得其他企业借鉴?为什么?

3. 结合本案例,以电商平台与实体店铺之间的竞争为背景,试分析两种不同营销渠道中关系营销策略的异同。

第 6 章

客户服务能力及其评价

【本章知识点】
- 客户服务能力的定义与内涵
- 客户服务能力评价的主要维度
- 客户服务恢复与客户投诉的应对措施
- 客户服务能力提升计划

客户服务能力是客户关系管理的重要内容之一,是赢得客户满意的基础。如果没有一定的服务能力作为支撑,企业很难获得客户并建立与维持客户关系。服务能力评价是衡量企业在服务客户方面所具备和实际达到的能力。不论是以产品为主要提供物的企业,还是以服务为主要提供物的企业,在面向市场经营的过程中,都需要对服务能力进行研究。

6.1 客户服务能力的定义与内涵

在当今激烈竞争的商业环境中,企业提供高质量产品的能力是赢得竞争优势的重要因素之一。因此,如何界定企业的产品生产能力和服务能力是一项重要的课题。在产品生产加工企业中,加工能力指标作为产品效果测量工具,能够在质量性能评价方面满足客户方面的需求,同时也能够满足企业现有加工制造水平的分析需求。曾经有许多理论研究成果尝试着把这类指标用于服务能力测量上,但是由于服务供给不同于产品供给,其无形性、异质性、不可分割性、易消失性和劳动密集型等特点,决定了它比后者更加复杂而且难以定量化测度。因此,传统加工能力指标不能直接用于测量服务能力。

6.1.1 客户服务能力的定义

客户服务能力(customer service capacity)是企业管理的一项重要内容,也是营销管理的核心要素之一。对于加工制造类企业,如家电生产企业和原材料生产企业,虽然产品质量是其质量管理的主要环节,但是如何把产品销售出去、如何响应客户的反馈意见等服务环节的质量也十分关键。而对于服务提供企业,如酒店企业、运输企业和咨询企业等,服务是其面向市场客户的主要提供品,因而服务质量本身对企业的发展具有决定性影响。尽管服务能力对所有类型的企业都很重要,但是由于服务本身比较抽象、复杂,因而其能力评价经常被泛化,甚至模糊化。它既可以指服务作为供给品其本身的质量好坏,也可以指服务供给品在向客户提供过程中,由客户对服务人员、服务设施、服务环境、服务过程的评价。因此，服务能力有时指向十分明确，比如直接指向具体的服务提供品；而有时又十分笼统，比如指向服务提供品所在的市场环境。同时，作为一个复杂的客观事物，服务能力评价经常是多方位、多主体的，其评价主体既可以是企业本身，也可以是客户，甚至可以是市场中的第三方单位。

传统意义上的客户服务能力，通常是从员工角度来狭义地界定的。这意味着，它是指从员工个人角度观察自己为客户服务的能力。这个定义突出了员工或者管理者观察服务能力这一角度，因而属于来自企业内部的对外服务能力评价。尽管这种评价能够体现员工的自我管理意识，并激发其工作积极性和主动性，但是在客观性上却值得怀疑。因此，相比这种内部进行的服务能力评价，用来自外部的客户评价就显得更加真实和具有说服力。外部客户评价是测量客户满意度的一个重要工具。从外部客户角度观察企业服务能力，对于企业客户关系管理工作十分重要。

在产品制造过程中，经常使用技术参数区间对企业服务提出要求。以加工制造品为例，技术参数区间代表了产品质量属性可以偏离期望价值的程度。这里的期望价值或者称为目标价值，就是企业在客户关系管理中努力实现的价值。它是一种名义上的价值。而企业加工能力只有当生产质量进入这个设定区间后，才能被认可，或者称为具有生产能力。如果把这种技术参数区间方法应用于服务领域，其上限和下限所构成的区域就是客户能够接受的企业服务水平。上限是客户期望企业服务能力能够达到的水准，而下限是客户认为企业应当具备的基本条件。客户服务能力包括了不同的服务要素，企业必须准确识别这些要素的作用，才能有效地调配客户服务资源。

为了概念清晰起见，我们将服务能力评价理解为客户对企业服务产品的评价。相应地，客户服务能力的定义是指企业在向客户提供产品时，整个企业运营系统和服务系统所能够承受的最大工作量或负荷量。

6.1.2 客户服务能力的内涵

客户服务能力并非一个简单的概念所能概括，在客户关系管理实践中，它是一个复杂的指标体系，其中主要涉及四项指标：①加工能力指标；②可接受区间；③客户满意；④企业绩效。这四项指标相互影响，对于理解客户服务能力的内涵有重要帮助。

1. 加工能力指标体现企业本身所具备的能力

加工能力指标是衡量企业产品质量和绩效的重要工具。它们能够从数字角度为企业的生产经营活动提供参考依据。在服务领域，企业生产加工能力通常会直接影响客户对服务的感知。例如，在金融行业，银行的资产规模、资金周转能力和信贷条件，对客户融资具有重要影响；吸收储蓄能力和资金周转能力越强，银行能够提供给客户的信贷条件就会越宽松。又如，在酒店行业，酒店的房间数量、娱乐活动项目、服务人员专业化程度及设施配套程度，是评价接待客户能力的重要指标。

在服务外包经营模式十分流行的当今时代，企业可以把一些并不擅长的服务业务以发包形式让其他企业承担。这时，企业的整体服务能力就会因其聚焦专业化生产和集中优势资源做好主营业务而变得更加强大。因此，服务提供能力并不受企业本身资源的限制，在互联网经济迅速发展的市场中，企业可以选择合适的合作伙伴，以共同提供服务的方式,来提升服务供给项目的数量和质量水平。

2. 可接受区间反映客户对待服务的态度

不同客户群体对企业所提供服务产品的可接受区间是存在差异的。在对待服务方面,生产企业的态度与客户的态度并不完全相同。例如,在一些经济相对发达的国家和地区,由于服务业发展十分成熟,社会对于服务业要求很高,因而客户对待服务的态度通常接近可接受区间的上限;而在一些经济相对落后的国家和地区,由于服务业发展不完善,企业的服务提供能力较弱,服务项目比较有限,服务人员素质参差不齐,因而客户对待服务的态度通常接近服务提供能力的下限。不同经济收入、社会地位、文化环境中的客户群体,对于同一家企业提供的服务,在可接受区间上通常存在较大差异。

服务可接受区间是由服务可接受度发展而来的,即由参照一个具体的标准值,发展为参照一个合理区间。白瑞(Berry)和帕拉苏拉曼(Parasuraman)等人在1991年将可接受区间定义为客户认为满意的服务绩效范围。[①]低于这个范围的绩效,会引起客户失望并降低客户忠诚度;而高于这个范围的绩效,会给客户带来惊喜并增强客户忠诚度。约翰斯顿(Johnston)在1995年提出了服务质量不一致模型的三种结果,即"不满意""高兴"和"可以接受"。它们分别对应的状况是很差的感知质量(负面的不一致性)、高质量(正面的不一致性)和合格的质量(一致性)[②]。

3. 客户满意是客户服务能力的检验标准

卡诺(Kano)等人于1984年提出了三因素理论。[③]该模型提出5个质量属性,即基本属性、性能属性、兴奋属性、不在乎属性和相反属性。其他研究将这些属性归纳为三类因素,即基本因素、兴奋因素和性能因素。这些因素中的每一个都会影响客户满意度。其中,基本因素是指产生客户不满意时所对应的不能满足的最低要求,但是当它们满足甚至超过时也不会导致客户满意。这些因素上的低绩效,对于客户满意的影响要比它们在高绩效时大得多。因此,服务绩效和综合客户满意度之间既不是一种线性关系,也不是一种对称关系。[④]

对于企业而言,达到基本要求是非常必要的,但这并不足以带来客户满意。在客户看来,基本因素是先决条件,是预料中的事,企业理所应当把相应的服务提供给客户。而兴奋因素与之不同,它的提供能够增加客户满意度;但是,如果企业不向客户提供这些因素,也不会引起客户不满意。这些因素的高性能对客户满意的影响比它们在低性能时要强,因而不对称状况仍然存在。兴奋因素是客户所不曾预料到的那些因素,因而它们给客户带来惊喜并使其产生愉悦感。性能因素对企业服务绩效和客户总体满意度之间关系的影响是线性的和对称的,即当性能因素较高时,它能够给客户带来满意;而当其较低时,

---

① BERRY L L, PARASURAMAN A. Marketing Services: Competing Through Quality[M]. New York: The Free Press, 1991.

② JOHNSTON R. The Zone of Tolerance: Exploring the Relationship between Service Transactions and Satisfaction with the Over-All Service[J]. International Journal of Service India Management, 1995, 6(2): 46-61.

③ KANO N, SERAKU N, TAKAHASHI F, TSUJI S. Attractive Quality and Must-Be Quality[J]. Hinshitsu Journal of Japan Social Qualilty Control, 1984, 14(2): 39-48 (in Japanese).

④ KUN-TZU Yu. A Measurement Model for Service Capability from the Customer Perspective[J]. Service Business, 2013, 7(4): 563-582.

它将给客户带来不满意。

4. 企业绩效是客户服务能力的最终目标

一般而言,在客户服务能力方面,业绩优良的企业强于业绩较差的企业。企业管理者需要不断提升对客户服务的感知能力,以便制定出有效的战略和战术来提升企业经营绩效。在激烈的市场竞争中,企业绩效是客户服务能力的措施与方向是否正确的重要判断指标。企业管理者应当认真检查客户服务能力的执行情况,在该项能力提升方面,对照竞争对手所采取的行动,有针对性地进行研究和部署。

需要指出的是,企业客户服务能力的提升可能是一个长期的、渐近的过程,与之相关的各种资源投入也是一个累积的过程。企业要从战略高度对待客户服务能力提升,克服短期见效的"急功近利"思想。从财务角度观察,在企业不同的发展时期,客户服务能力提升可能需要一次性或分批次投入一定的资金,但是在许多时候它的产出并不能及时产生现金流,而是在企业与客户之间建立起更加牢固的关系之后,才能不断地回收投资、产生效益。

6.2 客户服务能力评价

在企业的客户关系管理工作中,客户服务能力是一项重要的考核内容。在全球化市场环境中,客户服务能力已经从关系营销逐渐发展成吸引客户主动参与的营销方式。此时,该项能力一方面取决于企业自身的条件与水平,另一方面也取决于客户的参与水平与程度。因此,客户服务的最终效果,往往是由合作双方的自身条件和参与程度共同决定的。与客户共创价值,是体现客户服务能力的一个新领域。这种价值共创,客观上要求企业在了解自身优势的基础上,尽可能地了解客户的实际需求以及如何才能最好地提供相应的服务。相对而言,有时客户可能比企业更了解自己面临的问题是什么,需要怎样的解决方案,因此,企业必须具有获取这些信息的能力,并据此向客户提供必要的帮助。客户的优势在于更了解问题是什么,而企业的优势在于更知道解决问题的答案是什么。客户服务能力是指从问题发现到答案寻找的整个过程中,企业和客户之间的合作状态及最终效果。在这个过程中,客户服务能力转化为共创价值和客户满意。

一般而言,客户服务能力评价受外围市场环境和行业竞争状况的综合影响,同时也受集权化程度的影响。因此,市场动荡、竞争强度和非集权化是企业客户服务能力的外在环境影响因素。而在企业内部,则有不同的中心,即有客户导向、竞争者导向、内部或成本导向、创新导向等多种客户服务经营理念可供选择。外部环境影响要素与内部经营理念之间的各种匹配方式,会形成不同的客户服务能力及评价体系,进而直接或间接地影响企业的经营绩效。例如,越是集权化的企业管理风格,通常越会在资源配置和经营导向上远离客户服务这一领域。这是由于权力集中不利于直接掌握市场需求信息,也不能为客户提供便捷的服务。在实践中,权力越是集中,管理者个人意志就会越占上风,资源和信息越会掌握在少数人手里,因而经营决策也就越会远离市场和消费者的需求,客户服务能力就越显低下。

6.2.1 客户服务能力评价的主要维度

在现代企业发展进程中,企业的生存能力越来越依赖其成本压缩能力和客户服务提升能力。一方面,生产技术进步会带来成本降低;另一方面,企业组织结构和管理模式改进会提升客户服务能力。提升生产技术水平能够降低成本,进而为企业赢得竞争优势,获取更多的利润;而通过提升服务能力,也能够依靠服务增值获得利润,使企业的优势地位更加牢固。但是这两个能力之间经常存在冲突和矛盾。事实上,客户服务能力评价是与企业技术能力评价同样重要的一项企业管理活动。在经营管理中,受历史文化因素抑或管理者风格与偏好的影响,相当一部分企业更加关注技术能力提升,而忽略客户服务能力的重要性。

1. 客户服务能力的相对重要性评价

在生产技术能力评价中,通常客观性指标比较多,如家电生产企业的技术性能指标和材料成分指标等硬性指标,此类能力的形成通常是资本密集型经营方式的结果。但是,在客户服务能力评价中,由于涉及的内容比较宽泛和抽象,柔性指标和主观性指标相对多一些,兼之涉及企业与客户之间的情感交流,因而客户服务能力通常是在一定资本投入基础上建立的,以情感和关系等要素投入为主导的一种能力,并非一种纯粹的资本密集型能力。尽管如此,在实践领域仍然有不少企业依托资本密集方式,正在把一些技术能力方面的新突破直接应用到客户服务能力提升上面,以期在降低客户服务成本的同时,提升客户服务增值空间。一般而言,生产技术能力的突破被认为是一种短期竞争战略,而客户服务能力的提升则是一项长期竞争战略。

从上述分析中,可以得出客户服务能力评价的一项重要指标:相对于生产技术能力在企业中的地位,企业在客户服务能力提升方面投入的资金及其他要素。

2. 客户知识和信息的获取能力评价

在客户关系管理过程中,企业所遇到的问题类型可能在大多数情形下不同于生产技术管理类问题。也就是说,客户关系管理中的问题具有半结构或非结构化特点。这些问题通常是以高度复杂的形态呈现出来,而且具有知识和信息高度密集型特点。因此,收集、储存、分配相关知识和信息对客户服务能力提升至关重要。企业通过知识和信息的批判性管理来满足现有需求,识别、利用已有知识和信息来开发新机遇,是在客户服务能力提升方面知识和信息的特殊性所在。同时,来自不同客户接触点的知识和信息的汇总、分析,有助于企业整体运营效率和效果的提升。这些知识和信息内容分为三类:一是主要提供给客户的知识和信息;二是从客户那里获得的知识和信息;三是关于客户的知识和信息。

例如,在购买决策过程中,为了促成客户购买行为,企业需要把涉及产品、市场、供应商、资料存储、工作流程等方面的知识和信息源源不断地输送到客户那里,为客户对企业服务能力的判断提供客观依据,进而有利于其做出理性的购买决策。与此同时,企业必须结合从客户那里获得的货物、竞争对手与市场状况等方面的知识和信息,进行服务创新、创意生成和持续的业务流程改进等。这既有利于企业更好地了解外部环境的变化,扩大自主创新能力,也有利于企业从开发新产品方面获得利益。而关于客户情况的知识和信息收集,则是客户关系管理中最为古老的一种知识和信息管理方法,它涉及客户的基本数据,如背景信息、过往交易记录、购物历史、现在的需求、未来的消费动向、客户的人际网络、支付能力等。这些知识和信息有助于企业更好地理解客户的需求。

3. 客户服务方面的创新能力评价

创新是企业发展的主要动能之一。如果没有创新意识和创新能力,客户服务工作就会陷入低水平、重复循环境地。一般认为,企业作为服务提供者,其客户方面的创新能力具有以下6个方面的特征:

(1) 在关系建立过程中,企业的创新能力越强,客户在市场上所获得的相对竞争优势就会越大。

(2) 在创新方面,企业与客户之间的距离越大,客户对企业的信任程度就会越小。

(3) 在剧烈变化的市场环境中,企业创新能力对客户竞争优势的影响较大;反之,则影响较小。

(4) 在高度信任的环境中,企业创新能力对客户竞争优势的影响较大;反之,则较小。

(5) 企业创新能力对客户满意度和客户承诺的积极影响,受客户因与企业的关系而获得的竞争优势的调节。

(6) 创新距离对客户满意、客户承诺的负面影响,受客户对企业信任程度的调节。

以上6个方面,表明企业客户服务创新能力与许多因素关联在一起,企业应当从多个角度分析、思考和评价自身的这种能力。

4. 客户服务方面的恢复能力评价

客户服务恢复能力是企业客户能力的一个重要构成部分。它是指企业通过排除障碍或者纠正错误,来恢复正常服务功能和水平的一种能力。这种能力通常体现在一种由外向内的运作机制中,并能够引起企业运营、战略和观念等领域的变化。服务恢复能力既涉及应用现有知识和信息促进现有服务,也涉及创造和应用新知识进行服务创新。服务恢复能力通常应用于客户投诉管理工作。

客户服务恢复能力有助于企业改正错误,提升客户投诉管理水平。在理论上,客户服务恢复是指客户对服务失败的应对措施。在实践中,客户投诉管理与服务恢复基本是同一项工作内容。有时,出于客户管理需要,企业会承认非正式的或经刺激的投诉的重要性。

在实际运作中,对综合客户服务恢复系统的评价,通常包括以下6项指标:

(1) 可接近性。主要是指企业为客户投诉提供的途径和工具。

(2) 人员集中的强度。主要是指企业在员工培训和评价上的资源投入情况。

(3) 非集权化/授权程度。主要是指企业允许员工在服务恢复处理、客户问题解决方面不经过第三方的程度。

(4) 正规化程度。主要是指在服务恢复过程中企业对规则、程序和标准的强调程度。

(5) 影响力。主要是指在服务恢复过程中企业让客户表达意见和建议的途径的多少。

(6) 全面性和系统性强度。全面性是指在服务恢复过程中企业能够发现更多的恢复机会。系统性强度是指企业能够跟踪和监控失败的数据。

综合客户服务恢复系统是企业预料和防止失败的一种能力呈现。它能够有效地恢复客户需求，提升长期客户关系质量，增强企业的组织学习能力，从而使企业的未来服务条款得到改善。

对于企业的客户服务恢复能力，除了应当从以上 6 个方面进行评价外，在实践中，通常还应当重点从以下两项能力来判断：

第一，动态能力。主要是指在管理中企业强调适应、整合及重组技能和资源的重要性，同时强调内部、外部的专长，以便达到与变化环境之间的一致性。

第二，吸收能力。主要是指企业所特有的一种动态能力，是在组织惯例基础上经过一段时期建立起来的，能够通过获取、吸收、改变和利用现有知识来生产出动态的组织能力。吸收能力由四种能力组成：获得能力、吸收能力、改变能力和利用能力。它们指向的对象是与客户投诉相关的各种内部与外部的知识和信息。前面两项属于潜在的吸收能力，后面两项属于实现的吸收能力。

事实上，客户投诉是从组织外部输入的一种新知识和信息。如果它们能够与现有的知识、信息结合起来，并在组织内部不同部门之间共享，被充分地吸收，那么就会成为企业适应动态变化环境的一种新能力。因此，企业遇到客户投诉甚至引起服务失败并不可怕，而应当将这种投诉作为知识和信息的来源，不断适应变化的市场，提升服务水平，通过客户服务恢复来重新确立竞争优势。

以利用能力为例，它是指企业把客户投诉相关的知识和信息应用于客户价值创造，从客户服务失败中学习的过程。这种学习能力的获得，不仅能使企业修复现有客户服务系统，而且能够重新构建知识框架，使之用于持续的业务创新和转型变革。

客户服务恢复能力在较大程度上与客户投诉文化包容性的强弱有关。企业越是能够包容客户投诉，并从中学习相关知识和信息，就越能迅速地恢复客户服务，并在此基础上致力于改进服务，从而取得更大的进步。从这个意义上讲，企业的客户服务恢复文化是与对客户投诉的包容文化相一致的。

但是，在不少企业中仍然存在反感客户投诉的文化。这种文化不仅没有从客户投诉中获得相应的知识和信息，而且把客户投诉内容掩盖起来，对客户使用企业产品所经历的不愉快甚至痛苦经历采取了回避态度。在这种反感和回避客户投诉的文化环境中，企业不仅没有从投诉中获得有价值的东西，反而形成问题的不及时处理和矛盾积压，最终导致客户忠诚度下降，企业根本利益受损。

延伸阅读 6-1　客户服务能力评价中的服务恢复和处理投诉量表

6.2.2　客户服务能力评价涉及的具体方面

服务种类很多，也很复杂。从大致类型上划分，服务可以分为产品服务（product

service)、服务产品(service as products)和客户服务(customer service)三种类型。本章客户服务能力中的"能力"主要是针对第三种服务类型而言的,它与产品服务或服务产品并不是同一个概念。但是,在客户服务方面,企业有时需要提供产品服务或服务产品来进一步满足客户的需求。客户对服务的需求可能是在企业销售产品时引起的,那么这种服务就是产品服务;而如果客户本身所需求的产品是服务产品,那么在提供这些服务产品时,也需要其他服务的跟进,这时的服务就是围绕服务的另一种新服务。不论是围绕产品销售而生产的服务,还是围绕服务销售而产生的服务,都是在交易过程结束之后不同于产品作为销售品而产生出来的一种营销活动。这种活动由于主要围绕客户展开,因而具有客户服务的特征。客户服务一般总是与产品服务或服务产品的销售相联系,但是在一些特定情形下,它可能会脱离产品服务或服务产品这些市场提供品而独立存在。企业在客户服务方面有多种体现,如服务人员素质、服务响应能力、解决问题的能力等。

延伸阅读 6-2　客户服务能力涉及的具体方面与企业服务提供品的维度及其主要内容

　　企业客户服务能力是在集体活动中展示出来的一种稳定模式。这类集体活动能够让企业把投入有效地转化为卓越价值主张进而传递给客户。企业客户服务能力异质性是资源依托理论的基础之一,它能够让人们更加深入地理解企业创造竞争优势的基本原理。企业客户服务能力之所以重要的另外一个原因在于,它能够分析和判断企业所面临的具体问题,同时能够增进企业经营管理绩效。

　　企业客户服务能力及其在经营管理绩效上的体现,与企业市场导向的经营管理思路有直接关系。以市场为导向在某种意义上就是以客户需求为导向。因此,企业客户服务能力是一种面向市场获取资源和竞争优势的发展路径。这种路径一经形成,就会使企业产生依赖感,进而在与客户互动中更加具有特色。但是在客户服务能力方面,企业所形成的经营特色向着竞争优势转化,必须具备以下两个特点:

　　(1) 不完全流动性。这是指企业所形成的客户服务能力是不能完全交易的,即其他企业不能通过交易手段来直接获取企业的这种能力。这种属性表明企业的客户服务能力与企业具有一定的依附关系,因而不能完全脱离企业而存在。

　　(2) 不完全复制性。这是指企业所形成的客户服务能力是不能被完全地复制的,即竞争中的其他企业无法直接模仿企业的客户服务能力。这种不完全复制性能够保证企业在市场竞争中把自己有效地保护起来,处于有利的位置上。

　　在实践中,尽管在客户服务能力方面企业已经牢固地建立了一系列常规活动,即有许多成型的做法,但是可能由于这些惯例很难被观察到或者以文字形式体现出来,因而企业需要帮助客户服务人员更快地掌握完成复杂的客户服务工作的指引性知识,并培养起学习和获得相关知识的能力。企业总是会刻意地把这些服务能力保持方面的做法继续向前发展,并让它们能够在企业员工的脑海中留下印记。

　　客户服务能力对企业竞争战略的选择具有重要影响。客户服务能力中的不完全流动性和不完全复制性,使企业能够具有独特的竞争优势,因而在战略选择上更加具有主动性。

客户服务能力并不是一般意义上的能力,它是指企业作为一定资源的拥有者来履行某种任务或从事某项活动时所具有的独特能力。这种独特能力能够使企业对其竞争者的发展状况做出客观评价,进而维持竞争优势。企业的客户服务能力建立在其业务流程中,能够使其更加有效地协调内部的各项活动。

综上所述,企业应当从以上方面评价自身的客户服务能力。但是,在实践中将客户服务能力评价在具体方案或者观察量表中体现,则需要从更复杂的体系上思考。威尔登(Wilden R.)等学者对服务能力的分类与内容做出描述(见表 6-1),并设计出市场调查量表,这对深入理解客户服务能力所涉及的业务范围及其与企业绩效之间的关系有重要帮助。

表 6-1 企业客户服务能力观测量表

能力类型	主要维度	具 体 内 容
动态能力	感知能力	(1)参加外部培训和会议以拓展市场知识;(2)遵从市场和社会潮流;(3)能够观察到行业中的最佳实践;(4)与竞争者之间对比流程与程序;(5)与合作伙伴认真讨论流行趋势和创新
	机会捕获能力	(1)投资于服务的商业化和发展;(2)投资于为解决客户问题的新方案识别;(3)采用行业中最好的方案;(4)对客户指出的不足给予积极响应;(5)当市场机会出现时,能够依赖现有知识进行捕获
	重新配置资源能力	(1)实施新的管理方法;(2)实施新的组织结构或者较大程度地改变组织结构;(3)对商业模式、业务流程进行创新或者做出大幅度改革;(4)实施新的业务流程和系统
共同创造能力	相关的互动能力	(1)与客户一起较早地评估新奇的沟通方法,甚至在相关概念未成形时就已开始这项工作;(2)在沟通方法开发过程中,与客户的合作程度高于行业平均水平;(3)允许客户评估新奇的沟通方法,尤其是在开发早期阶段;(4)与客户合作持续开发不断进步的沟通方法
	授权的互动能力	(1)鼓励客户批判性地评价企业在所有领域的表现;(2)从所有层面寻找客户反馈以改进服务;(3)持续的关键对话是改进企业绩效的决定性措施;(4)没有定期的、关键的客户反馈,就不能实现以客户为基础的目标
	符合伦理的互动能力	(1)客户的目标永远处于第一位,即使它们对企业具有负面含义;(2)为了帮助客户更好地进行业务决策,企业不在意激烈而持续地与客户争辩;(3)鼓励客户与其他客户一起进行关键性想法的交流;(4)即便对企业有负面影响,客户仍然能够依赖企业的无限制支持来解决他们的问题
	个性化的互动能力	(1)为客户持续地发现他们尚未意识到的新商机;(2)持续、仔细地分析客户如何使用企业的服务来实现其目标;(3)持续加强企业的服务,即使现有服务供给显得多余;(4)在客户的市场中持续判断重要趋势,以获得对该市场未来挑战的洞察

续表

能力类型	主要维度	具 体 内 容
共同创造能力	协调的互动能力	(1)按照与客户的流程最一致的方法来协调企业业务流程；(2)企业内部的结构和流程与客户的要求完全一致；(3)确保企业的业务工作与客户的业务工作保持一致；(4)企业工作中的阶段性结果总是与客户的工作保持同步
	发展的互动能力	与企业合作时，帮助客户：(1)对市场细分及其需求获得深入了解；(2)开发创意以改进产品、提供新服务；(3)持续改进他们的营销管理和业务流程；(4)系统地测量、监控他们的营销绩效(效果和效率)
服务条款能力	品牌管理咨询能力	对照最强大的竞争者，企业具备的能力：(1)在客户心目中建立所想要的品牌联想；(2)与客户的竞争者相比，保持积极的品牌形象；(3)为客户实现高水平的品牌知名度；(4)跟踪客户的品牌形象和知名度
	创造性咨询能力(原创)	对照最强大的竞争者，企业具备的能力：(1)创意部门的创意总是原创的和独特的；(2)方案在行业中呈现出非凡的创造性；(3)创意部门开发那些能够改变人们观念的概念，这些概念成为行业新标准
	创新性咨询能力(关联)	对照最强大的竞争者，企业具备的能力：(1)在从客户那里实现期望的产出上，创意方案特别具有效率和影响力；(2)提供有目的的创意概念，为解决客户的问题提供有效方案；(3)开发有助于客户以非凡形式成功的创意方案；(4)创意方案容易被客户理解，但其长期效果在战略上很复杂
	客户关系咨询能力	对照最强大的竞争者，企业具备的能力：(1)聚焦满足委托方的目标客户的长期需求以确保重复业务；(2)为委托方在其有吸引力的客户中创造忠诚度；(3)增强委托方与其吸引力客户之间的关系质量；(4)在委托方与其不具有吸引力的客户之间创造积极关系
	市场调研咨询能力	对照最强大的竞争者，企业具备的能力：(1)发现委托方的竞争者战略和战术；(2)对委托方的营销渠道进行洞察；(3)识别和分析委托方的市场趋势；(4)掌握委托方的广阔市场环境

资料来源：WILDEN R，GUDERGAN S，AKAKA M A，AVERDUNG A，TEICHERT T. The Role of Cocreation and Dynamic Capabilities in Service Provision and Performance：A Configurational Study[J]. Industrial Marketing Management，2019，78：43-57. 内容有调整。

除了通过市场调查方法，利用李克特7点量表收集表6-1中各项具体内容中的每个问题项的统计数据资料，进行统计汇总和分析来评价企业在不同客户服务能力维度上的服务水平外，威尔登等学者还进一步研究了企业客户服务能力与企业绩效之间的关系，具体内容如表6-2所示。

表 6-2　企业客户服务能力所取得绩效的观测量表

绩效	基于客户的绩效	参照企业最重要的两个客户：(1)企业绩效总是能够与客户的期望相一致；(2)客户不断地向其他客户积极地评价企业的服务；(3)与最强大的竞争者相比，企业在客户中明显拥有更好的声誉；(4)客户持续地确认他们对企业的服务完全满意；(5)客户的引见已经产生了新的客户；(6)客户给予企业更大的和更综合的委托业务
	财务绩效	在近三年中，相对于最强大的竞争者，企业绩效在以下方面的表现：(1)盈利能力；(2)销售增长率；(3)市场份额增长率；(4)利润率；(5)资本回报率；(6)市场地位

资料来源：WILDEN R，GUDERGAN S，AKAKA M A，AVERDUNG A，TEICHERT T. The Role of Cocreation and Dynamic Capabilities in Service Provision and Performance：A Configurational Study[J]. Industrial Marketing Management，2019，78：43-57. 内容有调整.

6.3　客户服务能力提升计划

客户服务能力来源于企业员工的知识和技能，企业的技术系统、信息系统、正式的业务流程、管理系统，以及统一的价值观念和标准。企业应当把这些系统和资源整合在一起，来提升其对客户需求的响应能力。从战略角度观察，在客户服务能力提升进而保持竞争优势方面，企业员工的重要性要大于企业管理者。客户服务属于服务产品的一种具体形式，因而本身具有普通服务产品的基本属性。除此之外，它还具有与企业联系更加紧密的一些属性，包括企业历史、企业文化、员工特质等。企业客户服务能力中的一般能力和特殊能力属性，在企业基础上产生，不能轻易地与企业及其员工进行分割。它们具有企业及其员工专有的属性，因而成为保持企业特色和竞争实力的重要工具。

客户服务能力计划是客户服务能力优化的重要条件之一。其最终目标是实现客户服务资源的最佳利用，进而达到或超过服务标准。一般而言，这项计划包括 6 个步骤：确定服务水平需求；分析到达的需求；检查服务交付流程；分析当前情况；计划并实施改变；定期检查全过程。其中，企业员工和管理者的个人能力提升以及服务设备能力提升是主要内容。

6.3.1　客户服务能力中的个人能力提升计划

在企业客户服务能力体系中，个人能力是十分重要的构成元素。不论是普通员工的客户服务能力，还是企业管理者的服务能力，都是企业客户服务能力中个人能力的重要体现。

个人能力和个人素质是客户服务能力中最为基础的条件。一般而言，个人能力是指一整套积累的知识和专业技能。个人素质是指企业员工作为客户服务人员在个性修养及性格形成等方面的受教育程度以及个人性情中一些基本的优秀品质。

在企业中，客户服务通常是一种"窗口式"工作岗位，因而所面对问题的结构化程度和客户投诉处理结果可预测程度都比较低。对此，企业需要在这些岗位上配备业务能力、沟通能力和决策能力都表现突出的员工来面对不同类型的客户投诉并提供相应的服务。

客户服务能力中个人能力的提升,除了服务人员或者服务管理者的知识经验自我积累外,企业应当定期对这些员工进行有组织、有计划的培训。特别是在知识经济和新技术经济相互融合的当代社会,随着知识和技术设备更新速度的不断加快,企业的客户服务人员经常面临能力储备不足的问题。因此,个人能力提升计划是企业提升整体客户服务水平的重要途径。

1. 个人服务意识提升计划

服务意识是客户服务能力的先决条件。没有正确的服务意识,就很难提供有效的服务。服务意识中主要涉及服务工作在员工心目中的地位及重要性,以及服务工作的重点和方向。受企业发展历史和经营文化的影响,有的企业对服务工作并不认同,将服务岗位与管理岗位对立起来,将一些不重要的职能或者业务列入服务工作范围之内,甚至不做服务工作计划,只是采取一种临时的或机动的工作方式来处理客户投诉。这种经营管理行为,使服务在企业的整体工作中缺乏应有的地位和尊重,因而存在排斥服务或者不愿意提供服务的意识倾向。在集权制或官僚制企业结构中,普通员工和管理者对权力的推崇,极容易导致服务意识淡薄,服务品质下降。因此,要提升客户服务能力,首先必须改变企业的客户服务意识。

2. 个人专业能力提升计划

在提升企业客户服务水平方面,员工和管理者的个人专业能力具有重要作用。一般而言,专业能力通过知识和技能培训获得。在理论学习中获得的知识内容和体系以及在实践工作中积累的经验都有助于专业能力的提升。因此,在个人专业能力提升计划中,既要有理论学习方面的安排,也应当有实践工作中的技能培训。理论学习和实践经验相结合,是提升个人专业能力的捷径。一般而言,针对特定客户服务群体的专业能力提升计划,应当与客户心理、行为分析具有紧密关系;而专门针对特定服务产品项目的使用或操作,则需要具有相关的技术理论和技术经验。

3. 个人沟通能力提升计划

在客户服务方面,沟通能力至关重要,良好的沟通是建立和维持客户关系的基础。但是,沟通并没有一种可以复制或者套用的模式或者方法。在处理客户关系的过程中,由于企业可能面临各种复杂的情形,因而除了具备良好的服务态度和专业技能之外,客观上要求客户服务人员还必须具有与不同类型客户有效沟通的能力。这种能力有时体现为一种个人所必需的基本修养和素质,有时又体现为一种灵活应变的能力。客户服务人员与客户之间在沟通方面的效果如何,主要取决于四个方面的因素:客户所反映问题的复杂性和严重性;客户个人的素质与沟通能力;客户服务人员的沟通能力;沟通场景中其他因素的制约。一般而言,越是简单的问题,越容易沟通;而越是复杂的、严重的问题,越不容易沟通,因而很难取得效果。同样,如果客户个人的素质和沟通能力较好,那么通常比较容易沟通;反之,则不容易沟通。相应地,在复杂的环境中,由于干扰因素比较多,因而会限制沟通的效果。但是,这些因素都是客观因素,而企业能够控制的因素是企业客户服务人员的沟通能力,因而只能从可控因素中寻找解决问题的方法。

除了上述三个方面的内容外,个人能力的提升还应当考虑其他方面的一些因素(见表 6-3)。

表 6-3　客户服务能力中的个人能力和设备能力

客户服务能力	个人能力	可靠性和可信任性
		与客户交往中的保密能力
		完成交易的速度
		帮助员工调整心理状态的能力
		技术处理方面的胜任力
		及时提供支持和解除疑虑的准备程度
		利用现有服务时,简化程序的能力
		提供个性化服务的能力
		解决客户投诉的效果
		个性化的交流
		动态的管理人员和一线员工的出现
		服务低成本
	设备能力	客户友好型技术
		24×7 工作 ATM 网络
		良好的基础设施和友好的氛围

资料来源：ANTONY J K,ANTONY T,JOSEPH M,BOSCO A. Technology Handling Capability of Customers and Front Line Staff：The Key Determinants to Customer Relationships in the Modern Banking Services—Evidence from Kerala[J]. International Journal of Research in Finance and Marketing (IJRFM),2017,7(1)：84-98.经整理和修改。

6.3.2　客户服务能力中的设备能力提升计划

在提供客户服务时,企业所使用的基础设施和技术设备对于客户服务效果具有重要影响。在互联网信息技术和人工智能时代,设备替代人员提供服务的现象已经越来越普遍。尤其是在服务行业,如银行、超市、餐馆、酒店等商业场所,自动柜员机、售货机、查询机、排号机、自动叫号机、打卡机、刷卡机、信息展示屏、自动签字机、送货机等成为消费者服务消费的重要接触工具。这些先进的技术设备无疑为客户提供了更多的服务途径和消费选择,使服务流程更清晰、服务信息更准确、服务效果更明确。以银行为例,实体店铺中的窗口业务越来越少,而网上银行服务越来越多,实体营业网点中的自动柜员机日益发挥着重要的业务职能。在技术引领服务变革的大趋势下,企业客户服务能力的提升对于设备能力的依存度越来越高,在许多行业和产业中,如果企业没有先进的设备,那么它就很难为客户提供满意的产品和服务项目。因此,提升客户服务能力中的设备能力是新技术、新经济时代所面临的重要课题。

在客户服务能力提升计划中,设备能力提升计划主要涉及以下三个方面的内容：

1. 设备技术能力提升

客户服务设备技术能力的提升,除了需要采取先进的技术来提升设备的运营效率外,更重要的是要与客户的需求进行对接。设备技术含量一方面体现了企业的技术应用能力,另一方面也表明客户对技术使用的接受能力。设备技术中的服务模块,与客户需求进行"一对一"式对接,能够快速提升服务能力。以窗口排队为例,如果没有先进的技术设备,而是采用传统人工叫号方式,则可能会引起位次信息错误和客户需要等待较长时间等效率方面的问题；而如果采取先进技术设备，就会明确地把位次信息和前面等待人数显示出来，便于客户根据实际情况做出决策。又如，在网上服务平台业务中，先进的信息技术设备能够同时接收、处理来自不同地区的不同时间发出的订单，而不产生服务通道冲突。服务设备技术能力的提升，有助于及时接收客户信息，同时准确反馈信息，把相应的服务内容提供给客户。

2. 设备管理能力提升

服务设备管理能力的提升主要由企业设备管理部门负责。除了根据企业客户服务工作需要采购设备外，这些部门还对设备使用权限以及更新和换代进行管理。设备管理的目标是提升企业的客户服务水平。以服务行业为例，设备管理能力对于设备技术水平发挥及最大化服务产出具有直接影响。设备运营负荷过重，会导致设备使用期限缩短；而设备处于闲置状态，又会导致企业服务资源浪费。因此在设备管理方面，应当将设备与服务有效对接，使设备处于最佳服务状态，以满足客户服务需要。同时，应当协调不同设备之间的配备比例，以及在调节客户需求方面的作用。以酒店业为例，在旅游旺季，酒店的各种服务设施都可能会出现超负荷运行状态，而在淡季，闲置现象比较严重，这就需要企业能够发挥设备管理能力，把自有设备资源与借用其他单位设备资源结合起来。

3. 设备维护能力提升

设备维护涉及硬件维护和软件维护两个方面的工作。企业设备维护能力的提升，除了依靠外部专业维护人员，还应当对企业内部技术人员和服务人员进行培训。设备维护能力提升有助于延长设备使用寿命，便于服务人员更好地为客户提供服务。同时，还会减少企业资产的减值和损失。

除了以上三个方面外，设备能力的提升还应当考虑其他一些方面的因素（见表6-3）。

6.3.3 客户服务能力的计算

客户服务能力有多种计算方法，比较常用的方法是排队论。它在服务行业应用十分广泛。例如，在银行、酒店、转运站、仓库、医院、学校、加油站、超市、餐馆等场所，经常出现排队问题，直接考验着企业的客户服务能力。

1. 排队论及其基本规则

排队论属于运筹学研究领域，其所要解决的问题就是把排队等候的客户按照一定规则和程序转变为正在接受服务的客户，在服务结束之后再让客户离开服务场景或服务系统。进入排队系统的客户可能来自一个已知的群体或区域，即人数是可以预测的；也可能来自未知的群体或区域，即人数是不可预测的。客户到达企业服务区域时，在时间上可能是有规律的，也可能是无规律的。这时接待客户，企业就要预测到达速度，即单位时间客户到达的人数。

企业通常会设计出专门的服务系统来接待客户。有的企业是以实体接待窗口来接待客户；有的企业是以网上接待平台来接待客户；有的企业是两种接待方式都有，既可以同时进行，也可以一先一后。客户接待服务窗口的数量与服务速度对客户服务质量具有直接影响。基于客户接待窗口数量的不同，企业可以建立不同的排队模型：一个队列、一个窗口模型；一个队列、多个窗口模型；多个队列、多个窗口模型。

例如，个人储蓄户在银行办理业务时，一般适用多个队列、多个窗口模型，即个人储蓄户可能办理的业务有许多种，同时银行开出多个窗口来为个人客户服务。又如，在个人购买车票的业务中，火车站开出的窗口可能有许多个，但是个人所购买的车票只有一张或几张，通常能在一个窗口办理完毕，这时的排队模型就属于一个队列、多个窗口模型。

在排队模型中，排队规则是影响客户等候时间的重要因素。最常见的排队规则是先到先服务规则，即客户按照到达队列的顺序接受服务。但是，在一些情形下，也可能采取先到后服务规则，比如货物储存及物品堆放，为了保鲜或防止挤压，先到的货物可能放在最后服务。在一些情形中，企业也可以采用随机排队规则来为客户提供服务，这时时间顺序并不重要。有时，企业也会采取优先级排队规则，即对满足特定条件的客户提供优先服务，这在医院、学校等单位比较适用。

2. 排队系统分析

排队系统的应用对于合理分布客户的等待时间和等待地点具有重要意义。客户过于集中，或者过于稀少，不利于企业客户服务设施的利用。在计算服务能力与服务需求之间的关系时，需要考虑排队规则，以及客户到达模式。

以银行业务为例，在客户随机到达的情形下，按照"先到先服务"的排队规则，企业服务能力与客户服务需求可以通过以下公式计算[①]。

假设：W 为客户在系统中的平均等待时间（包括在队列中的等待时间和接受服务的时间）；λ 为单位时间客户到达数量；μ 为单位时间可以服务的客户数量（服务率）；N_q 为队列中的平均等待人数；W_q 为客户在队列中的平均等待时间。

则可得：

$$W_q = N_q/\lambda = \rho/(\mu - \lambda)$$
$$N_q = \rho^2/(1-\rho)$$
$$W = W_q + (1/\mu) = 1/(\mu - \lambda)$$

式中，利用因子 $\rho = \lambda/\kappa \times \mu$，$\kappa$ 为服务窗口数量。

利用因子（ρ）是服务窗口提供服务的时间比率。

等待时间（W）和队列中的平均等待人数（N_q）是在制订服务能力计划时的重要参考因素。

根据上述队列中平均等待人数（N_q）的计算公式，我们可以发现，利用因子（ρ）越大，队列越长。当利用因子大于70%时，通常表明服务质量会明显下降。

3. 提升客户服务能力的方式

排队理论可以应用到生产制造企业的设备使用、原材料准备，以及批发和零售企业的供货和铺货等领域。一般而言，提升客户服务能力，尤其是企业窗口部门的服务能力，可以采取如下方式：

（1）运用条形码技术来减少窗口工作人员的业务量；

（2）对员工进行专业培训，提升服务效率；

[①] 乌尔瓦希·毛卡尔，哈林德尔·库马尔·毛卡尔.客户关系管理[M].马宝龙，姚卿，译.北京：中国人民大学出版社，2014：94-95.

(3) 采用标准化作业流程,提升工作速度;
(4) 利用电子、数字信息技术,及时向客户提供信息反馈;
(5) 利用大数据技术对客户所需进行深度分析;
(6) 将线上和线下服务结合起来,对服务功能进行适当区分。

复习思考题

1. 简述客户服务能力的基本内涵。
2. 客户服务能力包括哪些方面?
3. 客户服务能力观察量表主要有哪些维度?
4. 在客户服务中,企业应当如何面对投诉?
5. 客户服务能力提升计划包括哪些主要方面?
6. 如何进行客户服务能力计算?

M银行客户服务能力提升策略

【案例信息】 M银行是一家股份制商业银行。自股份制改革后,该银行面临新的竞争环境和市场挑战,由于企业业务转型,客户群体也发生了相应变化。为了应对环境变化和市场挑战,M银行准备引进先进的客户服务管理方式,在大力发展线上交易的同时,把实体营业网点的业务水平提升上去。为此,M银行除了需要强化一线工作人员的个人服务能力外,还需要安装一些自动柜员机以方便客户的自助服务,以及有经验的大堂经理以及时完成现场服务调度工作。

在网上银行和手机银行业务推出之前,M银行的个人业务主要以在实体营业网点办理为主,因此那时的实体营业网点业务比较繁忙,经常面临客户由于排队等候时间过长而出现对服务不满意的情形,营业网点的工作负荷特别重,大堂经理和窗口工作人员的工作压力都十分大。以M银行在北京市的实体营业网点业务情况为例,尽管每个区级行政范围内,平均网点数量在10家以上,但是仍然不能满足客户对于快捷和便利服务的需求。

2010年以来,在互联网技术和移动通信技术的推动下,金融企业经营模式发生了巨大变化;与此同时,新生代消费者群体更喜欢在网上和手机上办理金融业务。这种在技术和市场环境方面的变化,使M银行不得不压缩实体营业网点内的服务窗口数量和面对面服务工作区域,而增加自动柜员机数量和操作服务引导人员的数量。尽管M银行在北京市的实体营业网点数量并没有减少,但是一线工作人员的数量却明显下降,相应地,后台软件的技术更新以及对客户数据的分析和挖掘,成为整个银行业务的工作重点。

在这种形势下,M银行把网上银行和手机银行作为业务发展的重点领域,即作为主要面向能够熟练操作电脑和手机,对各种金融业务App有充分了解的客户群体开展的业务;而把实体营业网点的业务,主要面向不熟悉网上银行或手机银行业务,或者必须进行面对面交易的客户群体开展。这种以客户个人消费习惯和偏好为导向的业务分类方法取得了良好的经营效果。一方面，网上银行和手机银行的业务量迅速增加，成为M银行的业务增长点；另一方面，实体营业网点由于分流了一部分客户采用网上交易平台和手机App业务模式，因而现场营业环境得到极大改善，面对面服务窗口数量的减少不仅没有引起服务拥挤现象，反而取得了更好的现场体验效果。特别是配备先进的自动柜员机及专业引导人员，使客户在办理业务的同时还学习到了先进技术设备的操作方法。

通过大力发展线上交易业务，在网上平台和智能手机上提供便捷的交易方式，以及提升线下服务质量使实体营业网点的体验营销效果呈现出来，近年来M银行的业务取得了爆发式增长，在银行业名列前茅。

M银行之所以能够在激烈的市场竞争和技术变革中取得良好业绩，原因可能是多方面的。M银行的高层管理团队认为，主要原因在于顺应了时代变革的潮流，及时进行业务模式转型，把客户从拥挤的线下服务端点分流到线上服务平台。此外，他们认为，更为重要的一点是，M银行并不是简单地凭着直觉进行客户分流和人员及机器设备的配置，而是以先进的客户服务能力提升理论为依据，准确地预测出线上和线下客户需求与银行业务能力之间的最佳结合点。

以预测每个窗口可能到达的客户数量为例，在使用先进的计算模型之前，M银行是根据历史数据和管理者的经验进行估计。但是，这种方法的缺点十分明显，即受个人经验和计算能力的制约，经常会出现估计严重偏离现实的情形，因而导致营业网点可调用资源与客户需求之间存在巨大缺口。这无形中会导致客户不满意。为了有效地解决这一问题，M银行组织各个营业网点的管理者和业务骨干学习提升客户服务能力的理论知识。在经过学习培训后，这些基层管理者和业务骨干能够相对准确地计算出在客户服务过程中客户需要等待的时间，并能够及时采取措施化解客户的不满。

【案例讨论题】

1. 以本章所学知识为基础，试分析M银行客户服务能力提升的主要原因。
2. 在实践中，M银行是如何把个人服务能力和设备服务能力结合在一起的？
3. 结合所学排队论知识，以你所熟悉的某家银行的一个营业网点为例，分析其客户等待时间并提出解决办法。

第 7 章 客户服务质量管理

【本章知识点】
- 客户服务质量管理的定义与内涵
- 客户服务质量评价的主要维度
- 客户服务质量管理的主要措施
- 客户服务质量提升计划

客户关系管理的目标是在产品销售过程及后续服务环节中加强企业与客户之间的互动和体验,建立互利互惠关系,进而实现企业利润最大化的目标。但是,这个目标实现的重要前提条件之一,是企业对客户服务实施有效的质量管理。客户服务质量的概念十分复杂,涵盖企业向市场提供的产品质量、提供产品的过程质量,以及提供产品之后的服务环节质量等多个方面。这种复杂性通过客户服务质量管理工作的各种细节活动体现出来。

7.1 客户服务质量管理的定义与内涵

客户服务质量管理以客户服务为管理对象,是以质量管理为中心的管理活动过程。在前面的章节中,我们阐述的主要是以客户关怀、客户接触点、客户关系、关系营销、服务能力为核心的客户关系管理内容,在本章中,我们把客户关系管理引向质量领域,并针对服务质量这一中心来探讨客户管理所涉及的核心内容和关键知识点。为此,首先必须明确客户服务质量管理的定义与内涵。

7.1.1 客户服务质量管理的概念界定

客户服务质量管理是服务质量管理的一个分支。这个概念涉及三个基本范畴:质量、服务质量和服务质量管理。

1. 质量与服务质量的基本含义

正如彼得·德鲁克(Peter Drucker)所言,"在服务或产品中,质量不是你放进去的东西,而是客户从中获得的东西。"[①]质量是指关于产品或服务的品质的感知、测量或评价结果,它是服务的一个特别重要的构成部分。客户群体对服务质量的日益增长的关注,使服

[①] 转引自 GOPLANI R. Service Quality Management in Retail Banking with Reference to Satisfaction and Switching Intentions of the Customers[J]. The IUP Journal of Marketing Management,2017(4):7-19.

务质量管理成为客户关系管理的一项重要内容。在现代企业中,企业的管理模式也正在从以成本为中心的管理向以客户为中心的管理转变。市场竞争环境的变化,迫使更多的企业在面对巨大的竞争压力时,必须在理解、测量和管理质量方面与客户的需求保持一致。早在20世纪80年代,美国企业就开始把注意力转移到以客户为中心的全面质量管理上。在营销理论研究中,服务质量概念也备受关注。兰格尔德(Langeard)、帕拉苏拉曼(Parasuraman)、赞瑟姆(Zeithaml)和白瑞(Berry)是该领域的主要贡献者。

相对于产品营销而言,服务营销更需要在供给与需求两个端点进行有效管理。有时,人们对于质量的判断是基于产品所附加的服务做出的。对产品质量的感知,客户在一定程度上受其对企业服务感知的影响。在今天激烈的商业竞争环境中,企业普遍面临产品利润率下降的问题,因此通过提供服务来弥补利润损失就成为一种可靠的方法。同时,客户对高质量服务的追求,也使企业拥有服务质量提升的空间。提供优质服务或提升现有服务水平的标准,有利于企业减少由于服务不佳而导致的机会损失。

由于服务具有四个基本属性,即无形性、不可分割性、异质性和易消失性,因此对于企业而言,在提供某种程度的一项服务时通常会遇到严重的问题。同时,这些属性也会使客户作为服务使用者在服务判断方面遇到问题。因此,客户对于服务或提供服务的企业的总体印象会影响其在使用服务时的评价。客户在评价服务时会尽可能地发现能够感觉到的服务特征,在感知指标之外增加情景指标。

客户感知服务质量是客户期望与一项服务的实际效果的函数。它可能既包括全部的服务提供品,也包括这些提供品中的问题。就感知服务质量而言,它在技术质量维度和功能质量维度上形成差异。由于这种差异的客观存在,因而在质量方面形成了两种观点:一种是"遵从技术要求";另一种是"便于使用"。按照帕拉苏拉曼等学者的观点,服务质量可以分成10个部分,如表7-1所示。

表7-1 服务质量的10个组成部分

序号	名称	内容
1	可靠性(Reliability)	在性能和可靠性方面表现出的一致性
2	响应性(Responsiveness)	员工提供服务的意愿和准备情况
3	胜任性(Competence)	完成服务所需的知识和技能
4	可接近性(Accessibility)	在服务接触方面体现出的可接近性和容易程度
5	礼仪(Courtesy)	服务人员在接触中所表现出的礼貌、尊敬、体贴和友好态度
6	沟通(Communication)	以客户能够理解的语言交流,并认真地倾听客户的意见
7	可信性(Credibility)	可信赖性、可信度和诚实
8	安全性(Security)	使客户能够免于危险、风险和疑虑的困扰
9	对客户的理解(Understanding the consumer)	理解和掌握客户的需求
10	有形性(Tangibles)	包括服务的有形展示

客户主要从表7-1中的一个或所有方面来评价一项具体服务的质量。但是,在现实环境中,客户对服务质量的感知本身是一个非常复杂的心理和行为过程或结果,它与企业对这个过程或结果的感知又可能不一致。这是两种不同的感知:前者是客户的感知;而

后者是企业的感知,是对客户感知的感知。这种由于两种感知的不一致而形成的问题,在市场营销中通常表现为服务提供与服务需求之间的矛盾。

例如,在办公设备销售中,针对厂商类客户,售后服务质量问题以及客户感知质量与企业对客户感知质量的感知之间的区别见表 7-2[①]。

表 7-2 企业对服务提供项目的承诺与客户感知的差异

企业对服务提供项目的承诺	客 户 感 知
1. 设备质量	1. 技术服务人员的可用性(易接近和可接近性)
2. 备用配件和材料的质量	2. 发生故障求助时的调度
3. 行政服务(合同、发票等)	3. 响应时间(技术服务需求与技术人员到达之间)
4. 交货质量	4. 修理时间(修理设备所需的时间)
5. 交付时通知的质量	5. 技术人员的总体态度和行为
6. 与供应商销售人员的关系	6. 在服务求助时备用配件的可得性
7. 与供应商技术服务人员的关系	7. 服务提供的性价比
8. 对发票、材料等的投诉处理	8. 服务合同选择(全包、即期支付等)
9. 与供应商的总体关系	

在表 7-2 所列的问题项中,我们可以发现,企业作为服务提供方,与客户作为服务需求方,在感知方面的差异是客观存在的。这种差异一方面体现为双方观察问题的角度不一致,另一方面体现为对问题的选择不一致。

对于许多企业的客户关系管理而言,质量是一个多层面的独特的概念框架,它不仅需要考虑员工方面在工作重心上的角色转换,还需要考虑客户需求,以及客户参与程度。但是,质量管理的核心问题是理解客户需求并利用这一数据资源来驱动经营和战略决策。

关于什么是质量这一问题,20 世纪 80 年代末被私营行业服务企业普遍采用的"服务质量和客户满意的缺口模型"较好地提供了解释。该模型如图 7-1 所示。

在如图 7-1 所示的模型中,服务质量是指在客户和企业两个方面存在的缺口。在客户一端,服务质量是指客户期望与实际感知之间的缺口;而在企业作为产品或服务提供方一端,存在一系列企业内部存在的影响客户对服务质量判断的经营缺口。该模型认为位于企业端的 4 个缺口,即缺口 1~缺口 4,能够决定客户体验时的质量;而位于客户端的缺口 5 决定了客户实际感知的服务质量。在这个模型的核心内容中,一个名为 SERVQUAL 的工具被用来测量以客户为中心的服务质量。

SERVQUAL 工具十分独特,在测量服务企业的质量时经常被使用。它能够同时测量客户期望和感知质量。这克服了传统方法在测量服务质量时客户调查主要聚焦对服务提供的感知(客户如何评价他们所收到的服务产品或项目)这一缺陷。这些传统方法不能从客户对服务的需求方面获得信息的缺陷,使企业管理者无法获得全面的客户真实感受。

与此相反,SERVQUAL 作为一种有效的服务质量评价工具,由于能够测量客户对质量的期望,因而有利于企业获得客户对服务质量的评价。也就是说,当对服务的期望分值

---

① KASPER H, LEMMINK J. After Sales Service Quality: Views Between Industrial Customers and Service Managers[J]. Industrial Marketing Management,1989,18:199-208.

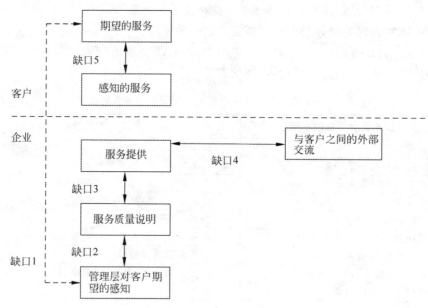

图 7-1 服务质量和客户满意的缺口模型

资料来源：SELBER K，STREETER C. A Customer-Oriented Model for Managing Quality in Human Services[J]. Administration in Social Work，2000，24(2)：1-14(引自 PARASURAMAN et al.，1988).

高于服务的实际感知分值时，客户会认为企业的服务是低质量的；反之，则认为是高质量的。在两个分值相等的情形下，企业一般认为客户对于质量是满意的。

2. 客户服务质量管理的定义

从上述分析中，我们可以对客户服务质量管理给出以下定义：客户服务质量管理是指在特定的环境条件下，企业客户服务管理者对客户服务质量进行计划、组织、指挥、协调和控制，以充分利用客户服务资源，实现客户服务管理目标的活动过程。

7.1.2 客户服务质量管理的内涵

服务质量中存在如图 7-1 所示的 5 个缺口：客户期望与企业管理层感知之间的不一致；企业管理层感知的客户期望与质量特性之间的不一致；服务质量特性与服务提供之间的不一致；服务提供与客户服务承诺之间的不一致；客户的期望与他们对服务提供实际质量感知之间的不一致。因此，企业为了达到高品质服务水平，必须对企业自身的努力程度进行管理。

1. 客户服务质量管理涉及质量、感知和市场因素三个主要方面

客户服务质量管理服务于企业利润最大化目标和企业社会责任目标，因此与企业的社会、经济、文化等环境因素有直接关系，同时也受企业自身的愿景、使命、战略和目标的影响。它既体现企业管理者、管理层的意志和意图，同时也必须考虑企业内部人、财、物等资源的充分利用。如果从管理角度分析，客户服务质量管理是计划、组织、指挥、协调和控制，是赢得竞争优势的一种工具。但是，如果从营销角度分析，客户服务质量管理会涉及价值实现和客户满意等要素。

从营销角度观察的客户服务质量管理内涵如图7-2所示。

令人"憎恨"的质量	全面质量管理	满意	"令人惊异"的质量	全面营销	依恋的客户
期待的质量	全面质量控制		满足	关系营销	忠诚的客户
可比的质量	质量保证		提供信任	竞争和环境导向	客户
按照设计提供的质量	质量控制		可接受的质量	商业导向	购买者
质量		感知		市场营销	

图7-2 质量管理—满意—营销之间的关系

资料来源：TEODORESCU N，STĂNCIOIU A-F，MITU A. Considerations Regarding Quality Management in Services as a Marketing Instrument for Increasing Customers' Satisfaction in Tourism Products[J]. Amfiteatru Economic，2009(XI·Nr. 26)：412-418.

如图7-2所示，服务质量与营销之间存在相互矛盾的关系。在质量、管理与营销活动之间，满意是一种渐近的过程。在这个过程中，质量、感知和市场营销活动之间是一种相互对应、相互影响的关系。在图7-2中，"质量"一侧表示企业作为服务提供方，从生产角度着手，在质量控制方面应当从事的工作；而"市场营销"一侧表示企业从市场角度，在满足客户需求方面所从事的营销活动；而中间的"感知"表示客户对服务的感知状态，用客户满意程度来评价。

2. 客户服务质量管理中不同质量要求对应不同的管理工具和工作技术

在实践中，正确处理质量、感知和市场营销活动之间相互对应、相互影响的关系，需要认真研究客户服务质量管理的工具和技术问题。根据图7-2中服务质量管理四个层次（质量控制、质量保证、全面质量控制、全面质量管理）划分，提升客户满意度的工具和工作技术的具体内容如表7-3所示。

表7-3 客户质量管理工具和工作技术

步骤/特征	工具/技术/工作方法	质量评价
质量控制（Quality control） 关键概念：可接受的质量水平 目的：修正获取过程，以便提升最终产品的质量水平 参与程度：低水平的人员参与	统计控制方法（用调查来控制）	用与客户相关的购买决策过程来决定质量基本指标体系
质量保证（Quality insurance） 关键概念：拥有和给予信任 目的：防止缺陷和错误 参与程度：全部员工参与质量管理	所有工作方法都包含在管理体系中，这个体系基于各个部门规定的程序来协调所有活动，以营销为起点	为与客户相关的所有活动设置最低标准

续表

步骤/特征	工具/技术/工作方法	质量评价
全面质量控制(Total quality control) 关键概念：程序化的活动方法,把组织控制在质量领域内 目的：提升组织绩效 参与程度：全员参与,包括供应和分销环节的合作伙伴链	方法和程序依据 Dening 周期理论 P.E.V.A(计划,执行,验证,行动)	当服务质量接近成为一个系统时,为其开发和应用综合评价指标
全面质量管理(Total quality management) 关键概念：追求卓越,超过客户的预期 目的：长期的客户满意 目标：优于客户的期望值 参与程度：全员参与,首先是高层管理者参与,合作企业(供应商、分销商、经销商)也要求参与	方法和程序包括员工培训和激励,对所有满意因素制定可量化指标(新的或老的方法和工具)	制定不同的绩效水平,并与服务质量综合指标相联系,以使客户满意水平的效果将决定对服务提供者的高度忠诚

资料来源：TEODORESCU N, STĂNCIOIU A-F, MITU A. Considerations Regarding Quality Management in Services as a Marketing Instrument for Increasing Customers' Satisfaction in Tourism Products[J]. Amfiteatru Economic, 2009(XI·Nr.26): 412-418.(Source: after Stanciu I., 2003)

7.2 客户服务质量评价

客户服务质量评价是客户服务质量管理的一项重要内容。在这个评价中,企业必须明确其所依据的主要维度和在具体过程中遇到的各种问题。

7.2.1 客户服务质量评价的主要维度

SERVQUAL 是客户服务质量评价中经常使用的一种方法,其所包含的主要维度在服务质量评价中具有代表性。这种方法中包括一系列结构化的、成对的问题,用来评价客户的服务期望和服务实际感知两个维度的具体情况。该方法通常使用 5 点量表或 7 点量表,在"完全不同意"到"完全同意"区间中赋予不同分值。在实际调查时,企业通常需要设计两份问卷：一份是调查客户对企业服务质量的期望；另一份是客户实际感知的企业服务质量水平。

1. 从客户角度观察的服务质量决定因素

服务质量的影响因素有很多。可接近性、连续性、及时性、一致性、宜人性、服务效率、服务效果的可呈现性都是影响企业服务质量的主要因素。

帕拉苏拉曼等人开发的上述 SERVQUAL 工具,在表 7-1 所列要素基础上,识别了 5 个影响服务质量的主要维度。客户在这些维度上构建对企业服务质量的期望,并通过这些维度来评价企业服务的实际质量。这些维度是企业服务质量的决定因素,其具体含义如表 7-4 所示。

表 7-4　SERVQUAL 量表中的服务质量决定因素（主要维度）

维　　度	主　要　内　容
有形性（Tangibles）	这个维度是指实体设施、仪器、人员和材料的外观。客户评价的有形性包括：接待室和办公室的整洁程度；材料和表格的清晰性；与客户接触的人员的仪表。在不能提供可以更容易地评价的产品时，这些有形要素对于客户服务而言至关重要。有时，在客户服务场景经常发生变化的情形下，如在客户家里或在社区的其他地点，企业的客户服务工作面对的挑战更大。
可靠性（Reliability）	这个维度是指以一致的和可靠的方式来提供服务。这意味着服务在第一次和之后的每次提供中都保持正确，使客户基于之前购买历史而在未来对该服务保持信心，即客户预期企业的服务会一如既往地提供，既可靠又不出差错。例如，在提供服务时，企业对服务的描述保持统一的标准。
响应性（Responsiveness）	这个维度是指帮助客户和提供及时服务的意愿。当客户使用服务时，他们对服务应当如何提供及其及时性形成印象。例如，在人力服务中，这可能意味着在电话响几声之后必须接听，员工在做出承诺之后就必须跟进客户业务，或者及时地处理文本工作。此外，响应性还指从个性化角度来了解客户的需求并提供相应服务。但是，响应性并不是指超过企业能力满足客户所有的需求和期望。
保证性（Assurance）	这个维度是指员工的知识和礼仪以及激发信任和信心的能力。例如，在人力资源部门中，客户期望服务人员能够胜任工作，同时具有必需的服务技能，解决问题，对问题和需求能够做出回应。客户还希望服务人员能够尊重他们并具有礼仪。在一些涉及信任和机密的服务中，企业应当从客户角度来考虑问题，即能够体察到服务提供中可能存在的风险，并提供相应保证。
共情性（Empathy）	这个维度是指服务人员向客户提供的关心和个性化关注。例如，服务人员能够对客户要求做出个性化响应，能够与客户进行像普通人一样的正常交往。例如，在企业人力资源服务部门，客户与服务人员之间的互动交流被认为是一个极受重视的服务特征。

资料来源：SELBER K, STREETER C. A Customer-Oriented Model for Managing Quality in Human Services [J]. Administration in Social Work, 2000, 24(2)：1-14.

SERVQUAL 工具不仅能够获取关于客户期望和客户感知方面的数据，而且能够给出客户在这些维度下的优先顺序。它还能对不同项目、机构或地域单位的服务达标程度进行比较。该工具所生成的对服务质量的客户评价，可以用作客户服务测量尺度。

2. 从企业角度观察的服务质量决定因素

除了从客户角度分析服务质量外，SERVQUAL 还可以从服务提供方的角度分析客户信息缺口、服务标准缺口和沟通缺口等方面的内容。

（1）客户信息的准确程度

客户信息缺口是指客户期望与员工对这些期望的感知之间的差距。这个差距在本质上是指企业的哪些部门或者员工掌握客户的期望。在企业中，一些不与市场接触的职能部门很少关心客户对服务的感受，也不会了解客户期望的质量是什么。但是，这些部门却有可能参加客户服务标准的制定。这意味着制定标准的管理人员并不与客户直接接触，而直接接触客户的一线管理人员或员工又无法制定标准。这就会形成企业员工与客户之间在信息上的不一致。对市场和客户需求缺乏了解、对不同类型客户需求不能有效区分，以及出于对标准专业性的过度强调而对市场和客户做出主观判断，导致脱离"以客户为中心"这一价值取向，这些情形都会形成客户信息缺口。因此，客户信息是决定企业服务质量的重要维度。

（2）标准的正式化程度

企业管理层所制定的质量标准的正式化程度，如等候时间、个案管理工作流程、记录误差等具体规定，与客户对服务质量的理解会存在一定差异。由于偏离标准的变化可能会在客户心目中形成质量下降的印象，因而企业制定的标准越是严谨细致，越会减少对标准理解和执行的误差，并相应地提升服务质量水平。服务质量标准上的缺口可能是由多个因素引起的，如不能严格遵守质量标准、对质量标准缺乏交流和培训、管理人员缺乏经验或者在相关领域制定了不切实际的目标。

（3）服务交付的履约程度

这事实上反映的是服务绩效方面的缺口，即质量标准与服务实际交付之间的差距。在服务组织中，由于不同员工之间存在工作态度和业务技能方面的差异，因而在所有员工之间保持统一的行为是十分困难的。这不仅体现在服务交付过程中不同服务人员服务水平的差异性，不同客户的个性化需求也会增加服务工作的复杂性。在服务交付过程中，企业越是能够控制员工之间的服务水平差异，就越容易符合客户的期望。而这就涉及对员工服务精神和服务能力的培训、生产和服务资源的合理配置、科学的过程监管、员工自律意识及员工角色与岗位人选之间的匹配度分析。

（4）与客户的外部沟通能力

与客户的外部沟通能力事实上反映了企业在服务实际提供与通过外部沟通渠道向客户传递服务承诺之间的差距。有时，企业为了获取客户，会向客户做出过高的承诺。这其实不利于后续沟通工作的开展。过多承诺尽管并不是值得推崇的沟通方式，但是如果这种承诺是建立在有形性和可靠性的基础上，那么在客户看来仍然有一定的可信度。相反，如果过多的承诺没有相应的物质基础作为支撑，企业就会在客户心目中留下不良印象，直接影响企业的外部沟通能力。因此，为了增强外部沟通能力，企业应当不做过多承诺，或者在做出相关承诺之前，建立必要的服务条件和服务能力。

7.2.2 客户服务质量评价的主要问题

格罗鲁斯指出，服务质量是指客户在与企业相互影响的过程中形成的主观感知。[①] 这种主观性使客户服务质量评价成为一个十分抽象且复杂的问题。兼之企业类型的多样性、客户群体的复杂性、服务种类的差异性，从理论上分析，服务质量评价难以得出统一的标准。但是，在实践中，一些关于服务质量评价的标准已经颁布实施，且在许多领域得到

---

① GRÖNROOS C. Service Management and Marketing: A Customer Relationship Management Approach[M]. Chichester: Wiley, 2000.

了广泛应用。

1. 质量评价的理论基础不同

在理论上,关于质量运动的由来有两种不同的解释:一种观点基于加工制造的生产运营管理,认为质量运动是生产运营发展的结果;另一种观点基于客户感知服务质量,认为质量运动是服务营销发展的结果。学术上这两种观察质量的角度导致实践中评价客户服务质量存在不同的标准,形成了以生产技术为标准的体系和以客户感知为标准的体系两种不同的体系。第一种标准下的评价指标体系偏重专业技术人员、机器设备和技术能力,而第二种标准下的评价指标体系偏重销售人员的关系营销、客户关怀、消费者心理和行为。

质量运动始于20世纪早期的生产制造商通过检查产品来发现其中的缺陷和故障。"二战"前,质量运动的重心从检查产品的缺陷和故障转移到质量控制。"二战"后,企业家们意识到生产厂房里的质量控制活动应当与企业其他领域的活动结合起来,特别是与设计、建造、计划和服务活动相结合。随之,质量运动进入"质量保证时代"。此时企业所关心的是制定组织安排、对质量进行设计和"锁定",并通过外部实体单位进行认证的形式来展示质量。这推动了各种质量保证体系的推出。①

事实上,质量运动一直没有停止,也不会停止。即使在市场已经由产品经营发展到品牌经营和顾客体验的当今时代,重视质量、推崇质量仍然是企业取得竞争优势的关键。但是,产品同质化和个性化消费所引起的市场竞争已经使质量标准的重心发生了位移,即质量更具有"服务"这一特征,越来越贴近客户,而逐渐远离了"生产"本源,与企业产生了间隔。尽管在实践中人们对质量的理解已经发生了深刻的变化,在理论界,至今对于究竟是以技术为核心,还是以客户感知为核心这一问题,还没有得出明确答案。这种分歧集中反映在20世纪90年代营销学者的不同观点中(见图7-3和图7-4)②。

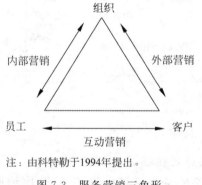

图 7-3 服务营销三角形

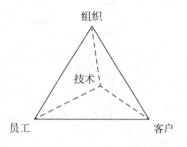

图 7-4 金字塔模型

---

① LENTELL R. Customers' Views of the Results of Managing Quality through ISO 9002 and Investors in People in Leisure Services[J]. Managing Leisure,2001,6(1):15-34.

② LENKA U,SUAR D,MOHAPATRA P K J. Soft and Hard Aspects of Quality Management Practices Influencing Service Quality and Customer Satisfaction in Manufacturing-oriented Services[J]. Global Business Review,2010,11(1):79-101.

除了理论上对服务质量的理解有较大分歧外,实践中对不同企业类型的服务内容的理解也并不一致。例如,表 7-5 列出了在服务质量管理方面,制造企业与服务企业的差异。

表 7-5 制造企业与服务企业的质量管理实践区别

序号	制 造 企 业	服 务 企 业
1	文件是规定好的	文件是描述性的
2	以产品或技术为焦点	以人为中心
3	聚焦高层管理者的承诺和有愿景的领导力	聚焦高层管理者的承诺和有愿景的领导力
4	持续改进	持续改进
5	在招聘和甄选中强调技能	强调人际关系和沟通能力
6	普遍采用统计过程控制	在专业服务中统计过程控制是不适宜的
7	消除产品缺陷	检查客户流失率
8	应用统计技术于质量监测	通过客户满意进行质量监测
9	有形展示不适用	有形展示对服务质量有影响

资料来源:LENKA U,SUAR D,MOHAPATRA P K J. Soft and Hard Aspects of Quality Management Practices Influencing Service Quality and Customer Satisfaction in Manufacturing-oriented Services[J]. Global Business Review,2010,11(1):79-101.

又如,图 7-5 反映了制造为导向的服务与纯服务的差异。[1]

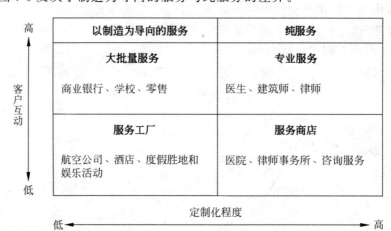

图 7-5 服务过程矩阵

以制造为导向的服务与纯服务的区别主要体现在以下 6 个方面[2]:

(1) 在客户接触上,以制造为导向的服务是需要经过渠道环节的,而纯服务是直接的;

---

[1] SCHMENNER R W. How Can Service Business Survive and Prosper? [J]. Sloan Management Review,1986,27(3):21-32. 有修改。

[2] LENKA U,SUAR D,MOHAPATRA P K J. Soft and Hard Aspects of Quality Management Practices Influencing Service Quality and Customer Satisfaction in Manufacturing-oriented Services[J]. Global Business Review,2010,11(1):79-101.

(2) 在目标聚焦上,以制造为导向的服务以人和技术为中心,而纯服务以人为中心;

(3) 在机器和设备使用上,以制造为导向的服务使用广泛的机器和设备,而纯服务使用的机器和设备比较有限;

(4) 在错误出现范围上,以制造为导向的服务较小,而纯服务范围较大;

(5) 在易察觉性上,以制造为导向的服务既有可察觉性,也有不可察觉性,而纯服务通常不易察觉;

(6) 在质量指标上,以制造为导向的服务是具体的质量规定和客户满意,而纯服务是客户满意。

在质量和服务方面,尽管理论界有各种不同的解释,有时许多观点之间甚至存在较大的分歧,但是这些不同的解释事实上并没有影响人们对于相关问题的深入探讨。关于质量、服务和客户关系的研究,新的观察方法不断出现。

延伸阅读 7-1　功能质量和技术质量所包含的项目

2. 客户服务质量评价的目标多元化问题

在客户服务质量评价中,在不同时期企业的目标是存在差异的。目标多元化所形成的以不同目标为导向的评价指标体系和内容,不仅使各种评价结果之间不能直接比较,而且使总体评价结果时高时低,时好时坏,因而不利于企业客户服务质量的长期观察或者纵向对比。

以市场上通行的客户服务质量评价体系为例,其指标体系包含在企业质量管理的体系之内。而企业质量管理所设置的指标体系主要体现在三个方面:①质量系统控制;②运营过程管理;③支持活动管理。这些方面所对应的职能部门并不相同,所覆盖的业务范围也有较大差别,因而各自所包含的指标体系存在差异。

在质量系统控制中,主要涉及四个方面的指标:管理责任;质量体系;文档管理;纠正措施和内部质量审计。

运营过程控制涉及四个不同的过程:销售和营销过程;生产过程;分销过程;售后服务过程。其中,销售和营销过程所涉及的评价指标是合同评审;生产过程的评价指标包括过程控制、检查和测试、检查和测试状态、不符合质量要求产品的控制、采购供应方产品的控制;分销过程的指标包括货物处理、储存、包装和运输;售后服务过程的评价指标是服务。

在支持活动管理中,体现质量资源的指标包括购买、检查、测量和仪器测试、培训;体现质量数据的指标包括产品鉴定和跟踪、质量记录控制、统计技术。

从上述四个方面的指标可以看出,客户服务质量评价指标数量占企业质量管理体系指标总数的比例较低。这并不表明客户服务质量评价不重要,而是说明它受企业不同职能部门目标多元化的影响。有时,分割在不同部门的指标数据很难整合在一起反映企业的整体服务质量水平。

3. 客户服务质量评价指标之间的关系问题

在客户服务质量评价指标体系中,有些指标之间的因果关系并不清晰,因而对于指导企业提高客户服务水平工作而言,方向性和重点领域不明确。

以客户满意与感知质量之间的关系为例,一般认为感知质量是原因,而客户满意是结果,但是,在现实中也可能正好相反,即由于客户感到满意,而觉得产品或服务质量好。客户满意不仅是必需品,而且是企业的一项义务。感知质量与客户满意之间互为因果关系,降低了客户服务质量评价指标用在分析过程中进行逻辑推断的科学性。又如,在客户忠诚度与服务质量之间,一般认为,服务质量提升导致客户忠诚提高,反之,则下降。但是,在实践中,在二者之间可能有许多变量发挥作用,如客户的感知和判断能力、竞争者的水平等。这意味着,在正常的逻辑关系中,如"服务质量—客户感知—客户满意—客户忠诚",还可能存在其他方面的影响因素,进而使客户服务质量评价复杂化。要得出对客户服务质量的准确评价,就必须把影响客户服务质量的各种变量之间的关系梳理清楚,同时建立可靠的分析和预测模型。在实践中,由于客户服务质量影响因素来自多个方面,如服务生命周期、市场营销、服务设计、物流、技术过程的准备和开发等,而且这些因素处在一个开放的系统中,许多变量之间的关系难以准确地推断为因果关系,因此在评价客户服务质量时,应当把定性分析和定量分析结合起来,从更客观的角度对不同指标之间的关系进行识别。

在这方面,"5M 管理模型"是客户服务质量评价的有效工具。该模型假设服务质量是对企业所有服务方面的有效管理,其中包括员工(member)、设备(machine)、材料(material)、方法(method)和环境或微观气候(milieu)。在这五个维度中,员工维度由气质、经验、专业技能、资格条件、培训和组织文化等指标构成;设备维度由设备、装置、仪器和工程系统等方面的指标构成;材料维度由企业产品原材料所涉及的指标构成;方法维度由体系、组织、技术、管理风格和服务质量标准等方面的指标构成;环境维度由形象、经济上的成功、竞争力、环境保护和工作条件等指标构成。[1]

7.3 客户服务质量管理计划

在客户服务质量管理中,理解上述概念、含义、指标体系及评价方法固然重要,但更为重要的是,必须把客户服务质量管理工作落到实处,即制订计划并付诸实施。

客户服务质量管理计划是把客户服务质量管理工作规范化、标准化、程序化和科学化的重要步骤。在客户关系管理中,客户服务质量管理是其重要的构成部分,而客户服务质量管理计划是这一重要构成部分的核心内容,是确保以客户为中心实施质量管理的关键驱动要素。客户服务质量管理计划主要由客户服务质量方针、质量目标、质量管理体系、质量管理体系标准、质量管理原则、质量体系文件、质量管理体系实施等内容构成。

---

[1] CHOWDHARY N, PRAKASH M. Prioritizing Service Quality Dimensions[J]. Managing Service Quality, 2007, 17(5): 493-509.

7.3.1 客户服务质量方针和质量目标

客户服务质量方针是指企业在客户服务质量方面所制定的指导意见,它以明确的表述呈现出来。质量方针由企业高层制定并发布,在企业质量管理实践中起着重要的方向性指导作用。同时,它也是制定质量目标的基本依据。

1. 客户服务质量方针

客户服务质量方针在实践中通常融合在企业的愿景、使命、宗旨中,与企业其他方面的工作结合在一起提出。质量方针一般由质量管理部门或生产部门完成,尽管经常出现从专业化角度单独地、系统地制定的情形。它是企业关于质量的政策,因而涉及的利益群体较多。利益相关者都会关注它,并对其方向上的正确性及实践中的可操作性提出建议和意见。

客户服务质量方针在客户服务方面是企业的政策性指引,在各项服务质量工作中则是理论和思想依据。除了强调质量的重要性和突出服务的特点外,它必须把客户放在中心位置上。因此,它是单独制定或融合在企业愿景、使命和宗旨中的以客户为中心、体现服务精神和意识,以质量为根本的政策。它必须与企业的其他政策保持一致。

2. 客户服务质量目标

在客户服务质量方针指引下,客户服务质量目标得以制定、落实,即通过目标把政策具体化。服务质量目标的核心是质量,基础是服务,是以服务为基础的质量提升。在市场营销发展过程中,客户、服务、质量是三个不同的核心,代表不同的营销观念和体系。对这三个不同的核心进行分析,有助于确保客户服务质量目标的制定具有针对性。

在以客户关怀为中心的全面服务质量管理中,管理水平影响员工水平和客户水平,而员工水平又影响客户水平。其中,管理水平包括以客户为导向、以质量为导向和以员工为导向三种方向;员工水平包括员工满意、员工忠诚和对员工的要求过高三种情形;客户水平包括客户满意和客户忠诚两种情形。与此相对应,在不同的核心中,企业对员工的要求和对客户的响应并不相同。[①]

在客户服务质量目标设计中,应当进一步明确和细化服务质量与员工满意度、忠诚度和对员工过高的要求之间的对应关系,服务质量与客户满意度、忠诚度之间的对应关系,服务质量与企业所提供的产品或服务项目本身的质量之间的对应关系,并将这种相互对应的数量或质量关系与企业的经营绩效考核及员工职务晋升结合起来。

7.3.2 客户服务质量管理体系及其标准

在客户服务质量管理中,与之相应的管理体系及标准发挥着重要的保障作用。

1. 客户服务质量管理体系

客户服务质量管理体系是企业的组织结构、规范、流程和实施服务质量管理所需的各种资源的整合,是管理整个企业质量的系统方法。企业的这一体系必须同时满足客户和

---

① KANTSPERGER R, KUNZ W H. Managing Overall Services Quality in Customer Care Centers: Empirical Findings of a Multi-perspective Approach[J]. International Journal of Service Industry Management, 2005, 16(2): 135-151.

企业相关联组织的需求与期望。

在客户服务质量管理中,企业需要建立与之相应的体系,利用内部和外部资源来满足客户需求。资源流入与服务流出体现了这个体系的运行流程。资源流入反映的是企业对资源的获取过程,也是一种成本投入和资金支出过程,涉及从企业的内部和外部供应商那里获得人力、物力和资金资源;而服务流出反映的是企业的产出和贡献,即向内部和外部客户提供服务项目。

企业的内部服务与外部服务是不可分割的。在整个客户服务质量管理体系里,它们是两个不同的子系统。一般而言,内部服务系统越完善,外部服务系统就越有效。内部服务系统主要是为企业员工和各个职能部门的高效运行创建的,对客户满意和忠诚具有重要的影响,其作用机制表现为通过对职能部门和员工发挥直接影响,间接地影响客户的满意度和忠诚度。

以企业内部服务质量系统为例,它通常包括的内容如表7-6所示[①]。

表7-6 企业内部服务质量系统的品质构成要素

序号	要素	内容
1	工具	企业给员工提供的工具足以支持客户服务工作吗?
2	政策和程序	政策和程序能够促进客户服务吗?
3	团队合作	在需要时,基于个人或者部门之间的团队合作能出现吗?
4	管理支持	管理层是帮助还是阻碍了员工的服务能力?
5	目标一致性	一线员工的目标与高层管理者的目标一致吗?
6	有效的培训	有效的、实用的和专门针对工作的培训能够以及时的方式提供吗?
7	沟通	在横向和纵向上,整个企业有必要的沟通吗?
8	奖励和认可	个人由于良好的绩效会获得奖励和(或)认可吗?

资料来源:由 Zeithaml(1990)、Berry(1991)、Heskett(1990)、Hart(1992)、Garvin(1988)、Zemke(1989)的观点汇总而成。

2. 客户服务质量管理体系标准

在客户服务质量管理体系标准中,比较常用的是 ISO 9001,它能够解决常规产品和服务项目中的设计、开发和交付的准则与流程问题。这个标准不仅适用于生产加工制造企业,也适用于服务企业,对于不同所有制形式的企业都有针对性。它所设计的标准具有通用性,能够从总体上提升企业的客户服务质量管理水平。

ISO 标准的主要优势在于[②]:
(1) 有用的原则与"可感知的"程序连接在一起;
(2) 客户抱怨和工作错误减少,降低了单位质量成本;
(3) 为质量产出和企业运营控制提供了依据;
(4) 消除了不必要的流程;

[①] HALLOWELL R,SCHLESINGER L A,ZORNITSKY J. Internal Service Quality,Customer and Job Satisfaction:Linkages and Implications for Management[J]. Human Resource Planning,1996(Fall):20-31.

[②] SLACK N,JOHNSTON R,CHAMBERS S,HARLAND C,HARRISON A. Operations Management:2nd ed [M]. London:Pitman,1998.

(5)营销方面的受益。

但是,在客户服务质量管理实践中,ISO 标准也存在一定的不足,这主要表现在:

(1)以手册来进行管理,使决策过程过于系统化;

(2)不利于企业从标准系列中选择正确的标准;

(3)获得或保持这些标准的注册,既费时间,成本又高昂;

(4)对持续改进缺乏鼓励;

(5)主要针对机械工程行业制定。

为了通过 ISO 认证,企业必须对与标准要求相符合的业务流程和硬件、软件系统实施文件化管理,并向认证机构证明本企业质量管理活动是按照这些文件化管理模式运行的,同时要确保企业管理人员参与到与供应商和客户有关的质量管理过程。具体到客户服务质量管理,就是按照国际标准的要求形成管理制度和业务流程的具体文件,再依据这些文件进行质量管理。

国际标准认证机构的主要工作是宣传其所制定的国际标准在企业管理中的重要性及成功经验,培训申请验证的企业进行制度化、文件化、流程化管理,对企业对照认证标准所建立的服务质量体系进行评价(包括书面评价和现场评价),然后决定是否给予企业相应的认证资格。在获得认证资格后,国际认证组织会定期或不定期地对企业的质量管理水平进行评估,并对认证的有效期限和适用范围做出相应规定。

在客户服务质量管理体系中,不同国家和地区也有自己的标准。其中,不少标准鼓励企业在质量管理方面进行持续改进和不断提升。

延伸阅读 7-2　不同质量管理模型的比较

7.3.3　客户服务质量管理原则与质量体系文件

客户服务质量管理原则是企业在推动质量管理过程中所应坚持的价值标准。它是一套专门针对企业自身情况设计的价值观念体系,并由此形成基本原则,以指导企业为提升业绩和改进服务而努力。质量体系文件以质量管理原则为基础,以文本形式固定下来,对质量管理原则起着进一步的解释作用,具有实践性和可操作性等特点。

1. 客户服务质量管理原则

对照国际标准组织及不同国家和地区的质量管理评价模型,客户服务质量管理的基本原则通常包括以下 6 个方面:

(1)以客户为中心。在客户服务质量管理中,企业要生产和提供客户所喜欢的、想要的产品和服务,同时这些产品和服务能够让客户感到满意。为此,企业必须把识别客户需求放在首位,其次才是考虑自己能够在这些需求中提供怎样的产品和服务,最后是把与客户需求相匹配的产品和服务以客户满意的方式交付客户。在识别客户服务需求时,企业可能发现客户对服务的需求不仅种类多,而且质量高,但支付能力又比较低,这时就需要企业区分客户的真实需求和不真实需求,从客观与理性角度为其做出选择,进而有针对性地提供服务产品和项目。识别客户的需求是一个复杂的沟通过程,不仅要从心理、行为方面分析客户需求的强烈程度,而且要对这些需求的现实可满足性进行评价。在这个过程中,企业应当与客户进行谈判,缩小客户需求与企业供给之间的差距,并在价格与质量之间寻找平衡点。以客户为中心并不是企业放任客户需求而不加引导,让其想要什么就可以得到什么,或者想要怎样的价格企业就必须满足,其实质是企业从客户需求角度来思考服务的生产、定价和交付。

(2) 领导力。该概念的含义是,企业领导者能够制定清晰的目标并把它以愿景、使命、宗旨和战略等方式表达出来,同时能够构建企业的核心价值观念和文化氛围,把广大员工团结在管理层周围,通过为客户提供高质量服务,实现企业价值最大化、员工利益最大化和客户满意度最大化。领导力的形成既受个人因素的影响,也受客观环境的影响。在鼓励竞争、开放、自由、创造精神的企业文化中,容易产生具有领导力的企业管理者;相反,如果企业文化过于保守、封闭,层级固化又缺乏创新精神,则具有领导力的管理者很难出现。企业管理者的领导力体现为对企业未来的清晰预见,对于客户群体整体需求的深刻洞察,以及对竞争方向的准确判断。在客户服务质量管理中,领导力中还包括了企业管理者与员工、客户的沟通能力,以及组织、动员员工朝着正确方向努力的意志力和号召力。它包括个人领导力和组织领导力,既可以是一个人的能力体现,也可以是一个工作团队能力的集合。它依托特定的个人素质或组织文化,在竞争环境中成长和壮大。

(3) 全员参与。提升客户服务质量不是一个员工或者少数员工的工作,而是整个企业的一项重要任务。全员参与客户服务质量管理工作,首先能够使员工产生责任感,进而提升员工的工作效率和满意度;其次,它能够在员工之间就相关工作中的问题进行交流和沟通,把一些由于员工个人能力不及的质量问题通过团队协作解决好;最后,它有助于企业形成奖惩机制,为员工职业发展和个人成长提供锻炼机会。在全员参与中,企业应当做好任务安排和职务设计,通过客户服务质量管理工作把个人目标与组织目标结合起来,实现个人能力提升与组织发展的双重目标。

(4) 流程与方法。企业是人员、部门、工作流程与活动、原材料、信息的集合体。流程与方法是企业把各种生产和服务要素组合起来的重要途径。在客户服务质量管理中,它把不同的人员和部门联系在一起,形成一个完整的质量管理体系。

(5) 持续改进。质量改进是一项持续的活动,需要放在"计划—执行—检查—行为"这个循环中不断向前推进,每一次循环都在服务质量水平上有所提高,增进客户的满意度。质量管理体系是持续改进的基本保障,而卓越目标的实现是企业努力的方向。

(6) 与供应商等合作伙伴的互利关系。在营销渠道和产品、服务的供应链中,企业与其上游合作伙伴之间的关系状态十分重要。作为利益共同体,供应商对于原材料、零部件、信息、技术服务项目的及时供应和保障,对于企业履行对客户的承诺具有积极的支持作用。同时,企业也应当对具有合作精神和能力的供应商提供更多的合作机会。

2. 客户服务质量体系文件

客户服务质量管理中,有关质量体系的文件主要包括质量手册、质量程序文件、作业指导书、质量记录单、质量审核结果和评估报告。其中,质量手册中包括企业在客户服务质量方面所采取的标准;质量程序文件是指从客户咨询开始到产品或服务项目提供的整个服务过程中,企业的整个服务环节和流程的职能部门接触顺序、活动的时间节点以及人员和事项的具体安排等;作业指导书是指企业一线人员所使用的图纸、操作表、检查表、测试进度表、工作流程图等;质量记录单是指设计、开发、生产、检验、交货、服务和其他操作的参与人员对产品、服务状态的记录;质量审核工作通常由专门的审计人员负责,通过及时发现问题和汇报应当采取的纠正措施,防止企业在客户服务质量方面出现漏洞;质量审核结果和评估报告主要是对照企业所制定的目标或选择的标准对质量状况进行审核和评估并形成报告以备存查。

在客户服务质量体系中,从管理的层级和重要性上观察,质量记录是基础性资料,与作业指导书一起用于一线服务人员的工作业务中;而质量程序文件和质量手册则处于中层或高层管理人员的工作业务中。质量手册为质量程序文件、作业指导书和质量记录等文件的设计与制作提供了可参考的标准。

7.3.4 客户服务质量管理体系的实施

客户服务质量管理体系在实施环节中,从管理者的层次及角色来观察,高层管理者主要负责做出承诺,中层管理者负责上下沟通,而基层管理者负责执行。在质量管理体系的最基础层次中,普通员工负责参与各项活动。

客户服务质量管理体系的实施主要包括以下四个阶段:

(1)启动和规划。由企业高层管理者做出承诺,说明实施客户质量管理体系的重要性及所引用的标准体系的必要性和先进性。同时,由专家咨询团队对该体系所包含的内容及各项标准的含义进行解读,对企业中层和基层管理者进行培训。

(2)说明文件。对照所采用的质量管理体系和标准,对企业所涉及的各类客户服务质量工作进行任务分析,让普通员工参与质量方针与质量目标等说明文件的讨论。在广泛征求意见和建议的基础上,制定质量手册,在普通员工中分配质量管理考核任务,建立奖惩机制。

(3)实施。依照质量文件的要求,对企业的客户服务设施和设备进行更新,建立符合质量标准的业务流程和工作环境,建立内部质量评价体系,完善审核机制,对参与客户服务质量管理体系的所有工作人员进行培训。

(4)在质量体系进入稳定运行状态后,向有资质的质量保证体系认证机构提出申请,进行认证工作。获得认证后,即表明企业的客户服务质量管理工作已经达到标准制定机构所推行的标准,可以使用认证标签,对企业的产品和服务进行市场推广。

复习思考题

1. 简述客户服务质量管理的基本内涵。
2. 客户服务质量管理包括哪些主要方面?
3. 服务质量评价量表主要有哪些维度?
4. 在客户服务质量管理中,企业应当如何面对投诉?

5. 客户服务质量提升计划中包括哪些主要方面？

6. 客户服务质量管理体系包括哪些内容？

海尔客户服务质量管理能力的网上呈现①

【案例信息】 在中国，经济、科技、体育等领域时常会发生影响世界的大事，吸引着全球的目光。今天，又一个中国的世界头条诞生了：2020年1月9日，欧睿国际数据显示：2019年海尔全球大型家用电器品牌零售量第一，这也是海尔第11次蝉联全球大型家用电器品牌零售量第一名。欧睿国际2019年数据还显示：海尔冰箱品牌零售量连续12年蝉联全球第一；海尔洗衣机品牌零售量连续11年蝉联全球第一；海尔冷柜品牌零售量连续9年蝉联全球第一；海尔酒柜品牌零售量连续10年蝉联全球第一。在过去的11年里，海尔创造了全球大型家电11连冠的"家电品牌"，为中国贡献了一个世界级品牌。而随着新赛道的全面开启，海尔在"人单合一"模式下，加速进入全球化的生态品牌战略阶段。

上面这段信息于2020年1月9日发布在海尔官网上，标题是《今天，中国的"世界头条"：海尔全球11连冠》。如果这些信息引起了你的兴趣，使你想进一步了解海尔这家企业的经营情况，那么请你访问这家企业的官网，你会发现许多值得称赞的地方。

整洁、干净、具有传播力和感染力的页面给读者带来丰富的感知。海尔官网上的信息内容和页面设计总是给人以耳目一新的感觉。这家企业所设计的网站给浏览者的第一印象是，首页上的知识主要是为客户服务的，而不是专门设计给自己阅读的。海尔之所以能够从激烈的竞争中最终胜出，铸就辉煌的品牌形象，可能与这种以客户为中心、以质量为基础的管理思路和风格有关。在"智慧家庭""个人与家用产品""商业解决方案""购买与服务""关于海尔"等栏目中，消费者可以对海尔的服务质量有更全面的了解。例如，在智慧家庭栏目中设有"智慧首页""智家方案""智慧家电""生活资讯"和"智慧体验店"等子栏目。在这些子栏目下，陈列着各种产品信息，如在"智慧家电"栏目下，有各种智慧产品的图片和价格信息。

在传播方式上，不少企业和事业单位是以自我为中心的，即把一些与客户和消费者不关心或者认为不重要的信息登载在网页上，如将企业内部开了哪些工作会、谁讲了什么话，以及哪些人参加了会议等内容放在对外宣传的网页上，混淆了工作型内部网站和对外营销网站的界限，致使网页上信息十分混杂，最终成为管理层的工作、会议和日常活动的一本"流水账"。在这本"账"中，高层管理者的照片和发言到处可见，而客户和消费者所关心的内容却少之又少，缺乏产品和服务的内容介绍与展示。这些网站的运营不仅耗费了网站管理人员大量的时间和精力，也浪费了客户与消费者的上网费用和时间。这说明这些企业和事业单位不是以客户和质量为中心的，而是以自我为中心的"自娱自乐"式内部

---

① 今天，中国的"世界头条"：海尔全球11连冠[EB/OL]．(2020-01-09)https://www.haier.com/cn/? spm=cn.29341_pc.header_logo_20190920.1.

营销和"总结汇报"式向上营销,即营销传播工作主要是做给内部员工和上级主管部门看的,目的在于向下证明"工作辛苦"和向上"表功"。但是,这种方式却与市场和客户的需求相距甚远。

与这些企业和事业单位以自我为中心的网页设计风格不同的是,在营销传播和沟通方面,海尔始终能够把客户和消费者所关心的问题放在最重要的位置上,并凭借高品质的客户服务质量进入了世界领先品牌的行列。在海尔官网首页上,从智慧家庭、个人与家用产品、商业解决方案、购买与服务、关于海尔等栏目的先后顺序,就可以观察出,前五个栏目是专门为客户和消费者设计的;只有最后一个栏目"关于海尔"是介绍企业的情况,也就是"说给客户和消费者听的"关于自己的历史、现状和未来。即便如此,该栏目下的"海尔集团""海尔品牌""投资者关系"和"品牌资讯"中,也是以客户为中心,从客户感兴趣的角度,以客户能够接受的方式全方位介绍海尔的。

网站上的业务模块划分十分清晰,以客户为中心提升质量和管理效率。对个人客户和对企业客户的产品和服务类别及功能划分非常精准。在"智慧家庭"这一专门服务个人客户的模块中,海尔重点传播了以高科技集成、新风尚和新理念为引领的新体验。在"智慧家庭"中,海尔在网站上倡导"遇到美好生活""回家就是享受""体验高品质未来生活""物联网健康烹饪""智慧洗浴新体验""全流程新体验"等新的客户体验理念,把体验营销推向了新高度。这给客户和消费者带来了特别温馨的感受。精美的图片和动人的语言,让客户能够进入新的认知境界。再以其子栏目"遇见美好生活"为例,海尔强调了"智慧家庭"利用物联网、人工智能、大数据等技术优势,为用户提供软硬件全套解决方案的产品和服务能力,并突出了"实现最佳的智慧生活体验"这一感知效果。智慧体验店将家庭空间与生活场景完美结合,提供整套的智慧家庭解决方案,让用户遇见全新的家庭生活体验。

【案例讨论题】

1. 以案例背景信息为基础,分析企业如何通过网站来提升客户服务管理水平。
2. 与其他家电企业相比,海尔以客户为中心的网站设计有何特点?
3. 访问海尔的官网,并分析海尔是如何以客户服务质量为核心来管理其"购买渠道"和"售后服务"模块的。

第 8 章

客 户 忠 诚

【本章知识点】
- 客户忠诚的定义与内涵
- 客户忠诚评价的主要维度
- 客户忠诚管理的主要措施
- 客户忠诚提升计划

客户忠诚是市场营销努力的重要方向。许多企业每年用于客户忠诚建立和管理的项目开支占全部支出的比例超过 30%。但是,许多客户忠诚项目的努力并没有取得预期效果。关于客户忠诚的概念已经争论了将近 70 年,对客户忠诚所能够获得的回报的测量,目前主要是从不同的理论和实际方法着手,如通过态度忠诚和行为忠诚,或者使用人际圈子中的口碑进行评价。来自客户方面的这些积极反应能够使企业获得不同于竞争者的优势。在这样一个大致的框架下,客户忠诚在概念上被理解为客户态度、购买行为或多维度的构建(客户中的口碑或积极评价)。在理论和实践中,通常采用态度忠诚和行为忠诚两个维度来测量客户忠诚。

8.1 客户忠诚的定义与内涵

在概念上,客户忠诚被理论工作者和实践者进行了广泛的探讨,其在营销领域的重要性和广受欢迎的原因是它能够给企业带来利益。这种利益的输送是由忠诚的客户的重复购买实现的。忠诚的客户不仅对企业的产品价格不敏感,而且通过重复购买和对企业其他产品的购买使企业盈利能力得以提升。由于凭借之前的购买经验及与代理商或经销商的关系能够对企业的产品做出比较准确的判断,忠诚的客户需要较少的企业帮助即可做出购买决策,这无形中降低了企业的营销成本。同时,他们对企业的缺点通常更加包容,不会在出现下次购买机会时选择其他企业。正是由于这些因素的影响,才使客户忠诚能够带来企业市场份额的增加、收益的提升和竞争力的增强。

但是,上述内容只是对客户忠诚所起作用的理解,并不是客户忠诚的定义本身。事实上,客户忠诚的定义非常复杂。在形成这一概念的过程中,不同学者由于分析问题的角度不同,对其理解并不一致。为此,必须对客户忠诚这一概念的构成要素及其内涵进行深入探讨。

8.1.1 客户忠诚的概念中所涉及的两个主要部分:态度忠诚和行为忠诚

在理解上,客户忠诚经常被分为两个层面:一是态度忠诚;二是行为忠诚。

1. 态度忠诚

态度是客户忠诚的第一个要素。客户是积极的信息加工者,他们倾向于使用加工后的信息形成自己的态度。强烈的忠诚态度由系统的评价引起,并因此影响客户与绩效相关的行为。在激烈的竞争中,强烈的、积极的态度能够引起客户对竞争者产品的抵制式"防卫过程",即使这些产品在品质上优于企业的同类提供品。在这些竞争性产品可能会引起潜在的转换行为时,客户的忠诚仍然能够坚持下去。

现有许多研究成果在分析态度忠诚的各个方面时,经常用下列指标作为参考:①在可选择的方案中的偏好;②在品牌回忆中处于最先进入脑海中的选项或最靠前的选项;③重购意向;④心理上的依恋;⑤强烈的支持和拥护;⑥有利的性情和相关的态度。

在这些指标中,并不是需要具备所有项目才表明客户在态度上忠诚于企业。相反,只要具备其中两个或者多个指标,甚至在一些特殊情形下只需具备一个指标,就可以认为是态度忠诚。

2. 行为忠诚

行为是客户忠诚的第二个要素。它是关于客户忠诚问题研究的核心内容。行为忠诚是指在购买方面,为了某一实体单位的利益所采取的迅速行动能力和条件。客户忠诚的各种测量指标通常聚焦观察行为,如重复购买行为。这种行为对企业而言,能够带来很好的绩效。以此为基础的研究模型中包括客户最近是否使用过产品、购买频率、货币理论、流失和保留的比率,以及购买序列等指标。古普塔(Gupta)等学者 2004 年的研究成果表明,客户保留率 1% 的提升,给企业收益带来的影响大于 5 倍的利润率同比例提升。

在对客户忠诚的研究文献中,存在许多解释,由于是从多个维度来描述这一概念,因而目前缺乏一致的关于行为忠诚的定义。但是更多的学者在研究这个概念时把重点放在了在一个特定时间段内的重复购买次数及购买的优先顺序。这是判断行为忠诚的十分关键的指标。但是纯粹的行为理论,对于与消费行为相关的心理研究采取的往往是不可知论。同时,这种行为研究忽略了由于情境约束而可能引起的重复购买行为,如缺乏替代品,或者习惯所导致的使用情形。如果抛开对其心理或场景方面的成因分析,消费者行为就能够作为以忠诚为基础的购买行为导致企业绩效提升的解释。

虽然在研究客户忠诚时,有些模型采用的是单独使用行为类指标的测量法,如重购、购买比例、购买的可能性等,也有一些模型采用的是单独使用态度类指标的测量法,如品牌偏好、承诺、信任和满意等,但是相当一部分模型是同时从这两个维度来测量客户忠诚的。

8.1.2 客户忠诚概念中所涉及的其他方面

尽管我们对态度忠诚和行为忠诚在理论上进行了如上描述,但是在实践中这两种忠诚是很难进行区分的,甚至在理论上它们是整合在一起的。而且,也有理论认为忠诚是指消费者在其非购买行为中所表现出的一种倾向,如对企业产品的支持和拥护、愿意支付高于其他产品的溢价,或者当企业的产品出现负面消息时,消费者愿意保持沉默并希望事情会向着好的方向发展。因此,忠诚的定义是十分模糊的。[①] 这种理论上的概念界定不清

---

① WATSON IV G F, BECK J T, HENDERSON C M, PALMATIER R W. Building, Measuring, and Profiting from Customer Loyalty[J]. Journal of the Academic Marketing Science, 2015, 43: 790-825.

晰所导致的结果是,在忠诚度研究中经常会采取临时措施,例如,有时会采取态度指标,有时会采取行为指标,或者两种指标都采取,甚至在一些情形下,还会在这两种指标之外再加一些辅助构念,如口碑。

在客户忠诚概念界定方面,也需要关注暂时导向和目标。暂时导向是指客户忠诚究竟是依据关于忠诚态度和行为的过去记录,还是依据未来预测而测量的。例如,在市场调查中,客户可能被问及之前忠诚的例子,或者估计未来忠诚的可能性。而目标是指从归因角度分析,这些客户对哪些企业或者什么样的品牌、产品项目忠诚。例如,忠诚究竟是指向销售企业,还是某一位销售人员。

从这些研究角度及方法可以看出,分析客户忠诚如何依据上述运作机制而变化,必须考虑前置变量、客户忠诚和结果三者之间的关系框架是如何依据行为和态度忠诚而变化的。

8.1.3 客户忠诚概念中所涉及各主要方面的具体内涵

在表 8-1 中,我们详细列出了客户忠诚概念中所包含各个部分或要素的基本定义及含义,同时也分析了客户忠诚的前置变量和结果中所包含的一些基本构念(也称为因子或分析维度)的具体含义。

表 8-1 客户忠诚基本构念的定义及其别名

构念		定 义	常见的别名
忠诚	态度忠诚	对一个实体存在,如一家企业,其品牌、销售人员或提供品的有利的一种"认知"或"愉悦的满足感"(Oliver,1999)	情感、偏好、热情
	行为忠诚	源自一种意向或行动方向的重复购买,包括有利于一个实体存在的"准备采取行动"(Oliver,1999)	购买、重购、重购意向、保留、返回
	忠诚	与一系列购买行为相一致的一些态度,能够使一个实体存在比其他竞争者更有利	客户忠诚、真正忠诚
前置变量	承诺	一种保持有价值关系的希望	情感的、行为的、义务的和规范性的承诺
	信任	对销售者在可靠性和诚实性方面的信心	可依赖性、可信性、仁慈和诚实
	满意	之前预期与实际表现的感知差异	对关系、产品的总体满意或满意
	忠诚诱因	吸引力意味着鼓励重复惠顾	奖励、礼品、特权享受、利益、资源、投资和忠诚计划
结果	口碑	客户向其他人积极进行推荐或成为代言销售者	推荐和客户推荐
	偏好	销售者实际绩效强化包括销售额、钱包额、利润绩效及其他可以用来测量销售者业务的变量	销售额、市场份额、销售效力、利润、收入、托宾的Q、销售业绩

资料来源:WATSON IV G F,BECK J T,HENDERSON C M,PALMATIER R W. Building,Measuring,and Profiting from Customer Loyalty[J]. Journal of the Academic Marketing Science,2015,43:790-825. 经整理。

表 8-1 中所列的客户忠诚概念及其所涉及的基本构念,并没有包括理论上和实践中的全部内容。事实上,影响客户忠诚的因素特别多,客户忠诚本身的内涵也十分复杂,而且其结果也具有多样性特征。但是,满意、质量、购买频次、感知价值、信任等是所有影响客户忠诚变量中被引用最多的因素,它们在客户忠诚的判断方面起着十分重要的作用。在特定情景中,由于所引用上述因素或其他更多因素的组合形式不同,因而在决定客户忠诚的指标上不同模型存在明显差异。在本章后面我们还会进一步讲解关于客户忠诚的其他概念模型。

事实上,重复购买的原因可能来自多个方面,如为了购物便利、货币方面的诱因或真正的忠诚,因此仅从重复购买很难判断客户忠诚。但是,单纯地研究态度并不能使人们更清楚地认识到竞争效果、熟悉程度和情景因素在客户忠诚中的真正作用。所以,在分析客户忠诚时,不仅应当把态度忠诚与行为忠诚结合在一起研究,还要考虑其他方面的影响因子,把客户产品偏好、口碑、推荐、品牌转换的倾向、购买频率、新近购买情况及总购买额等因素结合在一起,通过建立一个客户忠诚要素组合,对客户忠诚这一复杂事物做出判断。

8.2 影响客户忠诚的主要因素

客户忠诚的评价是事关企业发展的重要课题,涉及客户忠诚评价的指标设计、评价对象的选择、评价主体的选择、评价所要服务的目标及战略等内容。我们首先研究客户忠诚评价所涉及的主要维度。

8.2.1 客户忠诚的简化概念模型

在前面的分析中,我们已经间接地提到了一些关于客户忠诚评价的维度和指标。这里所要做的工作是把它们进一步系统化和在含义上进行深度挖掘。至今为止,在对客户忠诚的各类研究成果中,已经对可能存在的各种决定因素进行了识别。这些因素(如信任和价值、客户满意和质量、形象、重复购买,以及其他一些组合体)对客户忠诚的影响不论是在方向上,还是在结果上都存在一定的差异。

在对客户忠诚的研究中,以两个因素组合在一起而形成的组合体方面,已有的研究主要存在以下几种:满意和质量;形象感知和客户价值;客户感知价值和满意;形象和满意。这些组合体在预测客户忠诚方面具有重要的作用。

但是,由于客户忠诚本身的复杂性,以各种因素及其组合体方式来研究这一事物,也很难在理论上把客户忠诚与其他影响因素之间的所有关系完整地体现出来。这是由于在这些研究中,总是会存在一些因素不能被包括在内,而它们又在实实在在地影响客户忠诚的变化,并使其结果出现差异。因此,已有的研究努力所采取的措施和方法很难完全构建出客户忠诚的框架,其结果是只能在理论上提供一些零散的构念。

为了克服这种碎片化的分析框架,有学者对客户忠诚的影响因素进行了划分,将其中的关键性决定因素归结为 7 个方面,并提出了一个综合性概念框架,如图 8-1 所示。[①]

---

① AGRAWAL R,GAUR S S,NARAYANAN A. Determining Customer Loyalty:Review and Model[J]. The Marketing Review,2012,12(3):275-289.

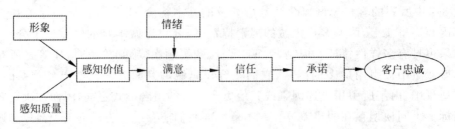

图 8-1 客户忠诚的简化概念模型

在图 8-1 中,满意、信任、承诺、情绪、形象感知、价值感知和质量感知构成了影响客户忠诚的 7 个关键性决定因素。

1. 满意

满意是一种态度。它由客户在预购买时的期望和质量表现与他们对实际表现的主观感知之间的对比而形成。研究表明,行为忠诚是客户满意的直接结果,而且满意能够在质量对客户忠诚的影响中发挥中介作用;客户满意和客户感知服务质量是行为忠诚的决定因素,而且满意与忠诚之间的相关关系十分显著;满意能够增强忠诚和声誉,同时能够引起更强烈的推荐。但是,在个别情形下,满意对态度忠诚的影响远未如人们所设想的那样。

满意与客户忠诚其他影响要素之间的关系通常具有以下特点:

(1) 满意对客户信任和承诺具有直接影响。

(2) 承诺是客户满意的直接结果。

(3) 在客户满意和客户忠诚之间存在正向联系,但是满意度的增加并非必然导致忠诚度的成比例上升。

(4) 由于满意而产生高度忠诚的客户通常不容易受到竞争的影响。

(5) 客户满意大约能够解释 37% 的客户忠诚水平差异。

(6) 满意率与忠诚度之间存在正相关关系。

2. 信任

信任是对某一事物表示相信的一种表现形式,即认为所依靠的人能够达到预期目标。理论界普遍认为,信任是商业环境中购买者与销售者之间长期关系的一个重要基础。作为客户关系中的一个基本要素,它能够带来忠诚度的提升。它同时能够调节购买过程中的风险,因而被认为是一种重要的情感。为了在关系维持中增进信任感,合作伙伴必须压制机会主义行为,抵制那些单方面获利而非朝着共同利益方向努力的倾向。信任也被认为是一种由一个人所形成的总体期望,即对另一个人所做的言语、许诺或陈述的依靠。

信任与客户忠诚其他影响要素之间的关系通常具有以下特点:

(1) 信任与相互依赖一道,决定了交易各方长期合作关系的方向。

(2) 鉴于信任在承诺及长期关系建立方面的重要性,在对彼此具有信任的关系中,合作各方总是能够找到一起应对诸如权力冲突、低利润率等困难的方法。

(3) 在满意与忠诚之间的关系中,信任和承诺起着中介作用。

(4) 对于长期关系的发展,信任和承诺起着核心作用。以信任为先导,客户形成承诺并因此而变得对企业忠诚。

3. 承诺

在定义上,承诺可以从四个方面来理解:其一是指一种既模糊又明确的对交易伙伴中关系持续性的保证;其二是指源于客户的一种长期业务关系发展导向,它建立在双方情感纽带的基础上,并确信维持这种关系能够比终止带来更多的净收益;其三是指在认知上固定的、积极的依附于行为的一种表现,并能够有条件地区分出真正忠诚和假象忠诚;其四是指承诺能够为评估品牌忠诚的相对程度提供基础。

承诺与客户忠诚其他影响要素之间的关系通常具有以下特点:

(1) 承诺与忠诚不同,承诺是对继续一种依赖或关系的持久希望。真正忠诚包括指向于品牌而不只是重购的一种承诺。这是由于,重复购买可能由于惯性和其他强制力而引起。承诺把这种希望转化为对品牌的重复购买,并因此而忽视了其他可选项,同时向其他人推荐品牌和忠诚。

(2) 基于实验性研究结果,承诺通常会对抗影响力和变化,因而它是一种稳定的偏好,而且抵制被态度的变化所左右。

(3) 承诺的增加导致了客户提出抱怨的意愿增加。客户提出抱怨的意愿,是忠诚度的重要指标。

(4) 在承诺与忠诚之间存在显著的关系。关系利益的增加导致客户承诺的增加,这有助于提升忠诚度。因此,承诺作为忠诚的重要直接前置变量得到了强有力的支持。这种现象在酒店、航空等服务业中被证实。

4. 情绪

在满意与忠诚之间的正向关系研究中,认知成分得到重视。但是在许多研究中,一个重要的成分被忽略,这就是情绪。在客户行为研究中,如果缺乏对情绪的探讨,则不能对这一行为本身提供很好的理解。情绪影响决策制定,尤其是积极的情绪通常能够把个人维持计划推进的意愿与分享一项活动的结果紧密地联系在一起。积极的情绪与正向的分享积极体验的口碑显著地关联在一起。

情绪与客户忠诚其他影响要素之间的关系通常具有以下特点:

(1) 积极的情绪使人能够与他人分享自己的积极体验,而消极的情绪导致向他人抱怨。

(2) 情绪与忠诚之间存在显著的关系,情绪是态度忠诚的重要前置变量。

(3) 负面情绪导致重新购买意向的显著下降,并引起负面口碑的增加。

5. 企业形象感知

企业形象是由体验或者直接、间接的市场沟通所累积形成的客户态度的产出结果。一般认为,企业形象及其声誉是客户忠诚的重要驱动力。但是,在一些特定情形中,企业形象并不是客户忠诚的直接预测指标。

企业形象感知与客户忠诚其他影响要素之间的关系通常具有以下特点:

(1) 企业形象影响购买者的购买决策。它能够使客户在从企业购买时简化决策规则。

(2) 企业形象是客户关于品牌知名度、识别、客户满意和客户行为的态度和信念。

(3)企业形象能够使客户满意的判断出现晕轮效应,并因此影响感知价值、客户满意和意向忠诚。

6. 价值感知

对于客户而言,与其他合作伙伴建立关系的重要前提之一,是这种关系必须能够从感知角度为其提供价值。客户感知价值建立在对其将获得的利益和将付出的努力的评估基础上。感知价值又被认为是客户在质量感知与货币或非货币支出之间计算结果的一种权衡。不论是质量感知,还是付出,其中都包括了功能的、社会的、情绪的和认知的成分。

价值感知与客户忠诚其他影响要素之间的关系通常具有以下特点:

(1)高的客户感知价值导致高频率的购买行为。

(2)客户积极的价值评估导致更高水平的客户忠诚。

(3)客户感知价值不仅对客户忠诚具有直接影响,而且通过客户满意对客户忠诚施加影响。

(4)在预购买情形下,价值感知对购买意图和购买意愿产生影响。忠诚行为包括关系延续、关系水平和范围的增加,以及通过口碑式广告推荐等。在这种行为中,客户坚信供应商所提供的价值比其他供应商大。

在此需要指出的是,在感知价值情形下,客户依据他们对价值的感知而行动,他们无视交易环境的差异。

7. 质量

质量是指与某一产品或服务有关的,满足规定或隐含的需要所具有的总体特征和特性。由于被评价的方面有所区别,因而产品质量和服务质量在实际应用评价中有所不同。产品质量通常使用具体的、固有的信息(如颜色、味道,以及价格、品牌名称等外在的信息)来评价。感知服务质量尽管以几乎同样的方式被观察,但与之不同的是,它更强调服务绩效以及与优质服务的比较。

质量与客户忠诚其他影响要素之间的关系通常具有以下特点:

(1)质量对感知价值和总体满意度具有直接的正向影响。

(2)质量对客户未来的忠诚度具有直接和间接的影响。

(3)只要客户具有良好的感知质量(功能性的和技术性的),他们就会对企业产生有利的态度并更倾向于继续与企业联系。

(4)高功能性质量和关系质量导致积极的口碑效应。

(5)在客户与企业的关系中,当客户对企业服务质量给予有利评价时,双方关系得到强化;而做出不利评价时,会弱化这种关系。

以上7个因素作为客户忠诚的决定因素,尽管都很重要且发挥着关键性作用,但是通过相互之间的对比分析可以发现,它们在影响客户忠诚的力量、重要性及作用方式上存在一定差异。其中,有的变量对客户忠诚构成直接影响,而其他变量则通过中间变量发挥作用。

在许多情形下,一些被认为是首要决定因素的变量,换到其他情形下则被认为是间接决定因素。由于研究者们所观察的研究对象和研究场景不同,因而客观上存在这种差异。

例如，在某些情形下，满意是作为影响客户忠诚的首要决定因素存在的，但是在其他情形下，它可能需要通过"信任—承诺"这样一个中介环节来间接地影响客户忠诚。这种在影响客户忠诚的变量之间的关系变化，从直接影响转变为间接影响，可能是由于信任、承诺等中介变量的出现。同样，当满意没有包括在内时，功能性和技术性的质量对客户忠诚具有直接影响；而当满意包括在内时，则具有间接影响。

在探讨客户忠诚影响因素时，还需要考虑另一个变量——转换成本。高转换成本通常意味着重购意愿增强，但是这并不导致也不体现真正的客户忠诚。如果一位客户认为从一种商品转向另一种商品的购买成本很高，那么他就会对原来购买过的商品进行再次购买，这种购买行为显然不能被理解为客户忠诚的表现。

此外，在研究客户忠诚的各种模型中，有些是把上述 7 个变量中的某几个作为变量来构建的，也有一些增加了其他变量。经过图 8-1 客户忠诚模型中对变量关系的梳理，我们大致可以清楚地了解客户忠诚的主要影响因素，同时对各个因素之间的关系有一定程度的把握。但这并不意味着上述结论就是恒定不变的。事实上，对于满意是否直接影响客户忠诚，中间是否有其他变量存在且发挥中介作用，目前并没有形成一致结论。在实践中经常出现的现象是，那些满意的客户中也会出现较高的背叛率，这表明满意的客户未必完全忠诚。

由于商业关系本身是一种基于交换和利益的契约关系，在这种交易过程中双方是平等的独立人格，在实践中并没有为客户和企业之间专门设立人身依赖关系的伦理道德层面的严格要求，因而不能按照社会关系学中的忠诚来苛求客户应当在情感和行为上对企业表现出怎样的一致性。一般而言，一次交易与另一次交易是两个完全没有必然性和关联性的交易，因而那些主张通过第一次交易就要赢得第二次乃至第三次、更多次交易的设想，是一种主观上的一厢情愿，并不能够在商业法则上找到理论依据。因此，从这个意义上讲，企业与其纠结于客户忠诚度和市场易变性，还不如强化自身产品或服务的吸引力。

客户满意是客户忠诚的必要条件，但是并不充分。在二者之间还有许多其他变量在发挥作用，影响着客户忠诚度的变化。这些变量起着中介作用。以信任为例，在习惯上，人们认为客户满意能够增强客户信任，进而由于信任而扩大承诺，最后导致客户忠诚。因此，在实践中，人们普遍认为是由于承诺的存在而驱动了客户忠诚。

与此相似的是，在一些情形下，质量、形象和价值对客户忠诚具有直接影响；而在另外一些情形下，这些决定因素只是通过客户满意来影响客户忠诚。这意味着客户满意是客户对产品或服务的期望与感知绩效之间对比的结果。需要注意的是，客户期望是由对企业形象的感知决定的，而感知绩效是由客户实际体验中的质量评价决定的。因此，感知形象和感知质量可能会被认为是直接作用于客户满意，而非客户忠诚。

这个简化模型中各个变量之间的逻辑关系表明，企业形象和感知质量通过感知价值来影响客户满意，而企业形象本身与客户忠诚之间并没有显著关系。感知价值能够提升客户满意，但是这种影响作用于认知层面上的满意。由于客户满意包括认知满意和情绪满意两个方面，因而情绪满意也需要进一步关注。一般认为，情绪尤其是负面情绪，是满意的重要影响因素。因此，在研究客户满意时需要把独立的情绪因素包括在内。

8.2.2 客户忠诚模型中各个变量的基本含义

表 8-2 对客户忠诚简化概念模型的变量进行了扩展[①],并对变量情况进行了说明[②],这对人们更加详细地了解和掌握各个变量的具体指向及其研究文献出处有重要帮助,同时也便于在市场调查中设计和开发量表。

表 8-2 客户忠诚决定因素及其对忠诚的作用

决定因素	客户随之发生的行为	观点提出者
服务质量	客户满意(期望得以确认)	Anderson & Sullivan (1993); Anderson, Fornell, & Lehmann(1994); Athanassopoulos (2000); Cronin et al. (2000); Fornell et al. (1996); Parasuraman et al. (1994)
	积极的行为意向(重购,推荐等)	Zeithaml (2000); Zeithaml et al. (1996)
	积极的口碑	Anderson & Mittal (2000)
	对竞争者营销传播的敌意	Grönroos (2000)
客户满意	未来购买意向(重复购买)	Cronin & Taylor (1992); McAlexander et al. (1994)
	客户积极参与购买附加的服务并进行有利于企业的口碑传播	Liang & Wang (2007)
	客户对竞争性提供品的敏感性下降	Fornell (1992)
	由重复购买和推荐所增加的市场份额	Barsky (1992)
信任	重购意向	Doney & Cannon (1997)
	奉献	Berry & Carbone (2007)
	洽谈成本降低,消除客户对服务提供者机会主义行为的恐惧	Bendapudi & Berry (1997)
	高价值交易关系的形成	Morgan & Hunt (1994)
	长期关系的维持	Ranaweera & Prabhu (2003)
承诺	对公司的喜欢和情绪性的依赖	Beatty, Homer & Kahle (1998); Morgan & Hunt (1994)
	对转换行为的抵制	Pritchard et al. (1999)
转换成本	重复购买行为	Kon (2004)
	对客户满意的影响	Fornell (1992)
	阻止客户对竞争性品牌感兴趣	Aydin & Ozer (2005)
企业形象	形象一致	Sirgy (1982,1985); Zinkham & Hong (1991)
	自我形象强化	Tepeci (1999)
	重复光顾	Nguyen & Leblanc (2001)
服务恢复	影响有利的行为意向	Swanson & Kelley (2001)
	对转换意向的影响	McCollough, Berry & Yadav (2000)

---

① SRIVASTAVA M, RAI A K. Evidence on Customer Loyalty Relationships: An Appraisal[J]. The Marketing Review, 2015, 15(1): 83-115.

② RAI A K, SRIVASTAVA M. Customer Loyalty Attributes[J]. NMIMS Management Review, 2012, 22: 49-76.

续表

决定因素	客户随之发生的行为	观点提出者
情绪	对购后行为的影响,如重复光顾、推荐和重购意向	Allen, Machleit & Kleine (1992); Laverie, Kleine, & Kleine (1993); Mano & Oliver (1993); Westbrook(1987)
	影响消费之后的满意度评价	Mano & Oliver (1993); Westbrook (1987)
沟通	负责在早期建立知名度,开发客户偏好,说服和鼓励客户做出购买决策	Ndubisi & Wah (2005)

8.2.3 客户忠诚其他概念模型及其变量和分析方法

在前面的论述中,我们借鉴了关于客户忠诚的简单概念模型。但是在针对一些特定情形时,如果运用这样的模型来解决实际问题,其作用效果将会受到限制。因此,我们必须针对一些特定情形或者以特定要素为分析角度来探讨一些实用性的模型。

在前面提及的简化概念模型中,虽然影响客户忠诚的有 7 个方面的关键性决定因素,但是事实上,所有自变量是以客户满意这个自变量为核心而联系在一起的,它们相互作用并最终影响客户忠诚这一因变量。如果我们在研究客户忠诚这一因变量时,选择其他核心自变量,那么围绕这一核心自变量的其他变量就会随之发生变化,因而所获得的客户忠诚模型就会不同于前面所介绍的简化概念模型。

除了从客户满意角度分析外,客户忠诚还可以从关系投资、接触点、企业社会责任等角度进行分析。

1. 关系投资与客户忠诚

关系投资既是一种常见的营销行为,也是一种特殊的投资行为。但是,从企业的内在动机来分析,它主要是从关系营销而非投资角度来提升客户忠诚,其中涉及企业为了维持和增进关系需要对客户的投入,包括实物投资和情感投资等多种形式。在关系投资与客户忠诚关系中,企业是行为发起者。因此,关系投资是一种主动的企业营销行为,即通过关系质量的变化来影响客户忠诚度,进而提升企业利润。在当代十分流行的电子零售(E-tailing)中,关系投资影响客户忠诚的概念模型如图 8-2 所示[①]。

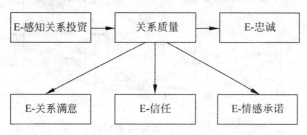

图 8-2 电子零售客户忠诚模型

---

① RAFIQ M, FULFORD H, LU X M. Building Customer Loyalty in Online Retailing: The Role of Relationship Quality[J]. Journal of Marketing Management, 2013, 29(3-4): 494-517.

电子零售也称为网络零售,是随着互联网技术和信息技术的飞速发展而兴起的一种零售模式。在中国,这种零售模式越来越普遍,几乎涉及所有零售领域。但是,目前的挑战就在于如何确定网络零售中的客户忠诚度。如图 8-2 所示的模型就是从关系投资角度分析这种新型电子商业模式的客户忠诚度(E-忠诚)问题。电子零售客户忠诚是指客户对电子业务的一种赞同态度及由此而引起的购买行为。[1]

客户忠诚开发是关系营销的主要研究领域。关系营销理论认为,对于零售商而言,应当投资于开发和维持与客户之间的长期关系,而不是吸引短期的、分散的交易。在这种关系中,客户愿意购买、支付更多,并表现出高度信任倾向,与企业之间的情感联系更紧密,愿意向企业引荐其他客户。

2. 接触点管理与客户忠诚

接触点管理与客户忠诚之间的关系分析,以客户关系管理流程中企业与客户的接触时间、地点和方式为研究对象。客户接触点是分析产品提供与客户满意之间关系的一个界面,但是如前论述,客户满意与客户忠诚之间的关系十分复杂,因而有必要从客户接触点角度来分析客户忠诚。一般而言,在以客户为导向的氛围中,即企业员工能够有效地提供高质量的产品,客户容易被保留下来。客户接触点管理能够从直觉上影响客户购买决策。在这种接触中,如果从营销沟通角度来分析,通常表现为直接营销或者类型繁多的"一对一"式客户接触。

客户接触管理是关系营销的一个分支领域。在与客户接触的过程中,企业能够宣传产品或服务的质量并因此而提升客户满意。从客户角度观察,基于对信息的掌握和对接触点的满意,客户会增加与企业的交往频率。但是,目前关于接触点管理与客户忠诚之间关系的研究资料相对缺乏。

图 8-3 是以金融机构为例,对客户接触点与客户忠诚之间关系的分析。[2] 如果用金融

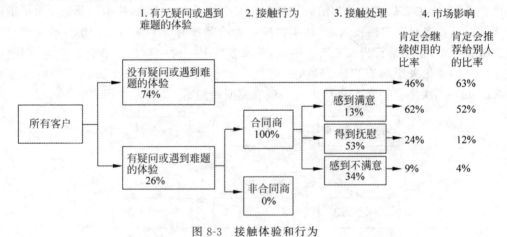

图 8-3 接触体验和行为

---

[1] ANDERSON R, SRINIVASAN S S. E-satisfaction and E-loyalty: A Contingency Framework[J]. Psychology and Marketing, 2003, 20(2): 123-138.

[2] JONES H, FARQUHAR J D. Contact Management and Customer Loyalty[J]. Journal of Financial Services Marketing, 2003, 8(1): 71-78.

产品的继续使用或者向他人推荐来评价客户忠诚度,那么该图第 4 项"市场影响"中的百分比就是客户忠诚度体现。如果在市场调查中作为被试对象,客户选择了"没有疑问或遇到难题的体验",那么他的客户忠诚度较高;而如果选择了"有疑问或遇到难题的体验",那么又分为是否为"合同商"两种情形。在合同商身份下如果选择"感到满意",就会显示出比较高的客户忠诚度。这种分析框架对于研究客户接触点与客户忠诚具有参考价值。

延伸阅读 8-1　最严重的疑问或难题及其对客户意愿的影响

3. 企业社会责任与客户忠诚

企业社会责任与客户忠诚之间的关系分析,是以客户对企业社会责任形象的感知为出发点来研究客户忠诚的。其分析角度为客户感知这一端点,而分析对象是企业社会责任,因此是以客户为主体对企业行为所引起的企业自身形象的一种判断。由于企业社会责任涉及的领域比较宽泛,因而直接作用于客户的企业社会责任只是其中一部分。客户从企业对待社会、客户及员工的态度中来判断其社会责任感,在此基础上形成对企业的形象感知,进而形成对忠诚度的影响。这种判断一部分来源于客户与企业接触中的自身感受,其中有主观成分,也可能有客观成分;另外相当一部分来源于企业对待社会及其员工的态度。客户从自身感受和与其他社会群体及企业员工的"共情"中获得对企业的客观评价。在企业社会责任与客户忠诚之间关系的研究中,客户作为观察者,对企业社会责任进行观察,有时处于关系内部,有时又处于关系外部,因而在观察问题的角度上有所不同。

忠诚行为是客户赖以向企业表达满意的最有代表性的方式之一,往往与企业利润紧密地联系在一起。正如前面所阐述的那样,客户忠诚是一个非常复杂的概念,研究者们总是不断地在原有概念基础之上增加一些新的变量或影响因素,以便更清晰地阐明其含义。企业社会责任形象(CSR image)就是这样的变量,它已经被融入客户忠诚概念模型中。但是,实验数据并不能就企业社会责任形象对客户忠诚的影响形成一致结论。

图 8-4 对企业社会责任形象与客户忠诚之间的关系进行了梳理,提出了一个具有新意的概念模型[①]。

在图 8-4 中,客户与企业之间的认同成为与客户满意并列的影响客户忠诚度的因素,而客户忠诚评价仍然是以推荐行为和重复购买行为为主要依据。将这个概念模型应用于 CSR 形象存在一定区别的储蓄银行和商业银行两种不同情景时,实际数据计算结果表明,尽管不同情景下各个线路之间的关系显著性有所差异,但是除该图中个别线路变量之间相关关系不显著外,大多数线路中的相关关系是显著的。

如图 8-4 所示的概念模型主要涉及下列概念:CSR 形象(包含三个维度:企业对社会、企业对客户和企业对雇员的 CSR 形象);客户—企业(C-C)认同;重复购买行为和推

---

① PÉREZ A,DEL BOSQUE I R. Corporate Social Responsibility and Customer Loyalty:Exploring the Role of Identification,Satisfaction and Type of Company[J]. Journal of Services Marketing,2015,29(1):15-25.

荐意愿。研究结果证明了所设计量表对于理解 CSR 形象在银行业中的作用具有充分的效果。该因果关系模型说明了 CSR 形象直接并正向影响客户—企业认同、重复购买行为和推荐行为。

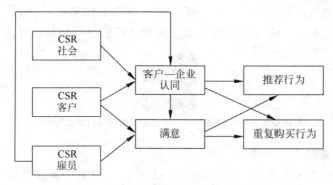

图 8-4　CSR 形象与客户忠诚概念模型

延伸阅读 8-2　CSR 形象与客户忠诚量表

4. 客户参与和客户忠诚

客户参与和客户忠诚之间的关系，是从客户参与企业新产品开发和设计的角度来分析的。这种分析有以下三个优点：

(1) 能够体现不同企业、不同产品的特点，把企业、产品、市场结合起来，综合考虑客户参与和客户忠诚之间的关系。

(2) 能够揭示客户参与是否增进客户忠诚度。在现实市场环境中，由于各类企业对于客户参与的要求程度不同，因而二者之间的关系往往并不是一个恒定的量。对于标准化程度特别高的产品而言，如一些基础工业原材料和零部件，要求客户参与的程度可能就比较低；而对于一些个性化和定制化程度比较高的产品，如服装、家具、家电、服务类产品，要求客户参与程度就比较高。

(3) 比较贴近现代社会人们的生活、工作、学习方式需求，同时也能够体现市场潮流和变化趋势，因而在客户关系管理中具有重要地位。

例如，对于一家服装零售企业而言，它所销售的时装可能在很大程度上取决于能否对不断变化的客户兴趣做出快速反应，即把满足客户需求和欲望的最新款式提供给他们。要想做到这一点，这家企业就需要了解和掌握客户对于时装的需求，而最好的办法就是让客户参与产品的开发。因此，客户参与对于企业而言十分重要。企业应当建立一种沟通渠道把客户意见体现在产品开发的不同阶段。事实上，越来越多的企业已经试图与客户建立联系和接触，相对应的词汇是"客户定制""客户共创""反向营销"。以这些品牌魔咒为代表的做法，正成为快速发展的零售行业的潮流。以快速反应为基础的客户参与体系，如在线品牌社区和品牌社交网站等，已经成为知识分享的有效平台。对于快速时尚零售商而言,这些数字平台能够让它们获得客户在新产品、新趋势和新偏好方面的建议和反馈。客户参与和客户忠诚之间的关系如图8-5所示。①

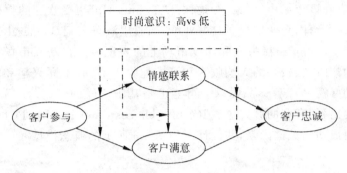

图8-5 客户参与和时尚意识的效果

图8-5作为一个理论模型,说明了客户参与和客户忠诚的关系。在该模型中,客户参与新产品的开发,建立了情感联系并因此提升了满意度,最终建立了对品牌的忠诚度。需要注意的是,在该模型中,品牌意识(fashion consciousness)取代了客户个性而发挥调节作用。

为了在市场中获得竞争优势,企业寻找机会与客户联系并建立客户忠诚基础,通过寻找有效的且具有胜任力的沟通方案,为客户提供所需利益。以服装零售企业为例,他们通过不断努力来获得客户反馈,借助意见论坛、虚拟客户环境、虚拟品牌社区、虚拟设计工具箱、原型制作中心等,寻求产品创意、产品设计和开发方案并进行产品支持率测试,以发现能够满足或超过客户需求的服务内容。在整个客户参与过程中,企业对客户角色进行识别,即对资源型客户、合作创造型客户、产品测试客户和产品使用客户进行区分。同时,企业还从纵向和横向上描述客户参与过程。纵向上是指产品设计过程不同阶段中与客户的接触,而横向上是指客户在产品设计过程中的参与深度。需要补充的是,与时尚意识低的客户相比,时尚意识高的客户显示出信息处理、信念、对待时尚态度及行为反应方面的不同。

5. 跨国企业与客户忠诚

一般而言,开放的市场环境与封闭的市场环境存在较大差异。同一企业在这两种不同的环境中,由于会面对不同的资源条件和竞争压力,因而在与客户的关系方面具有各自特点。跨国企业是处于开放环境中的企业,因而在研究客户忠诚时,所要考虑的问题通常要比纯粹的国内企业更多也更宏观。

跨国企业在与客户忠诚的关系中,虽然在获得新兴市场全球市场份额方面取得了长足进步,但是其中也有不成功的例子,如沃尔玛(Wal-Mart)在韩国,乐购(Tesco)在中国台湾地区,麦德龙(Metro)在丹麦,加乐福(Carrefour)在西班牙、罗马尼亚、比利时和土耳其的经营。尽管这些跨国企业提供了大量产品,建立了有效的分销网络,采取了消费者可

---

① KIM J Y, PARK J, GLOVINSKY P L. Customer Involvement, Fashion Consciousness, and Loyalty for Fast-fashion Retailers[J]. Journal of Fashion Marketing and Management, 2018, 22(3): 301-316.

承受的价格策略,却并没有取得预期效果。这些企业在建立客户忠诚度方面花费了大量时间和精力,但是市场反应并不积极。可口可乐(Coca-Cola)早在1993年就已登陆印度市场,却仍然没有在该市场中赢得比当地饮品"Thums Up"更受欢迎的效果。[①]

但是,也有一些跨国企业取得了良好业绩,如通用汽车公司(General Motors)在巴西的表现、麦当劳(McDonald)在中国和印度市场上的表现等。在新兴市场上,跨国企业主要看重大量的中产阶层、较高的人均收入和可支配收入,具有不同兴趣和偏好的人群,以及市场上大量的必需品和奢侈品需求。可能正是基于这样的考虑,库玛尔(Kumar V.)等人在研究中提出了"有利的客户忠诚"(profitable customer loyalty,PCL)作为跨国企业在新兴市场取得成功的关键因素,并设计了如图8-6所示的概念模型。

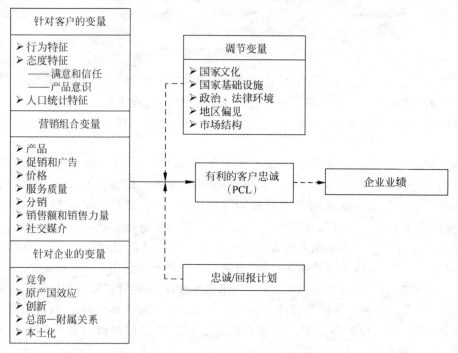

图8-6 在新兴经济体建立PCL的概念框架

从图8-6中可以发现,针对客户的变量、营销组合变量和针对企业的变量直接作用于PCL,然后由其影响企业业绩。国家文化、基础设施等因素以及忠诚或回报计划对前面三个变量对PCL的影响起调节作用。

需要指出的是,这个模型中的PCL是指客户所呈现出的行为忠诚或态度忠诚,并因此而为企业提供利润。把图8-6中的关系逆向推理一下,即可得出这样的逻辑:企业业绩的提升受PCL的影响,而PCL的提升直接受针对客户的变量等三个因素的影响,与此同时,国家文化和忠诚计划等因素发挥调节作用。这种概念模型尽管对B2B情形也适

---

① KUMAR V,SHARMA A,SHAH R,RAJAN B. Establishing Profitable Customer Loyalty for Multinational Companies in the Emerging Economies:A Conceptual Framework[J]. Journal of International Marketing,2013,21(1):57-80.

用,但主要适用于企业对客户这样的场景中。

关于客户忠诚,还有许多其他影响因素与之相关,如质量、服务、企业战略、客户年龄、在线销售等。这些研究有的对于厘清客户忠诚这一概念本身具有积极的推动作用。但是,不可否认其中有些概念模型并不成熟,在实践中也较少应用,因而不是客户忠诚模型及分析方法的主要内容。

8.3 客户忠诚计划

客户忠诚计划是一个矛盾体。许多人认为客户忠诚是一种态度方面的现象,因而企业可以利用客户关系管理创意,如客户忠诚计划和亲和项目来改变这种现象。实证研究表明,在竞争性重购市场中,对于某个品牌被动接受而形成的客户忠诚,在概率上要远大于对品牌的坚定态度所形成的客户忠诚。[①] 因此,对于企业而言,有必要把客户忠诚计划推向市场来吸引客户的注意力,进而提升企业客户关系管理质量。

客户忠诚计划是客户关系管理的重要工具之一。在美国、日本和欧洲一些国家的企业中得到了普遍推广,如美国的航空和酒店业、日本的零售业、法国的银行业、德国的汽车企业、英国的杂货店、澳大利亚的电信企业、意大利的时装店等。一般而言,此类企业主要是面向客户提供财务和关系方面的帮助,有时也会面向第三方慈善组织。

8.3.1 客户忠诚计划的目的

客户忠诚计划的目的有两个:一是通过提升购买和使用水平来增加企业销售收入,扩大从供应商处购买产品的范围;二是在品牌与客户之间建立紧密的联系,并以此维持现有的客户基础。客户忠诚计划之所以在企业中广受欢迎,就在于人们普遍认为它能够实现上述两个目的中的一个或全部。当然,客户忠诚计划还有一些次要目的,如交叉销售、建立数据库、巩固贸易关系、支持品牌公共关系及建立合作联盟等。现阶段关于客户忠诚计划的研究主要集中在计划所能提升的忠诚客户数量及这样的计划项目投资是否能够盈利等方面。

一般而言,根据前面所做的关于忠诚概念的分析,客户忠诚的具体对象体现在品牌、服务、商店、产品类型等方面。但是从深度上讲,客户忠诚通常具有三个层次。以客户与品牌之间的关系为例,首先,它所表示的是一种态度,即与品牌之间的关系态度;其次,它所表示的是表现出来的行为,如过去的购买模式;最后,它所表示的是受个性、场景和购买情形等因素调节的状况。在第一种情形下,客户由于受个人态度和积极信念以及具有影响力的其他人影响而形成忠诚,因而在品牌忠诚方面通常表现为态度忠诚,且对单一品牌表现出强烈感受。在第二种情形下,客户由于受习惯和过去经验的影响,因而在忠诚方面表现为行为忠诚,且对一些品牌表现出有区分的忠诚。在第三种情形下,由于客户受购物场景、使用情形、类别选择/个人性格等因素影响,因而在忠诚方面表现为受多种因素影

[①] UNCLES M D, DOWLING G R, HAMMOND K. Customer Loyalty and Customer Loyalty Programs[J]. Journal of Consumer Marketing, 2003, 20(4): 294-316.

响的弱度忠诚。

客户忠诚计划的目的就在于识别上述三种情形,并针对不同情形制定相应的行为方案。

一般而言,企业与客户之间忠诚关系的发展轨迹大致如图8-7所示。

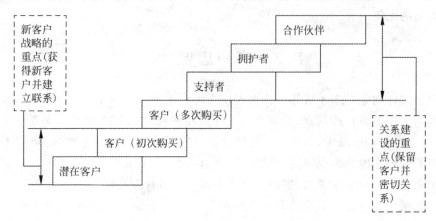

图 8-7　客户与企业之间关系的发展过程

8.3.2　客户忠诚计划的方法、步骤和类型

客户忠诚管理事实上就是企业推动整个客户管理工作从新客户战略向关系建设战略转变的全部过程。对于企业而言,在客户忠诚管理活动中既可能是仅采取一个方案,也可能是综合运用一组方案;从管理流程上分析,它应当是一个持续的、不间断的逐步优化和系统化的过程。

1. 客户忠诚计划的方法、步骤

在客户忠诚管理中,产品质量起着至关重要的作用。在某些情况下,企业只要向客户提供高质量的产品就可以赢得客户忠诚。当然,客户忠诚也可以通过其他一些方法获得。这些方法的实际效果有可能取决于客户自身的兴趣和偏好。例如,对于追求经济实用的客户,高质量并不一定能带来忠诚;相反,具有一定质量保证而在价格和功能上具有竞争优势的产品更受顾客喜欢。因此,在客户忠诚管理中,除了企业自身需要做好产品的质量、性能方面的准备外,更为重要的是分析客户的真实需求是什么,他们主要看重产品的哪些特征,以及他们大致属于哪种类型客户,等等。例如,对价格敏感而对质量不敏感的客户,如果企业一味地强调质量而不突出价格优势,就可能很难培育客户忠诚度。同样,对功能和款式感兴趣的客户可能对质量或价格就不一定特别敏感。

客户忠诚计划的最终目标,如果从客户利益最大化角度出发,是提升客户满意度;如果从企业利益最大化角度出发,是获得更高的利润率。客户忠诚计划的多种实现形式包括自由报价、优惠券、低利率、高价实物换购、延长保质期、打折或其他回馈活动。在此类计划中,优质的客户服务是计划顺利推进的重要保障。同时,企业应当认识到客户忠诚管理的三个重要阶段(客户满意阶段、客户重复购买阶段和客户推荐阶段)的不同特征,有针对性地采取客户忠诚计划项目。在客户满意阶段,企业应当重点提升产品的技术质量和生产水平；在客户重复购买阶段，企业应当不断提升与促进产品销售相匹配的各种支持性活动能力；在客户推荐阶段，企业应当强调与客户之间的共享价值，通过给客户以实际回报的形式让客户更积极地对外宣传企业的产品和服务。

在客户忠诚计划实施过程中，企业必须具备先进的意识体系，即能够对客户所处的生命周期阶段、不同客户的个性特征和需求差异进行区分，同时还能够把接触点管理与客户忠诚计划相衔接，增强客户在忠诚计划中的体验。企业应当利用与客户关系管理相关的各项统计指标，如客户利润率、客户的产品或服务偏好、产品或服务对象人口统计特征、客户心理和个性特征等，来做好客户忠诚计划管理工作。尤其是应当把线上和线下资源结合起来，形成综合客户忠诚计划方案，从线上和线下接触点中获取与客户相关的各类数据资料，形成客户信息数据库，进行目标客户群体的识别和差异化分析，进而在线上和线下服务网点中有针对性地为客户提供产品或服务项目。

需要注意的是，在客户忠诚计划中，企业应当把注意力更多地投向高净值客户和新客户两大领域，并依照如图 8-8 所示的步骤对客户忠诚计划进行管理[①]，做到产品、规范和政策的统一。

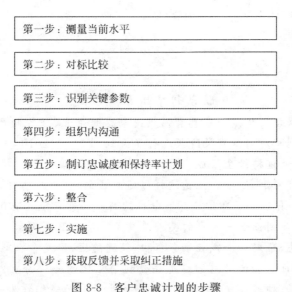

图 8-8　客户忠诚计划的步骤

2. 客户忠诚计划的类型

客户忠诚计划可能涉及各种各样的回馈和激励措施，因此有必要对它们进行归类。

(1) 感激型计划。在这种计划中，企业对长期购买企业产品的客户给予数量优惠。例如，通信公司给忠诚客户增加额外通话时间。

(2) 回馈型计划。企业向长期购买企业产品的客户提供与原产品无关的产品，如超市积分卡，客户可以用积分换取其他产品。

(3) 合作型计划。企业与客户通过签署协议的方式鼓励客户向他人推荐企业的产

---

① 乌尔瓦希·毛卡尔，哈林德尔·库马尔·毛卡尔.客户关系管理[M].马宝龙，姚卿，译.北京：中国人民大学出版社，2014：81.

品,客户因此而获得一定奖励。例如,汽车销售大王乔·吉拉德就使用这种方法鼓励客户为其销售汽车。

(4) 回扣型计划。在这种忠诚计划中,企业向客户提供价格优惠方案。例如,客户在租用酒店房间时,租用时间越长,租金越低。

(5) 亲和型计划。这是一种以企业公共关系为纽带的客户忠诚计划。例如,企业通过积极承担社会责任使客户感受到其正能量。

复习思考题

1. 简述客户忠诚的基本内涵。
2. 客户忠诚管理包括哪些主要方面?
3. 客户忠诚评价量表主要有哪些维度?
4. 在客户忠诚管理中,企业应当如何应对不忠诚行为?
5. 客户忠诚计划中包括哪些主要方面?
6. 客户忠诚管理体系包括哪些内容?

联合利华的客户忠诚

【案例信息】 联合利华是一家具有强烈使命感的企业,独特的历史传统始终影响着其经营方式。联合利华对自身发展阶段进行了大致划分,将2010年之后至今定为"可持续生活"阶段,倡导"让可持续生活成为常态",并把客户忠诚作为一项重要工作来落实。

在联合利华的官网上,这家企业是这样描述自己的:19世纪90年代,Lever兄弟创始人William Hesketh Lever为其具有革命性的新产品——Sunlight香皂制定了产品理念,这一新产品在维多利亚女王时期的英国普及了清洁与卫生观念。这种使命感就是"使清洁工作变得更容易,帮助妇女减轻家务负担,促进健康,焕发个人魅力,让我们的使用者生活更美好"。这种目的和使命感始终是联合利华文化的一部分。21世纪,我们仍在帮助人们使其心情愉悦、神采焕发,享受更加美好的生活。而我们作为一家企业的目标就是"让可持续生活成为常态"。

在120多年的发展中,联合利华是以开拓者、创新者和未来的塑造者身份出现的。其成功之处表现在全球大约25亿人在使用它的产品并且感觉很好,看上去很好,同时能够从生活中获得更多的东西。它认为自己的品牌能够为积极变革、扩展业务和实现可持续的生活状态带来机会。该企业现有400多个联合利华品牌为全球消费者所使用,行销190多个国家和地区,15.5万名员工在传递着企业的成功。其业务主要涵盖三个领域:美容和个人护理品;食品和饮料;家庭护理用品。2019年其三个业务领域的营业额分别为219亿欧元、193亿欧元和108亿欧元,营业总额高达520亿欧元。

联合利华之所以能够取得如此巨大的成功,与其长期以来坚持客户忠诚战略是分不开的。

联合利华官网在"我们做什么"栏目中清楚地回答了它对客户的重视。它宣称"我们生产人们喜爱的产品,这使我们与众不同"。事实也确如其言。在它的产品中,既有营养食品、家庭护理用品、冰激凌、提神茶,也有奢侈洗浴香波和人们能够支付得起的消毒香皂。当然,还有更多的东西。联合利华CEO Alan Jope说:"我致力于让一个世纪以来联合利华提供负责任的业务这项承诺走得更远。"在联合利华品牌家族中,Lipton、Knorr、Dove、Rexsona、Hellmann's、Omo等品牌在客户心目中占据了重要地位,是忠诚度特别高的世界品牌,其中每一个品牌都有超过10亿欧元的营业额。除了这些影响力强大的品牌外,联合利华还积极推进品牌本地化,来满足东道国市场需求,进而整合当地情感于品牌之中,提升客户忠诚度。例如,在印度市场推出Brooke Bond,在巴西市场推出Brilhante,在美国市场推出Suave等品牌,通过对当地市场的深度洞察和创新,使这些品牌大受欢迎。

客户忠诚对于联合利华而言实在是太重要了。该企业以产品品牌和企业形象为纽带塑造了牢固的客户关系。对于这一点,该企业网站在"我们为什么做"栏目中给予了有力说明:企业要想事业兴旺发达,必须使周围的人兴旺发达。正是由于客户的大力支持,在过去38年中,联合利华的红利年均增长8%。

为了实现客户忠诚,联合利华力争与所有利益相关者保持良好关系。例如,与投资者、政府部门、非政府组织、供应商、社区机构等部门和单位在商业伦理原则基础上和法律框架内保持积极合作。尤其是在客户关系方面,联合利华能够通过10个渠道为客户提供产品或服务,其中包括超级市场、电子商务、户外销售、药店、小商店、折扣店、食品店、联合利华国际、有声望的全球零售商等。在全球范围内,联合利华的商品在2 600万个零售商店出售,这极大地方便了客户购买。为了保证客户满意,并掌握客户忠诚度情况,联合利华在季度分析基础上对每个国家和地区的客户满意度进行评价。同时,该企业还应用新技术与客户一道开发出新创意来提升服务质量,如货车最佳运输量、最优转运时间的计算,以及针对客户个人抱怨来个性化服务内容并设计出购买者参与项目。在这种引入客户参与产品和服务项目的开发活动中,联合利华对客户数据和隐私严格保密。

最为重要的是,联合利华在与客户互动中,向客户分享自己的成功经验和做法,以此来提升客户忠诚度。

资料来源:https://www.unilever.com/sustainable-living/.

【案例讨论题】
1. 以本案例信息为基础,试分析联合利华在客户忠诚方面有何独到之处及原因。
2. 与普通家用电器生产企业相比,联合利华在提升客户忠诚度方面有何不同?
3. 选择一家国内日化产品生产企业作为分析对象,撰写一篇案例材料并与本案例进行对比分析。

第 9 章
客户关系管理过程：计划、组织、实施和控制

【本章知识点】
- 客户关系管理过程
- 客户关系管理的计划
- 客户关系管理的组织
- 客户关系管理的实施
- 客户关系管理的控制

在前面章节中，我们从理论上探讨了客户关系管理的内涵与要素，讲解了它所涵盖的主要领域及具体层面，回答了它本身是什么这个问题。这有助于我们把它与其他市场营销活动区分开来。但是，在企业管理工作或市场营销活动中并没有过多涉及具体应如何对它进行有效管理。本章我们将从管理工作的角度分析客户关系管理过程，即如何把客户关系管理作为一项企业管理的具体工作或任务来管理好。因此，我们的分析首先是站在管理或者管理者的角度进行的，而管理对象就是客户关系管理这一客观事物本身。在阐述中，与其他管理活动所涉及的具体范围相一致，对客户关系管理这项任务的管理分析也包括了计划、组织、实施和控制等内容。

9.1 客户关系管理过程涉及的主要环节

从管理者角度观察，客户关系管理是一项具体的活动或者任务。它是指企业在特定环境条件下，管理者为了寻找、建立、维持和提升客户关系而围绕客户服务这一中心任务制订计划、设计组织结构、分配资源、布置任务、实施项目、进行质量监督和运营状态控制的动态过程。

一般而言，管理主要由计划、组织、实施和控制等职能组成。相应地，对客户关系管理这一过程本身的管理也包含这四项职能。

客户关系管理既需要关注结果，更需要关注过程。客户关系管理结果是客户关系管理过程的产物，在实践中并不能将二者分开。为了更好地研究客户关系管理中的各种具体问题，有必要对客户关系管理过程进行深入剖析，以指导企业采取正确的管理策略与发展路径。

9.1.1 客户关系管理过程的具体含义

1. 以特定环境条件为基础

客户关系管理过程与企业其他一般性经营管理活动不同。它是与企业之外的群体进

行交流的过程,将企业端的产品、服务、资源、信息与客户端的需求、资金、资源、信息相对接,既不同于单纯地在企业内部开展各种活动,也不同于完全地在企业外部开展活动。在这个过程中,企业作为管理活动主体,既受自身条件影响,也受外在环境条件影响,因而必须与特定环境条件融合在一起开展工作。

2. 管理主体是企业管理者

在客户关系管理过程中,负责客户关系经营管理的是企业管理者。他们既可能是企业其他业务活动的管理者,也可能是企业专门负责客户关系的管理者。客户关系管理过程的重要性与地位,决定了直接负责这一过程管理的岗位和任务的重要性及其特殊地位。

3. 要发挥管理各个职能的作用

在客户关系管理过程中,计划、组织、实施和控制各个职能相互配合、相互作用,缺一不可。但是相对而言,计划作为首要职能,其地位更加特殊。它包括客户关系管理战略与目标的设定,因而是其他职能的重要风向标,具有前瞻性和方向性作用。

4. 必须充分利用内部、外部资源

内部资源包括组织已经拥有的人、财、物、技术、信息、规章制度、文化等基本生产经营条件;外部资源包括组织能够从其上游、下游环节所获得的各种有利条件。以企业为例,上游环节包括原材料供应商、政府部门等,而下游环节包括代理商、经销商和消费者等。

5. 必须以组织目标为核心

客户关系管理过程的目标必须与组织设定的短期、中期、长期目标保持一致。这一过程既涉及具体战术目标,也涉及战略目标,要围绕这些目标展开。由于这些目标之间相互支撑,因而客户关系管理过程的各项活动必须具有逻辑性和系统性。过程决定目标实现质量和水平,而目标能够检验过程的实际效率和效果。

6. 做好各种力量的相互协调

切斯特·巴纳德认为,组织是力量的协作系统。在处理组织之外的关系时,做好力量协作尤其重要。客户关系管理过程不仅要协调组织内部与外部资源之间的关系,也要协调各种管理工具以及不同管理者之间的关系。这个过程是在不断协调中进行的,其根本目的是完成客户关系管理的总目标。

9.1.2 客户关系管理者的层次

在结构特征上,客户关系管理者层次与组织管理者层次是基本一致的。有时,客户关系管理工作由市场营销部门或质量服务部门完成,这些部门的主要工作就是进行客户关系管理过程管理。有时,组织会根据实际需要,专门设立以单纯性客户关系管理为主要工作任务的部门,负责组织客户关系管理活动。

把客户关系管理工作放在市场营销部门或者客户服务部门,固然有其科学性和必要性。但是,就这项工作的整体地位和重要性而言,这样的管理结构设计可能会导致客户关系质量无法提升。因此,在条件允许的情形下,组织通常会专门设计功能全面、职责清晰、岗位目标明确的客户关系管理部门。在业务性质上,这些部门不同于市场营销部门、销售部门、质量管理部门和客户服务部门。它们能够把业务更加精准地聚焦客户关系层面上,解决关系领域的具体问题,为其他部门提供有力支持。

企业在行业中经营地位的提升,会使其客户关系管理部门的角色发生改变。一般而言,经营规模和资产数量越大的企业,越会重视客户关系管理部门在企业发展中所扮演的角色。例如,在客户关系管理中,大型或超大型跨国生产企业或零售企业特别重视各个生产部门或业务单元与主要客户群体的关系。在维护客户关系管理整体形象的同时,它们尽可能使各个客户关系管理部门中的主要客户关系单元都发挥其市场影响力;同时,这些企业还会考虑各个客户关系管理部门所面对不同国家和地区市场的具体管理问题。因此,在组织架构设计方面,这些企业不仅按照不同客户关系管理类别设立客户关系管理部门并确定其岗位职责,而且根据不同国家和地区市场中客户群体的特征及差异设立相应的客户关系管理单元,强调过程管理的差异性和针对性。在这些客户关系管理部门中,客户关系管理者层次之间表现出较大差异。

一般而言,客户关系管理者层次分为高层管理者、中层管理者和基层管理者三层。

高层管理者对客户关系管理的整体和全局工作负责,即以企业的使命、愿景、目标和战略为依据,确立客户关系管理的具体理念。因此,这些管理者应当具有较强的概念技能,同时具有较强的号召力和预见力,能够把组织中的各种思想观念统一到客户关系管理工作中。他们能够从全局和系统角度分析问题,善于对各类问题进行对比得出结论。除了应当具有必备的基层管理工作经验外,他们还必须具有高于中层、基层管理者的推理能力和思维延伸能力,具备思维的超前性、准确性、预见性等基本素质要求。执行能力虽然很重要,但处于战略判断能力和市场洞察能力之后。

在客户关系管理组织架构中,中层管理者起着承上启下、横向联络的作用,是把客户关系管理思想理念转化为行动的重要传导层、加速层和润滑层,因此具有重要的推动和媒介作用,他们直接决定客户关系管理工作的实际执行力和运行效果。除了具有不同客户类别或者不同工作领域的管理经验外,他们还应当熟悉客户市场情况,制定行动方案和项目报告,依据客户关系管理总体战略和发展目标,做好战略具体化和目标分解工作,在不同客户关系类别、客户管理项目及区域之间进行协调与平衡。中层管理者应当具有综合分析客户数据和市场情报信息的能力,并及时整理、汇总、汇报不同客户关系部门、市场区域的客户关系信息。

基层管理者具体负责某个或某几个客户关系类别,甚至单个客户关系的管理工作。这些管理者通常比较熟悉具体客户类别的工作内容和一些特定客户情况,且能够从客户服务和关系维系角度把客户关系工作内容和职责解释清楚。他们比较清楚市场中不同客户类别的竞争格局,能够直接开展专门针对客户的关系营销管理活动。除了需要具备基本专业技能外,他们应当对所负责管理的客户关系有一定的信息优势。作为客户关系管理层级结构的基础,他们必须具有执行力,与客户保持紧密关系,了解客户的意见和建议,获得一手数据和资料,向上级管理者汇报客户关系项目的市场表现。

9.2 客户关系管理计划的内涵、作用和类别

在激烈的市场竞争中,如果企业不能对自身客户关系进行有效管理,那么就很有可能在追求利润最大化的过程中迷失方向。在企业的整个生命周期内,客户关系作为资产的

重要性是其他资产所无法替代的。因此,企业的一项重要管理工作就是管理客户关系资产。企业的规模越大,影响力越强,越需要把客户关系管理计划放在更加重要的位置上进行思考。作为营利性机构,企业在强调其经济作用的同时,也会强调其管理作用。客户关系管理计划介于企业的这两个作用之间。

9.2.1 客户关系管理计划的内涵

客户关系管理计划主要包括业务计划和工作计划两部分:前者主要是针对客户实际需求而制订的计划;后者主要是解决客户管理在组织结构设计和制度安排方面统一规划的问题。

客户关系管理业务计划由客户开发、客户维持和客户发展等具体计划组成;在工作内容上,包括客户关系建立、客户关系维持、客户关系改进及客户关系转变等多个方面;从计划所涉及的考察维度,主要包括客户关系的质量、阶段、水平及稳定性等维度;而具体指标则主要包括客户的数量、交易额、区域分布、年龄结构、收入结构、教育背景、行业情况等细项。由于 B2C 和 B2B 商业模式存在较大差别,因而针对这两种情形,企业客户关系管理计划在设计方面应当采取不同的观察维度和指标项目。

客户关系管理计划中,除了对整个客户关系的建立、维持、发展和改进等业务层面做出统一安排外,还应当对客户关系管理工作本身的运行情况进行总体部署。从客户关系管理过程角度分析,该计划主要包括:调整原有规划和战略;重新设计客户关系管理组织架构;有效配置企业战略性客户关系资源;再造客户关系管理整个工作流程;设计规划客户关系管理过程具体项目;分配客户关系管理所涉及的人事、财务资源;对客户关系管理过程例外事项进行管理。

9.2.2 客户关系管理计划的作用

客户关系管理计划的作用主要表现在以下三个方面。

1. 有助于增强组织对外影响力和对内号召力

一般而言,客户关系影响力强大的企业更容易从市场中获取各类经济资源,从社会中获取环境条件和关系资源;同时,也更容易获得内部员工认可,使员工更有责任感、使命感和维护企业客户关系形象的主人翁意识,因而归属感更强烈。因此,客户关系管理计划不仅能够增强对外影响力,而且能够对内增强企业号召力。

企业文化建设的主要内容之一是与客户交往。不论是花费时间、精力向外拓展营销渠道,还是对内部员工进行归属感和团队精神教育,都会涉及客户关系管理计划方面的内容。这些计划不仅包括营销渠道建设的基本内涵和要求,而且涵盖了企业员工在与客户交往时的责任和奉献精神。它是企业在与市场接触过程中发出的承诺,是提升企业员工综合能力的有效方法。

2. 有利于明确企业管理工作方向

在企业走向市场的过程中,客户关系管理承担着与整个营销渠道各个不同层次、不同级别的合作伙伴进行合作,以及与消费者进行沟通的重要职能。客户关系管理计划有助于把这种复杂的关系管理业务活动和工作职能条理化、系统化和制度化。尤其是在客户群体比较庞大、客户构成比较复杂的情形下,制订有效的客户管理计划,有助于依据企业总体发展思路和方针,明确企业管理工作的重心和重点,进而使整个企业的计划、规划和战略层面的思考更有指向性和针对性。

例如,在跨国公司客户关系管理中,企业可以针对不同区域市场、行业发展状况、竞争者数量及投资规模、东道国法律、法规和政策,以及当地社会文化环境等特点,结合客户数量和分布情况制订客户关系管理计划。同时,把这种计划与产品开发、市场开发、分支机构设立及贸易出口等其他管理活动结合在一起。这样就可以使整个企业管理工作的方向更加明确,战略重点更加突出。

在客户关系管理计划体系中,具体到业务计划,应当与市场发展状况和社会发展环境紧密结合起来。这些业务计划可能涉及具体客户与具体产品的对接,以及相互关系的进一步融合和提升;而对于工作计划,应当与企业自身的发展阶段和管理能力相一致。

3. 能够有效地预防营销渠道冲突

随着企业的规模增大以及整个市场的发育、发展,企业客户关系管理工作的覆盖面、范围和内容会不断增加,对营销渠道的作用和影响力会逐步提升,因而制订客户关系管理计划有助于化解营销渠道中不同层级、各个领域的冲突。不论是客户关系管理业务计划,还是客户关系管理工作计划,都能够使营销渠道的参与者和成员及时地了解、掌握客户关系中存在的问题,如营销渠道设计不合理、窜货、结构重叠、客户资源分配不公平等,进而从关系角度解决这些问题。

在预防营销渠道冲突方面,客户关系管理计划主要是从战略业务资源配置和管理工作职责划分两个维度进行的。企业会把核心业务资源用于战略客户群体中,以保证市场份额和竞争力优势,突出客户关系管理中的优先级,增进企业业务提升方面的投入,解决营销渠道存在的迫切问题,把纳入计划范围的资源向重点客户倾斜。同时,做好渠道合作项目设计,明确渠道运行中的职能分工与管理权限。

9.2.3　客户关系管理计划的类别

客户关系管理计划类别可以依据时间长度、地理区域、客户特征、产品和服务属性等统计标志进行划分。

1. 依据时间长度划分

从时间上划分,客户关系管理计划可以分为短期计划、中期计划和长期计划。一般而言,短期计划在1年以内,中期计划为3～5年,长期计划在5年以上。由于时间跨度不同,因而计划中所涉及的项目和内容也有较大差异。需要注意的是,客户关系管理的时间计划应当与企业内部、外部环境相匹配,即在稳定的环境中,可以适当延长计划时间跨度,制订以长期计划为主的管理计划;而在不稳定的环境中,主要应当以短期计划为主,增强计划的动态调整能力。

2. 依据地理区域划分

从地理区域上划分,客户关系管理计划可以分为单个区域计划、多个区域计划和全区域计划。以生产加工制造型跨国公司为例,其客户关系管理既可以专门针对某个特定国家或地区,向其提供适销对路的产品;也可以根据地缘经济合作关系或文化相似性等特点,专门针对某一个区域内几个国家或地区,向它们提供产品;当然,如果产品标准化程度很高,没有地域区分必要性,也可以向全球客户直接销售产品。

3. 依据客户特征划分

这是一种比较常见的客户关系管理计划类型。这种计划方式比较适合精准营销,即基于对客户的深入了解实施客户关系管理。一般而言,客户特征主要由以下要素构成:资产和经营规模、与企业合作时间的长短、需求信息、身份信息等。在 B2C 客户关系管理计划中,客户特征主要是个人收入、资产、职业、教育、年龄、性别、住址等方面的信息,通常可以依据其中一项或几项指标进行更加细致的类别划分,如依据与企业交易的规模或频率可以将某一类客户划入高级别或重要客户群体;而在 B2B 客户关系管理中,客户特征比较复杂,除了资产规模、现金流量、所有制属性、国别等基本指标外,作为客户,更为重要的是在一个财务年度内与企业交易的数量,或者对企业经营绩效的贡献率。因此,企业需要根据不同客户特征制订有针对性的客户关系管理计划。

4. 依据产品和服务属性划分

在客户关系管理中,按照产品和服务制订计划,有助于企业增强业务工作针对性,把关系管理与产品、服务管理有效地结合起来,提升经营绩效。例如,在一些规模较大、市场覆盖范围广泛、经营多元化的生产企业,产品多样性决定了客户关系管理计划的制订要与产品的提供结合在一起。在营销渠道中,客户关系管理要根据产品和服务的属性及其价值链、供应链特征,决定客户服务的形式和内容。例如,与服装类生产企业相比,家电类产品生产企业的客户服务形式和内容有所不同,因而在客户关系维系上就会存在较大差异。前者通常采用参加时装表演或邀约客户到企业参观洽谈等形式来建立客户关系,而后者通常采用参加家电展览会、展销会等形式来接触客户,与客户建立联系。因此,针对不同类型的产品和服务,企业应当制订有针对性的客户关系管理计划,提升客户关系管理的实效性。

9.3 客户关系管理计划的组织与实施

在客户关系管理过程中,企业虽然制订了客户关系管理计划,但是在组织实施过程中经常会遇到一些难以解决的问题。

9.3.1 客户关系管理计划在组织实施中经常出现的问题

在组织实施客户关系管理计划时,企业经常会步入下列误区:把客户关系管理计划与短期利润、市场份额目标相关联来考察管理人员的绩效;把客户关系管理计划的组织实施简单地理解为企业产品宣传或企业形象宣传;把客户关系管理等同于企业促销管理。

上述问题导致客户关系管理计划在组织实施过程中出现偏差,进而脱离了客户关系管理目标,即建立稳定、可靠、相互信赖、持久的合作共赢关系。不论是强调客户关系管理计划的短期利益,还是强调产品推广宣传,甚至是用促销形式来组织实施客户关系管理计划,都会使客户关系管理功利化、显性化,不利于培养长期忠诚的客户,使营销渠道关系趋于紧张。因此,在具体组织实施客户关系管理计划时,企业要有独立的关系工具和方法,制定体系化方案,并在专业理论指导下推进。尽管不应当完全脱离利润、目标、产品、服务和促销等营销内容来组织实施客户关系管理计划,但是企业一定要区分日常营销活动的组织实施与客户关系管理计划这一特定关系管理过程。尤其是在比较注重情感、交往、信赖和沟通的社会文化环境中,组织实施客户关系管理计划时应当更多地从长远目标和战略协同等角度进行定位和思考。

9.3.2 客户关系管理工作的组织形式

客户关系管理活动的组织,是一个企业对其客户关系管理所涉及的各项任务,在组织结构设计、职能分工、人员配置、岗位设计、信息传递、决策权限、例行和例外工作等重大事项上的一种规范性运作流程安排。

从组织工作角度观察,对客户关系管理过程进行计划、实施和控制,企业首先需要建立相应机构,并赋予其工作职能和任务。因此,客户关系管理过程的组织必须有一个名义上的组织机构来协调不同业务单位或管理单位的行动。一般而言,客户关系管理活动的组织机构随着企业业务和管理工作的规模增加而变大,因而相关人员的工作内容和关系链条也会趋于复杂化。

为了把复杂的客户关系管理过程有效地组织起来,企业对客户关系管理组织机构提出要求,即让其在企业所设立的愿景、使命、目标下工作,并将这些无形品牌元素进一步具体化。因此,纲领性文件是组织工作开展的理想和信念,是客户关系管理组织机构精神力量的来源。

在组织机构设计方面,客户关系管理除了前面所提及的不同层次管理人员分类外,还应当明确过程中各个环节和活动的具体内容,通过组织工作方式方法,进一步建立相应的工作部门。例如,一个跨国公司,如果业务遍及世界各地,而且业务类型比较复杂,那么就可以在客户关系组织机构设计方面划分总公司及各个区域分公司客户关系管理部门的工作范围和职责,对所需开展的各种活动和过程进行分工、协作。

客户关系管理过程是由内向外的沟通,组织工作又具有层次性、结构性和复杂性,因此客户关系管理过程的组织总是面临一些难以处理的事项。此时,客户关系管理者应当把组织原则性和工作灵活性结合起来,本着实事求是的态度因地制宜地开展工作。不论是人员安排、岗位设置还是资源配置,都需要从全局角度来考虑问题。

在组织结构设计上,高耸形、扁平形、直线制、职能制、直线职能制、事业部制、任务式、多维立体式等结构形态各有其优缺点。企业应当根据自身客户关系管理特点来设计、选择组织结构。在指挥和协调各种重要职能方面,由于涉及决策权力和利益的划分,因而要处理好不同管理层级、区域、业务单位之间的关系。

以市场营销观念为指导的企业,客户驱动型管理是其主要管理方式之一。客户关系管理居于企业管理中心位置,企业执行由外向内的组织管理设计与工作思路,即先了解客户需求,再进行企业生产销售活动。企业管理工作向市场方向靠近,客观上要求客户关系管理工作重心放在客户端的需求管理上,因而客户关系更主要地表现为满足客户需求,为客户创造价值,进而与客户建立信任关系。

9.3.3 客户关系管理计划的实施

在客户关系管理计划、组织形式确定之后,接下来就是客户关系管理活动的实施。客户关系管理的实施过程属于操作层面的活动,主要涉及判断能力、执行能力和环境条件改造三个方面的内容。同时,这一实施过程也会受另外三个因素的影响,即客户关系管理者的个人素质和关系构建能力,客户本身的合作意愿与态度,以及环境中的其他关键因素。

客户关系管理活动的主要管理对象是关系。关系本身是一种比较微妙、受工作人员个人情绪和企业领导意志影响,难以量化、定性和固化的事物,具有较大的主观性、随机性和可变性。在实施客户关系管理计划的整个过程中,企业要把客观性和主观性结合起来,既要按照所制订的计划、组织结构和流程来管理关系,同时也要调动员工积极性,发挥个性化和人性化特点,把关系要素管理提升到新水平。一项针对342家美国企业的研究表明,组织结构、刺激性诱因及责任制是取得良好业绩最为重要的因素[①]。此外,企业文化对于维持企业与客户之间的关系也十分重要。因此,企业中的一些软性要素对于实施客户关系管理计划具有重要支持和帮助作用。

成功的客户关系管理不仅要增加收入和利润,还要建立稳定的客户关系管理制度和方法,使客户关系管理过程有章可循,先进技术手段和创新精神能够与这个过程中的各种活动进行对接。客户关系管理技术本身并不能影响企业绩效,有效的客户关系管理过程能够为企业开发和维持增进绩效的客户关系。因此,企业应当首先明确客户关系管理能够为其做什么,然后再把创新精神与组织结构进行融合。[②]

客户关系管理计划的实施十分重要。以注册会计师行业为例,其中的企业经历了业务合并、全球化、外包、员工短缺,以及由于微细分市场运作方式激增而引起的对有效客户关系管理的需求。客户关系管理不是简单地用来跟踪客户数据和活动的软件应用程序,它是公司能够有效利用个人信息进而识别交叉销售机会、潜在客户以及可能的利益冲突和独立性问题的战略工具。通过深入细致地了解客户,包括所在行业、市场和关系等信息,再通过客户关系管理的实施,企业能够在具有挑战性的时代里获得可持续的竞争优势。[③]

客户关系管理计划的实施能够把人员、过程和技术在战略愿景层面上统一起来,进而使企业投资最大化。企业在设计实现战略目标的业务流程时,应当识别怎样有效利用客户关系管理技术以及这些技术在什么地方才能发挥作用。计划的实施应当摆脱对管理软件的过度依赖,从更加理性的角度来运作。计划实施效果不理想,其中有相当一部分原因在于企业并没有从战略层面上思考与客户的关系。因此,客户关系管理计划的实施一定要与企业发展战略进行对接,同时在这一计划下专门设计客户关系管理战略。

---

① DAY G S. Creating a Superior Customer-Relating Capability[J]. MIT Sloan Management Review,2003,44(3):77-82.

② REINARTZ W,KRAFFT M,HOYER W. The Customer Relationship Management Process:Its Measurement and Impact on Performance[J]. Journal of Marketing Research,2004,XLI(3):293-305.

③ LASSAR W M,LASSAR S S,RAUSEO N A. Developing a CRM Strategy in Your Firm:Size up Clients to Build a Competitive Advantage[J]. Journal of Accountancy,2008(8):68-73.

在实际工作中,许多客户关系管理计划是通过客户关系管理软件完成的。这虽然有利于依靠先进技术提升客户关系管理水平,但是可能弱化过程管理。客户关系管理计划的实施需要管理人员与客户进行接触,深入了解客户端信息;需要对客户人口统计学特征、历史购买数据等资料进行综合分析。一些过程性信息并不一定能够完全通过数据体现出来,如果数据失真,则管理过程就可能被错误解释。因此,客户关系管理计划的实施应强调以客户为中心的服务过程。管理人员的岗位设置、结构性工作团队的选拔,以及任务组合的形成,都应当围绕计划的实施过程来进行。

过程导向固然是客户关系管理计划实施的重要前提条件,但是在实施这一环节,企业领导的重视也十分关键。这意味着企业领导要愿意在客户关系管理方面投入相应技术,配置相应人员来实施这一计划。企业领导对这项工作的热情、投入程度及坚持是客户关系管理计划能够成功的又一关键因素。在保证领导对计划实施的投入方面,企业必须有充分的、可以调动的资源。除了客户关系管理软件等技术条件外,还必须有充分的资金准备和信息获取渠道。

除了企业领导重视外,客户关系管理计划的实施还需要调动其他部门的合作精神和工作积极性。这包括客户关系管理部门主动向其他部门宣传这项计划及新采取技术手段对整个企业的有利之处。必要时,应当设计激励性计划实施方案,鼓励其他部门使用、分享客户关系管理系统中的信息,扩大客户关系管理过程的作用面积和影响力。

客户关系管理部门的工作成效是计划实施的最终检验标准。在实施过程中,客户关系管理部门应当充分调动部门内部员工的积极性,利用业务竞赛或者其他方法,使这一实施过程具有挑战性和荣誉感。有的企业为了让客户关系管理过程不中断,甚至鼓励员工在业余时间也与客户保持联络,以增进客户与企业的关系深度。对于完成计划情况好的单位和个人,企业定期给予奖励或表彰。

客户关系管理计划与企业战略密切相关,是一项专门针对客户理解与观察行为的活动过程。在企业管理过程中,它有助于把工作人员、技术条件和业务单位的持续学习能力与动态环境融合在一起,进而促进企业客户管理水平的全面提升。从管理普遍性考察,这个过程本身与其他管理活动实施过程具有相似性;但是从管理特殊性考察,它的主要管理对象——关系,是存在于企业与客户之间的一种复杂现象。因此,随着社会关系的不断演进及关系营销学理论的不断发展,客户关系管理计划的实施会增加一些新的内容和方法。

9.4 客户关系管理过程的控制

作为一种管理过程,客户关系管理是联系企业与客户的重要途径。正如所有管理活动都需要控制一样,客户关系管理过程也不例外。其主要目的是保证关系管理在具体原则和方法指导下进行,同时服务于整个企业管理工作计划和战略的实现。

关系管理作为一种客观存在,是指企业制订相应计划、设置相应机构及调配相应资源,在一个框架体系内对关系管理活动过程进行计划、组织、指挥、协调和控制。在前面的分析中,我们将管理的两个职能(指挥和协调)放在了实施职能中,并进行了详细阐述。接下来我们将着重分析控制职能。

控制是管理活动的最后一项职能,但其实施却并不一定要在时间上最后出现。事前控制就是一个很好的例子。一般而言,控制可以出现在一项具体计划的实施过程之前,而时间节点经常发生在计划具体方案形成之后。这是因为企业如果没有成型的计划方案,那么进行控制将无从谈起。

9.4.1 客户关系管理过程的中心内容控制

客户关系管理过程的中心内容控制,又称工作重心控制,是提升这项工作整体绩效的一个重要方面。在市场营销中,由于营销方法的变迁,客户关系管理工作重心会出现一些变化。从最早的关注营销过程中的距离、时间、经济性等因素,到后来的放松管制、全球化、满足客户预期和引用新信息技术等取向的形成,客户关系的性质和内容发生了较大变化。对于因营销环境变化而引起的客户关系管理过程变化,早在21世纪初就大致形成了以下三种认识[1]:

第一种认识是把客户关系管理过程更加理解为是一种吸引、发展和维持业务的工具,进而将这个过程本身更加聚焦这些具体业务层面。它强调这一过程的关系营销属性,因而认为其有别于传统营销或交易营销。

第二种认识是在客户关系管理过程中更加强调营销关系、网络和相互作用,且将范围扩大到既包括内部员工,又包括外部供应商和客户,以及其他重要市场。企业需要认识这些市场的多样化特征,开发有效的营销计划并为每个市场服务。相应的,客户关系管理过程是一种范围更广泛的关系营销。

第三种认识是使营销方法和路径更加多元化,且将关系营销与交易营销都融入客户关系管理过程中,甚至认为现实世界中并没有迹象表明交易营销在客户关系管理过程中完全消失,相反,关系营销与交易营销总是在这一过程中交叉在一起发挥作用。

21世纪初关于客户关系管理与市场营销之间关系的上述认识所揭示的客户关系管理过程的中心内容或工作重心控制,对于当今企业做好客户关系管理过程控制具有重要的指导意义。

上述三种认识有一个共同点,即在客户关系管理过程中,首先需要明确控制的中心任务是什么,即控制关键点必须在关系控制和交易控制之间做出取舍,或者寻找到一个平衡点。

事实上,完全淡化客户关系管理过程的交易营销性质,对于营利性组织是有一定负面影响的,同时也不利于建立稳定的基于利益互换而形成的客户关系。而对于非营利组织而言,淡化客户关系管理过程的交易营销性质,则能够使组织把客户管理工作重心更多地放在关系建立、维持与增进上,进而有利于组织与客户之间建立稳定、持久的合作关系。

交易型营销的核心活动是产品设计、定价、渠道布局和组织促销,因而在客户关系管

---

[1] LINDGREEN A. The Design, Implementation and Monitoring of a CRM Programme: A Case Study[J]. Marketing Intelligence & Planning, 2004, 22(2): 160-186.

理过程中,客户关系管理部门应当围绕这些活动来提供管理服务和支持。这就需要这些部门的管理人员具备相关业务领域的专业知识和工作经验。但是,关系型营销活动由于更加强调企业与客户的联系与互动,以及关系向更广泛领域和更深程度发展,因而所需工作技能与交易营销有所不同。

在客户关系管理过程中,企业应当根据交易型营销和关系型营销的不同特点,针对客户关系管理现状设计客户关系管理工作和业务工作的重心。一般而言,越是处于客户关系管理组织结构较低层级的管理人员,其管理行为越应当重视交易型营销关系活动和项目;反之,则越应当重视关系型营销活动和项目。

针对不同发展阶段的市场环境和行业状况,企业客户关系管理过程的重心可能经常发生变化,即在交易型营销客户关系和关系型营销客户关系之间往返。但是,这并不意味着企业客户关系管理过程是一种在关系取向上非此即彼的排他选择。事实上,许多企业在这个过程中两种类型的营销活动同时存在,因而必须在客户关系管理重心选择方面取得平衡。这涉及管理部门和业务部门之间重心不一致、资源配置倾向性及组织结构设计可变性等诸多问题。

9.4.2 客户关系管理过程的主要控制方法

在客户关系管理过程中,除了比较常用的控制方法外,企业采用以下方法对下属部门客户关系管理工作进行控制。

1. 目标导向控制法

企业高层管理者通过为客户关系管理部门设立目标,并向其作出承诺等方法,引导客户关系管理向着正确方向发展。这有助于将企业的使命、愿景、目标、战略等工具应用到客户关系管理过程,通过对内部员工的影响和作用,再把这一过程中的力量传递到客户端,进而实现企业总目标。

2. 创意方案管理法

企业可以采用创意方案来控制客户关系过程,使其向着创新方向发展。这些创意方案涉及设计客户优先级、内部员工提升计划和各种子战略调整等。创意方案也可能涉及员工新工作任务设计与开发、工资和薪酬提升计划等。总之,通过客户关系管理过程创新来实现预期效果。

3. 能力提升管理法

企业客户关系管理过程控制,除了避免管理风险和经营误区外,更重要的是创造机会,使控制朝着改进工作方式和提升组织效率方向发展。这涉及客户管理人员胜任力问题:其一是客户关系管理部门管理者的胜任力;其二是管理部门普通员工的胜任力。客户关系管理部门整体能力的提升有助于更好地服务一线业务部门工作需要。

9.4.3 客户关系管理过程的主要控制环节

在客户关系管理过程中,客户管理部门要督促企业的各客户关系管理业务单位主要围绕内部市场、推荐的市场、供应商市场、员工招聘市场、能够影响的市场5个市场做好管理工作。① 针对这些市场的管理工作流程主要包括以下 6 个方面。

1. 对管理层所做承诺的控制

在客户关系管理过程中，经常出现的情形是企业管理层因所设计的管理目标过高或者所做出的承诺过大，导致整个过程为实现这些过度期许而处于无效工作状态。这极大地影响了管理人员的工作积极性。企业对客户、对管理人员的关系承诺过多，会导致管理信用与信任透支，不利于组织工作的顺利开展。因此，客户关系管理部门必须建立内审机制，对关系管理过程中的目标和承诺进行审计，降低运行风险。一般而言，关系目标和承诺越大，面临的挑战和风险就越大。在关系管理中，企业对承诺和目标的设定与执行一定要实事求是，既不能过于保守，也不应过于夸大。在实践中，合作关系破裂多是由于关系承诺过于乐观。因此，对于关系承诺和目标执行，应当采取比产品质量检验与价格设定更加细致和谨慎的态度。

2. 客户关系管理工作现状的报告

对下属各个业务单位的客户关系管理状况，企业要进行定期或不定期的审验评估。关系作为一种重要的营销资源，它分布在企业不同业务单位的各个工作层面上。关系重要性通常与业务重要性紧密相关。工作人员通过岗位及任务与外界发生关系行为，应当属于企业重点管理和关注的对象。因此，企业除了关心员工的工资、奖金、福利及职业成长机会外，还必须从多个角度观察员工关系行为，尤其是对公关系行为。在对外业务谈判/对外合同签署等一些重要事项方面，企业必须要求员工汇报关系行为。以此为基础，企业对客户关系管理状况进行汇总。

3. 客户关系管理工作情况的分析

客户关系工作情况分析是客户关系管理过程的一种常态化记录，其中包括相关职能机构和业务单位的计划执行情况分析，以及资源配置与投入产出情况分析。在分析角度上，客户关系管理工作分析主要从计划、组织、实施、控制等入手，涉及具体战略、项目和方案的运用及效果；而客户关系业务工作分析，既可以是不同业务单位该项工作的情况分析，也可以是整个企业所有业务单位的该项工作情况分析。在分析过程中，客户关系管理工作的重点要明确，在特定时期要解决的主要问题应当聚焦，这样有利于验证客户关系管理计划在执行过程中是否符合企业总体目标和战略部署。有时，客户关系管理工作情况分析是专门针对一些特定事项和特殊情况进行的，通常属于例外项目管理，因而在分析上一般不纳入总体分析报告之中。

4. 客户关系管理战略的调整

在客户关系管理过程中，企业根据实际需要对前期所设定的计划、战略和目标等关键信息进行动态调整。控制的目的在于保证战略在实施过程中与企业自身资源状况和环境条件相匹配，同时还能捕捉到市场机会。战略调整在一些特定情形下在所难免。例如，客户关系管理战略有时侧重支持销售部门，有时会转向营销部门，而在一些特殊时期又会转向客户服务部门。除了要在企业各个部门之间进行重心转换外，客户关系管理战略有时

---

① LINDGREEN A. The Design, Implementation and Monitoring of a CRM Programme: A Case Study[J]. Marketing Intelligence & Planning, 2004, 22(2): 160-186.

还会根据企业战略延伸地域进行调整,或者根据产品和服务升级做出改变。就客户关系管理部门自身发展而言,战略又会在前台服务和后台信息处理之间进行转换。前台服务主要是指直接与客户接触的业务人员的客户服务关系管理,具体包括客户信息传递、产品和服务目录分享,在线展示产品和服务信息,对潜在客户信息进行捕获、组织、呈现和分析,识别销售机会,解决产品开发和运输问题,设计和管理个性化内容,使用个人数据分析结论为客户设计个性化体验场景等。而后台服务是指对企业整个客户信息、产品信息、服务信息及其他信息资源的汇总、提供与分享。在新产品上市时,企业通常比较重视前台工作情况,即企业业务单位工作人员与客户的沟通交流情况,以及其他方面的市场推广情况,因而战略重心是前台人员客户服务关系管理;而在产品进入成长期、成熟期之后,企业客户关系管理战略会逐渐向后台转移,即通过成熟的技术运用及数据分析来稳定与维持现有客户资源,增加客户关系深度与服务多样化。

5. 客户关系调整战略的实施

在实施调整战略时,可能涉及管理过程的重新设计,以及客户管理工作内容的变动。这些势必对正常管理工作和业务活动造成影响。因此,企业必须把实施过程中的负面影响控制在一定范围内,尽可能保持工作连续性和工作岗位稳定性,避免转换成本过高和系统运行失衡。同时,要使新旧战略在管理过程中能够有效对接。这涉及各类关系型业务的重组,关系管理工作的升级,以及人力资源、财务资源、物资供给、生产制造、原材料供应、产品销售、信息沟通等部门的战略协同。例如,当企业由集中型客户群体战略向多层次客户群体战略转变时,客户关系管理部门应当更多地关注不同市场各类客户的信息,并建立与各个层次客户沟通交流的信息联络机制。在控制方面,则主要应做好战略调整后的人员安置和客户关系梳理。在实践中,实施客户关系管理战略调整经常面临巨大压力,这主要来自企业各个服务单位、职能部门的过程导向差异。[①] 例如,过程导向通常出现在销售部门中。原有合作客户经常会抵制过程中的变化和标准化,但是新客户会从线索生成标准化、建议开发和参与管理等战略调整中受益。这时,在实施客户关系管理调整战略时就应当具有一定的灵活性和应变性,对新老客户进行区分。

6. 管理人员工作投入程度的评价

在工作上,客户关系管理部门的管理人员为企业各个业务部门的客户关系服务人员提供直接支持和帮助,同时也要履行管理职能。行业类型、经营范围、资产数量和人员规模等方面的差异,导致企业之间在客户关系管理组织结构和人员配置上存在较大区别,对客户关系管理工作投入程度的要求和标准也会有所不同。一般而言,服务行业的客户关系管理要求和标准比较高,对关系管理过程比较重视,甚至记录、跟踪工作人员与客户之间交流、沟通的通话。但是,对于生产制造企业而言,它们主要面对的客户是上游原材料供应商和下游批发、零售企业,在这种 B2B 关系链条中,由于是"一对一"大批量交易,需要进行谈判和合同履约,因而企业更加看重基于利益和价值的合作关系,而把个人情感类关系因素放在次要位置。对于批发、零售类商业企业而言,由于存在"一对多"客户关系,

---

① LASSAR W M, LASSAR S S, RAUSEO N A. Developing a CRM Strategy in Your Firm: Size up Clients to Build a Competitive Advantage[J]. Journal of Accountancy, 2008(8): 72.

企业需要面对各种类型的消费者,因而关系型、个性化和情感性关系营销更加重要。虽然在理论上,企业客户关系管理人员在对法人机构的交易中需要保持理性,而对私人散户需要强调感性和个人因素,但是在实践中,许多情形正好相反。这与客户关系管理人员工作投入方式和投入程度有一定关系。因此,企业必须对此类人员的公平性、公正性和敬业精神进行评价,避免出现关系类型颠倒,对公关系变为对私关系,公私关系或角色混乱,进而出现关系管理过程失控问题。

延伸阅读　客户关系管理过程中的例外问题处理

复习思考题

1. 简述客户关系管理计划的主要内容。
2. 客户关系管理计划的作用体现在哪些方面?
3. 如何对客户关系管理进行控制?
4. 在哪些情形下企业需要对客户关系进行例外管理?
5. 客户关系管理的工作单位和业务单位在职能上有何区别?
6. 举例说明客户关系管理过程涉及的主要环节。

斯图·伦纳德(Stew Leonard)的客户管理规则

【案例信息】斯图·伦纳德是以他的名字命名的百货连锁店的总裁。为了强调为客户服务这一宗旨,他在连锁店门前摆放了一块大石头,上面刻着这样的文字:Our policy: Rule 1, The customer is always right; Rule 2, if the customer is ever wrong, reread rule1(我们的政策:原则 1,客户永远是对的;原则 2,如果客户有什么错误的话,请重读原则 1)。

打开 Stew Leonard's 的网站(www.stewleonards.com),就会在其首页发现刻有上述文字的石头图片,旁边还有斯图·伦纳德的一段话:我们遵循一个重要的原则,并把它刻在一块三吨重的花岗岩上……除了这些信息,你还会发现这家企业为顾客推出的促销活动,如每周特价品、购物 App 的下载、进入销售竞赛活动界面的提示、四人晚餐套餐等。而"How it began"栏目则详细地讲述了这家企业如何从一家小型乳品店发展为世界知名的商业企业。

1. 世界闻名的小乳制品商店如何赚钱

成立于 1969 年的 Stew Leonard's 最初是一家小型乳品店,只有 7 名员工,如今它已发展成为全球最大的乳品店,而且是最著名的杂货店之一,年销售额近 5 亿美元,并拥有

2 500多名团队成员。Stew Leonard's除了设在康涅狄格州诺沃克的总部商店外,还在康涅狄格州丹伯里和纽顿市,纽约州扬克斯、法明代尔和东草甸及新泽西州帕拉默斯等地设有商店。

这家企业的历史可以追溯到20世纪20年代初,查尔斯·利奥·伦纳德(Charles Leo Leonard)在康涅狄格州诺沃克创立了三叶草农场乳制品厂。按照当时的标准,这是最先进的牛奶厂——设有巴氏灭菌和装瓶厂。它每天都通过卡车运送新鲜牛奶。

20世纪60年代后期,查尔斯的儿子斯图·伦纳德(Stew Leonard)意识到牛奶运送业务正在走马圈地。当州政府通知他三叶草农场乳制品厂正好位于一条新规划的高速公路边上时,他知道是时候开始新的事业了。斯图·伦纳德的梦想是开一家零售奶制品商店,孩子们可以看着瓶装牛奶的制作过程。1969年12月,Stew Leonard's开业了,这家占地面积17 000平方英尺的商店仅提供8种商品。

Stew Leonard's的发展速度惊人。自那以后,在原来门店的基础上,又增加了30家门店。这家企业采用了新鲜的乳制品概念,并扩展到肉、鱼、农产品、面包、奶酪和葡萄酒。与传统的杂货店平均出售30 000种商品不同,它的每家门店仅经营2 200种商品,这些商品是专门根据其新鲜度、质量和价值选择的。

Stew Leonard's一直是一家家族企业。斯图的子女们在这家企业的发展中发挥了重要作用。1987年,其子斯图·伦纳德(Stew Leonard,Jr.)接任掌权,就是现在的总裁兼首席执行官。1991年斯图的另一个儿子汤姆(Tom)在康涅狄格州丹伯里开设了第二家Stew Leonard's。其女儿贝丝(Beth)创立了著名的贝西面包房(Bethy's Bakery),并主持礼品中心的工作。另一个女儿吉尔(Jill)则是文化与传播副总裁。

这家家族企业的鼎盛在很大程度上归功于他们热情周到的客户服务。这就是上面所提到的客户关系管理过程中必须坚持的那两条重要原则。

Stew Leonard's的管理理念也得到了社会各界的广泛认可:"好好照顾您的员工,他们就会好好照顾您的客户。"正是这种哲学帮助这家企业连续10年在《财富》杂志"美国100家最佳雇主"排名中占据显赫位置。

2. 关注客户感受,成功绝非偶然

在客户关系管理过程中,斯图·伦纳德曾经说过,当他每一次遇到一位愠怒的客户时,他都会马上意识到5万美元已经从商店窗口悄悄地"飞走了"。为什么?因为他的每一位客户大约每周要在商店购买100美元的货物,如果一年按50周营业时间来计算,而且客户在这个地方生活10年,那么这个客户由于不愉快的购物体验而转向其他商店,就会使Stew Leonard's损失5万美元的客户终身价值。更糟糕的是,如果客户将不愉快的购物体验向其他客户传播,并造成这些客户背叛,那会使企业的损失更大。

这家企业因其出色的客户服务和质量而享誉全球,并被汤姆·彼得(Tom Peter)收录在他的两本管理专著《对卓越的热情》和《在混乱中繁荣》中。1992年,Stew Leonard's凭借"在美国任何一家食品商店中单位面积销量最高"的骄人业绩而被载入吉尼斯世界纪录。

资料来源:1. https://www.stewleonards.com,2020年7月31日访问;2. ARMSTRONG G,KOTLER P. Marketing:An Introduction:12th Edition[M]. Beijing:China Renmin University Press,2017.

【案例讨论题】

1. 在网站上查找与案例中企业相关的材料,结合本案例中的描述,分析该企业客户关系管理过程中的主要特点。

2. "客户永远是对的"这句话正确吗?为什么?

3. 为什么乳制品商店的客户关系管理过程要增加对儿童需求的关注?

第 10 章

销售队伍自动化管理

【本章知识点】
- 销售队伍自动化的基本含义
- 销售队伍自动化的作用
- 销售队伍自动化的采用过程
- 销售队伍自动化管理面临的主要问题及其原因分析
- 销售队伍自动化管理的具体策略

为了应对激烈的市场竞争,企业必须更多地了解客户方面的信息。获取客户信息,能够更有效地实施以客户为中心的战略计划,帮助企业销售人员与客户建立互惠互利的长期合作关系。近年来,许多企业通过推广和使用销售队伍自动化技术,在获取客户信息方面取得了巨大的进步,在市场竞争中赢得了有利地位。

10.1 销售队伍自动化的基本含义及其作用

销售队伍自动化(sales force automation,SFA)是企业应用技术手段提升销售活动效率和效果的产物。在客户关系管理全面发展的时代,使用技术手段解决与之相关的问题成为必然。实践证明,有效地使用销售队伍自动化技术,是企业提升销售业绩的重要途径。在技术上,销售队伍自动化把销售过程设计成流水线,能够充分挖掘这一过程中的潜能,通过更少的销售代表来完成更多的工作任务。作为一种技术工具和手段,它能够降低成本,增强沟通效果,压缩产品循环周期,有效地管理信息和接触信息。在实践中,销售队伍自动化有多种呈现形式:小到使用掌上电脑帮助销售人员处理和管理客户接触;大到营销渠道不同销售人员、客户和管理者及其他利益相关者之间分享信息的完全垂直或水平一体化体系。一般而言,销售队伍自动化程度越复杂,其维持费用越高;相应地,对销售人员和管理层的工作影响越大,全面风险越高,其失败的概率也就越大。[①]

10.1.1 销售队伍自动化的基本含义

销售队伍自动化是指企业采用各种各样的硬件和软件技术把人力销售活动转变为电

[①] WIDMIER S,ROSENBAUM M,JACKSON JR. D. Keys to Implementing Productive Sales Force Automation [J]. Marketing Management Journal,2003,13(1):1-13.

子销售活动的过程。① 它在企业通过计算机技术改造日常工作或采用技术工具提升销售队伍活动效率或精准性时出现，可以应用于各种各样的工作，如接触管理、日程安排、编制销售计划、预测和描绘销售线路、潜在客户发现、进行销售展示、记录购买者反对意见、检索产品信息及配置产品说明。② 企业实施销售队伍自动化，目的在于促进客户与销售人员之间的信息交流。

广义的销售队伍自动化是指销售队伍在销售中使用计算机硬件、软件和电信设备进行管理活动。在许多组织中，这些工具进一步集成到整个企业数据管理系统中，包括销售、市场营销和客户服务。在性质上，企业之间的销售队伍自动化可能并不相同。但是，为了增强收集、吸收、分析和分配信息的能力，以提高销售人员的生产率，同时加强企业与客户之间的关系，这个系统以各种形式集成了所有活动和应用程序。

常见的销售队伍自动化应用程序包括但不限于以下内容：联系人管理；增强销售演示功能；管理任务自动化；整个组织的战略性信息交换；基于计算机应用的培训活动。具体来讲，销售队伍自动化提供的销售支持包括电子邮件的使用、文字处理、财务管理、个人信息管理、演示文稿创建及其展示。这些应用软件可以通过标准化软件程序和创建定制系统专门为每个组织服务。③

销售队伍自动化多是以计算机软件和硬件的系统配置而进行的，因而其狭义上的概念就是销售队伍自动化系统（SFA systems）。在实践中，这个概念经常被企业和销售人员使用，在某些特定场景下，销售自动化就是指销售自动化系统，以此来表明具体的销售队伍自动化运营方式。此时，它首先是作为一个集中化的数据库系统来理解，能够让配置相应软件的远程笔记本电脑用户通过调制解调器登录，强调的是信息处理能力；其次是作为把人力销售转变为电子销售过程来理解，即通过各种硬件、软件的组合达到这一目的。

综合以上分析，销售队伍自动化包括以下6层含义：

1. 销售队伍自动化是现代技术成果的应用

销售队伍自动化是计算机技术、信息技术和自动化技术发展到一定阶段的产物，是技术进步在销售管理活动中的呈现。随着现代技术的不断发展，销售队伍自动化水平会不断提升，相关工具也会越来越多，在技术与应用方面会逐渐趋于成熟。

2. 销售队伍自动化围绕销售活动管理而设计

销售队伍自动化的核心是销售活动管理，它服务于提升销售人员的销售管理水平，其中除了储存产品、服务和客户的信息及交易数据外，还具有信息加工、分析和客户挖掘功

---

① ERFFMEYER R C, JOHNSON D A. An Exploratory Study of Sales Force Automation Practices: Expectations and Realities[J]. Journal of Personal Selling & Sales Management, 2001, 21(2): 167-175; RIVERS M L, DART J. The Acquisition and Use of Sales Force Automation by Mid-Sized Manufacturers[J]. Journal of Personal Selling & Sales Management, 1999, 19(2): 59-73.

② WIDMIER S M, JACKSON D W, MCCABE B D. Infusing Technology into Personal Selling[J]. Journal of Personal Selling and Sales Management, 2002, 22(3): 189-198.

③ MORGAN A J, INKS S A. Technology and the Sales Force[J]. Industrial Marketing Management, 2001, 30(5): 463.

能,是根据 CRM 管理人员、销售人员和客户的不同需求而设计的一种销售活动管理工具。

3. 销售队伍自动化是销售观念、硬件、软件的集成

销售队伍自动化既是一种销售理念,也是一种技术形态。它不仅体现管理者和设计者所坚持的销售观念,同时也是以现代技术为支持的硬件、软件的集合体,是一个完整的体系和系统。一般而言,销售观念越先进,硬件和软件所使用的技术越尖端,这个系统的竞争能力就越强。

4. 销售队伍自动化不是销售过程的简单仿真

销售队伍自动化最初是对销售人员所执行销售任务的模仿,通过机器和软件来替代人工操作进而节省销售时间、加快信息流动,以达到提升销售业绩的目的。在新技术、新经济、新媒体时代,这一自动化工具中融入了更多的人工智能元素和社会功能,因而比传统人员销售更复杂,并且具有难以预测性。

5. 销售队伍自动化服务于企业利润最大化

尽管在销售队伍自动化过程中,企业强调销售人员利益和权益的维护,但是这种技术应用本身是一把"双刃剑",机器和软件对销售人员功能的替代是客观存在的现象。在利润最大化这一目标驱使下,企业管理者与销售员工之间的关系呈现出新特征。

6. 行业特征、企业性质影响销售队伍自动化采用

企业是推动销售队伍自动化的主体。不同企业所在行业的特点存在差异,因而对销售自动化的需求并不一致。在销售过程比较正规、有规律可循的企业中,销售队伍自动化有着较好的发展基础;但是在销售过程比较随机、交易活动掺杂着复杂的人际关系、情感等环境要素的企业中,自动化工具只能解决一部分问题或者作用甚微。

10.1.2 销售队伍自动化的作用

销售队伍自动化的作用主要有以下 4 个方面[①]:

(1) 销售队伍自动化能够降低企业用在客户关系管理方面的支持性活动时间,从而提供快速的适时信息接触。销售人员快速地接触到信息,能够减少客户等待时间和所需信息后续跟进次数。

(2) 销售队伍自动化能够对销售人员绩效产生积极影响。它能够避免人力销售时经常出现的过程或环节性错误,降低支持成本,提升交易完成比率。同时,通过获得价格信息,也有助于提升平均销售价位水平。

(3) 在销售队伍自动化过程中,信息技术水平的提升能够引起企业所有职能部门工作节奏的改变。

(4) 销售队伍自动化能够无限制地接触技术和信息,进而改变市场竞争格局。

在当代信息大爆炸的环境中保持竞争力,企业必须借助可行的技术和市场信息来扩展其对竞争者和客户的了解。市场信息的充分获取与内容关联,有助于倍增资本、土地、

---

① BORDERS A L,WIDMIER S,HAIR J. Summary Brief Macro Influences on the Adoption of Sales Force Automation (SFA) Technology[J]. Society for Marketing Advances Proceedings,2009.

劳动力等传统生产要素功效。销售队伍自动化所带来的组织结构变化、信息无缝对接和要素快速整合,使企业形成新的竞争优势。

当然,作为一个体系,销售队伍自动化也受其整体受重视程度及使用效率的影响。如果销售人员不采用这个体系,那么不论其多么完善,企业也不会从中获益;如果其硬件和软件并没有很好地与销售人员的工作环境融合在一起,那么企业也很难从中获得竞争优势。此外,销售人员培训及销售队伍自动化支持也非常关键。销售队伍自动化支持是指该体系运行所必备的环境条件。这些条件在销售自动化工具和最终的销售人员绩效、企业生产率之间,发挥着正向调节作用。[①]

充分发挥销售队伍自动化的作用,必须应对以下 6 个方面的挑战[②]:

(1) 惯性,即继续从事以往工作以避免学习新方法、新流程的倾向;
(2) 权衡利弊,即感知最终收益低于感知学习新技术的成本;
(3) 缺乏来自销售组织的支持;
(4) 缺乏对变革的奖励;
(5) 销售人员所感受到的非货币成本,即几乎没有空余时间来学习一项创新;
(6) 个人或人口统计学方面的因素。

10.2 销售队伍自动化采用过程及其理论模型

销售队伍自动化采用过程涉及两个重要的因变量:一个是员工对采用新技术的意愿;另一个是销售自动化技术在员工中的灌输情况。这事实上涉及两个不同的阶段,一个在销售自动化采用前,一个在销售自动化采用后。为了观察一项销售自动化技术在企业的实际采用情况,通常在做样本数据调查时分为前后两个阶段,用问卷方式针对特定样本群体而展开。

10.2.1 影响销售队伍自动化技术采用的因素

关于销售队伍自动化技术采用的影响因素,理论上有多种解释,分别归纳出不同的影响因素,并建立模型进行验证。具有代表性的模型有两个:一个由艾利·琼斯(Eli Jones)等人提出,主要研究对销售队伍自动化使用意愿和技术灌入的影响因素,此处我们把它简称为"销售队伍自动化使用意愿—技术灌入"模型;另一个由威德默(Scott Widmier)等人提出,主要研究销售队伍自动化的有效使用,并将其分为新方案的培训、销售队伍的参与、感知利益和新方案冠军竞赛四个影响因素,此处我们将其简称为"销售队伍自动化有效使用"模型。

[①] AHEARNE M, JELINEK R, RAPP A. Moving Beyond the Direct Effect SFA Adoption on Salesperson Performance: Training and Support as Key Moderating Factors[J]. Industrial Marketing Management, 2005, 34(4): 379.

[②] JONES E, SUNDARAM S, CHIN W. Factors Leading to Sales Force Automation Use: A Longitudinal Analysis[J]. Journal of Personal Selling & Sales Management, 2002, 22(3): 145-156.

1. "销售队伍自动化使用意愿—技术灌入"模型

艾利·琼斯等人提出的模型,通过两个阶段的调查,主要揭示销售队伍自动化影响因素及其运行情况,如图 10-1 所示①。

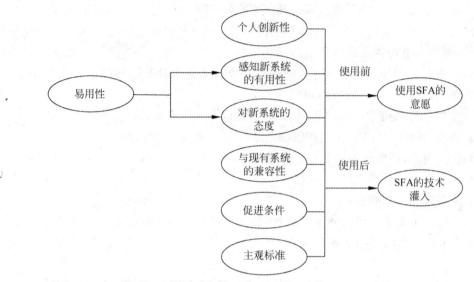

图 10-1 导致使用销售队伍自动化意愿和技术灌入的因素

图 10-1 说明了个人创新性、感知新系统的有用性、对新系统的态度、与现有系统的兼容性、促进条件和主观标准等因素对销售队伍自动化的影响。艾利·琼斯等人的研究发现,在采用销售队伍自动化系统之前,销售人员的态度,诸如感知有用性、对新系统的态度、兼容性等具有重要影响。个人的创新性、对新系统的态度和促进条件对于新系统技术的灌入具有重要影响。主观标准是指在销售人员使用这一技术时,其同事、上级领导和客户对这种使用所施加影响的一种测量。事实上,除团队工作场景外,同事、上级领导对销售人员采用新技术意愿的影响比较小;在 B2C 场景中,客户由于接触不到这项技术,因而影响程度更小;但是在 B2B 场景中,这种影响比较明显。概括起来,对销售人员的主要影响在于感知兼容性和有用性,以及自身对销售队伍自动化的态度。

这项研究显示,在采用销售队伍自动化技术时,销售人员也会受自身想成为最早使用者这种倾向的影响。促进条件是指在新技术采用过程中,企业所提供的能够影响销售人员积极采用和使用这项技术的各种有利因素,其对销售人员使用这项技术的意愿不具有直接影响。

根据上述分析,企业管理人员应当对销售队伍自动化技术的使用进行事先动员。在采用新技术之前向销售人员明确其特点及所能带来的利益,有助于提升新技术灌入效果。同时,在新技术使用过程中,管理人员应当密切关注销售人员的反应,选拔那些具有个人创新性的人员从事销售工作。

---

① JONES E, SUNDARAM S, CHIN W. Factors Leading to Sales Force Automation Use: A Longitudinal Analysis[J]. Journal of Personal Selling & Sales Management, 2002, 22(3): 145-156.

艾利·琼斯等人的研究指出了销售人员培训的重要性。那些感受到组织提供了持续帮助的销售人员更愿意使用由企业组织的销售队伍自动化系统。因此，创造条件让销售人员能够接触到技术培训，提供必要的管理服务与支持，这对增强销售队伍自动化的灌入具有十分重要的意义。

2. "销售队伍自动化有效使用"模型

威德默（Scott Widmier）等人在对前人研究资料的分析中指出，采用销售队伍自动化技术的多为一些相对大型的企业，它们资源丰富，通常在一个相对垄断的市场环境中运营，采用集中控制方式，组织标准化程度高，与外部信息具有高度整合能力；同时，具有较为协调的垂直营销体系及采用此类技术的历史。而销售人员中运用这一技术的多为教育背景较好的年轻人，他们通常是具有冒险精神和使用计算机技术的人员。

此外，销售队伍自动化中程序正当化触及领域的宽度、购买群体中所在各功能区域的代表、销售经理对销售队伍自动化的预设倾向，以及首席执行官的参与，都会正向影响销售队伍自动化生产率。但是，在一些情形下，高层管理人员、销售经理在购买决策中的参与程度，评估销售队伍绩效的难度，对销售队伍自动化成本的感知，以及企业、销售队伍的规模等因素，对销售队伍自动化的生产率并没有影响。

在不少企业中，销售人员的经验与对销售队伍自动化的态度经常呈现反向变化关系；而这种关系被销售人员的生产率水平所调节，表现为经验越多而生产率较低的销售人员，其对销售队伍自动化的负面态度越强。这种状况往往使经验少的销售人员更倾向于通过培训来学习和掌握这一技术的应用方法。

有时，在过于强调个人主义和自主性的文化环境中，销售人员会产生对销售队伍自动化这种简单过程的抵触心理。销售人员的这种个性或态度会妨碍企业技术培训工作。因此，最好的办法就是通过认真管理和在招聘销售人员时组织销售"项目夺冠"等竞赛活动来激发其踊跃参与。[①]

在威德默等人的概念模型中，因变量是销售队伍自动化的有效使用，自变量包括新方案培训、销售队伍参与、感知利益和新方案夺冠竞赛。所谓有效使用，是指销售队伍自动化作为一种新方案、新创意或者新计划，其实施过程中能够取得的理想生产率。为了取得这样的生产率，达到有效使用，必须对其影响因素，如方案培训、员工参与等进行认真分析和研究，并采取针对性措施。

该概念模型提出下面四个假设：

（1）新方案培训能够缩短销售人员与客户或潜在客户之间的直接面对面接触时间，同时又是销售队伍自动化成败的重要差异化指标，因此其对新方案效率提升具有正向影响。

（2）销售队伍参与新方案能够掌握自动化所替代的人力工作内容，避免可能出现的问题，增强员工的主人翁意识，因此其对新方案效率提升具有正向影响。

（3）通过加速销售订单处理速度，缩短销售活动项目周期，增加信息数量和质量，销售队伍自动化能够直接帮助销售人员更充分地了解客户需求，进而提升客户满意度，因此

[①] WIDMIER S, ROSENBAUM M, JACKSON JR. D. Keys to Implementing Productive Sales Force Automation [J]. Marketing Management Journal, 2003, 13(1): 1-13.

这种感知利益对新方案效率提升具有正向影响。

(4) 新方案竞赛活动有助于让参与活动的销售人员成为学习榜样和人际信息传播者,并向更多的销售人员推广新技术;有助于企业挑选出最好的技术方案,并为人员操作流程进一步向自动化转变征得建议;能够帮助打消不积极参与者的抵制和顾虑,同时能够为后期参与者提供更多的相关技术信息和学习经验,因此这种竞赛活动对新方案效率提升具有正向影响。

该概念模型的四个假设都得到了验证。其变量之间的关系构建如图 10-2 所示。

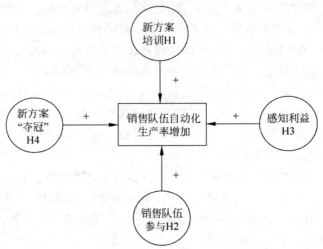

图 10-2　销售队伍自动化效率的假设影响因素

从图 10-2 中,我们可以发现,对于一项销售队伍自动化方案的采用,有四种因素会对其采用结果产生影响,而且是正向影响。这些因素有助于提升这个方案的生产效率。但是,具体到单个影响因素,它们又会有哪些因子在起作用,则是更加深入的问题。为此,需要进一步分解上述四个变量,通过对企业在方案运行时可能涉及的各种因素进行逻辑和层次上的归类,得到影响这些因素的子因素。

威德默等人在引入各个子因素之后所构建的结构模型如图 10-3 所示。其中,不仅涉及各个子变量,而且指出了子变量与变量之间的影响关系。

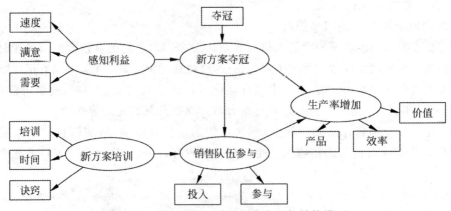

图 10-3　销售队伍自动化生产率增加结构模型

需要指出的是，以上学者的研究涉及销售人员个人层面的诸多因素，这对从企业层面推动销售队伍自动化技术缺乏直接的借鉴作用。因此，需要从整体角度思考销售队伍自动化过程。

10.2.2 销售队伍自动化技术采用的一般过程

一般而言，关于销售自动化的研究主要聚焦两个方面：一是销售人员个人对该技术的采用情况及其成功与失败的原因；二是整个销售队伍对该技术的采用情况以及对销售绩效提升的影响。销售队伍自动化采用过程如图10-4所示①。

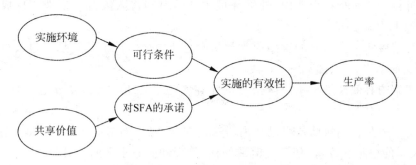

图 10-4　销售队伍自动化的采用过程模型

目前，针对销售队伍自动化管理总路径的理论研究比较少，而针对如何培训销售人员使用销售队伍自动化技术的理论研究则比较多。一般认为，销售队伍技术培训对于销售队伍自动化的成功采用和实施具有正向影响。管理支持和技术支持对销售队伍自动化的成功实施具有正向相关关系。销售队伍自动化总路径的成功采用和实施，最大理论支持之一，来自斯里尼瓦森（Srinivasen）、莉莲（Lilien）和朗格斯瓦米（Rangaswamy）2006年提出的"技术机会主义"理论（technological opportunism）。这一理论解释了为什么有的企业能够成功采用激进技术而有的企业则不愿意或者不能这样做。

坚持技术机会主义理论的企业通常认为，激进技术能够最终压倒已有成熟技术，并使那些没有采用这些技术的企业在市场中放弃竞争或败下阵来。技术机会主义倡导的是企业能够感知到那些影响其业务过程的新技术并及时作出反应的能力。感知过程展示的是企业获取和了解新技术并对其进行理解的能力，而反应过程则展示企业对其所感知到的那些产生影响的新技术的反应意愿和能力。

尽管在销售队伍自动化采用过程中，企业需要关注每个销售人员的采用情况，以及通过使用这种技术所获得的收益，但是事实上，如果销售队伍作为一个整体采用销售队伍自动化，并且在相互协作的工作中出现了问题，那么通过解决销售人员个人方面问题所能得到的帮助就有一定的局限性。因此，一个有效的办法是从管理角度来思考，聚焦整体或者整个企业范围内的因素。这些因素能够使管理者从销售队伍作为一个整体这样的角度出

---

① BORDERS A L, WIDMIER S, HAIR J. Summary Brief Macro Influences on the Adoption of Sales Force Automation (SFA) Technology[J]. Society for Marketing Advances Proceedings, 2009.

发,影响销售队伍自动化创意的产出。①

当然,在概念上应当区分销售队伍个人和整体。

在图 10-4 中,各个变量的含义如下:

(1) 实施环境是指销售队伍自动化作为一种理念或技术工具在企业应用时,所面对的企业内部、外部各种环境要素的影响,其中既有积极因素,也有消极因素,因此其能否推广开来,取决于这些力量的对比。

(2) 共享价值是指企业管理者与销售人员在对待销售自动化这一客观事物时所能够共同坚守的基本价值观念,并以此作为双方合作条件和相互信赖的判断标准。

(3) 可行条件是指在企业内、外部环境中能够对销售队伍自动化推广形成帮助和支持的各种有利因素。

(4) 对销售队伍自动化的承诺通常是指由企业向全体员工尤其是销售人员作出的物质和精神层面承诺。

(5) 实施的有效性是指销售队伍自动化在实施过程中对于改进销售工作、提升销售效率所发挥的具体作用。

(6) 生产率是指销售队伍自动化所带来的实际产出,如销售产品的增加、销售额的增加、客户关系的稳定和改善、信息交流的便捷、管理和服务水平的提升等。

10.3 销售队伍自动化管理面临的主要问题及其成因分析

销售队伍自动化在最初兴起时,人们给予了充分期待。但是,在数十年发展中,其作为管理工具遇到了许多问题。

10.3.1 销售队伍自动化面临的主要问题

以美国为例,1996 年,销售队伍自动化是一个 15 亿美元的产业,其中有 600 多个市场供应商,当时预计会有快速增长的前景。但是,使用销售队伍自动化这种工具,销售人员的年均费用为 5 000~15 000 美元,巨大的费用开支引起了人们的研究兴趣。早期研究涉及范围较广,从行业、企业、个人等多个层面展开,而且人们对于这一新技术的成功普遍持乐观态度。进入 21 世纪后,相关研究表明,销售队伍自动化项目的失败比率非常高(55%~76%)。尽管对于这项管理工具的接受度在许多行业领域得到体现,但是至今人们对于影响这一工具成败的许多因素并不是十分清楚。简言之,企业从销售队伍自动化这一工具中所获得的利益,似乎由于计划不当、沟通问题或估计错误等而与销售人员的感知和目标不一致。②

销售队伍自动化的推进并不是如销售软件制造商在推销这些软件时想象的那么简单。这项管理技术在早期推广应用中,在英国市场上也遇到了与上述情形相类似的许多

---

① BORDERS A L, WIDMIER S, HAIR J. Summary Brief Macro Influences on the Adoption of Sales Force Automation (SFA) Technology[J]. Society for Marketing Advances Proceedings, 2009.

② HONEYCUTT J R E, THELEN T, THELEN S T, HODGE S K. Impediments to Sales Force Automation [J]. Industrial Marketing Management, 2005, 34: 313-322.

问题。以该国金融服务行业为例,在经历了诸如新竞争者加入、并购、国际竞争和新供应链方式等前所未有的变革后,消费者通过互联网渠道进行个人自选式定制金融产品的消费行为更加普遍。在这种环境中,行业中的企业对销售和营销活动采取了更加谨慎的态度,而且把注意力更多地集中在信息技术对于现有或潜在客户及账户的各种信息的采集、使用等管理上。这种转变似乎推动了信息技术的销售推广。但是,大量投资于这些技术应用后,当投资和市场趋于饱和,特别是采用这些技术的潜在风险被觉察时,企业逐渐发现其应用于销售和营销过程中所能带来的收益正在衰减。在 20 世纪末至 21 世纪初的 20 多年中,人们对销售队伍自动化的关注度和研究兴趣也呈明显下降趋势。这主要是由该技术的高失败率引起的。因此,对于一些企业而言,继续采用传统关系营销技术,辅之以额外的销售培训和有限的销售队伍自动化投资,可能是一种比较适宜的方法;而对于另一些企业而言,大规模投资于更加复杂的销售队伍自动化则可能是最佳选择。①

尽管销售队伍自动化中存在许多亟待解决的问题,但是对于这项管理技术应用的研究和探索并没有失去意义。有时,寻找问题成因比解决问题本身更重要。霍尼卡特(Earl D. Honeycutt Jr.)等人研究了销售队伍自动接受、采用、实施和成功的影响因素,并提出克服障碍的主要方法:重点解决工具使用过程中的两个差距,一是企业的计划、沟通和评价过程中的差距;二是企业和销售人员在感知利益或权衡利弊上存在的差距。

10.3.2 销售队伍自动化问题的主要原因

1. 企业层面的原因

在企业层面,销售队伍自动化问题的主要原因包括:①目标定义不明确/对技术过分重视;②不切实际的期望;③不衡量/不评估进度;④技术支持差;⑤培训不足。

在上述问题中,第 3 个原因引起的关注度相对较小,其他 4 个原因则比较常见,也是容易引起这项管理工具被抵制和不被重视的主要原因。

2. 销售人员个人层面的原因

在销售人员接受层面,销售队伍自动化问题的主要原因包括:①需要很大的努力才能学会;②收益/报酬对销售人员而言并不明显;③角色的压力、冲突和超负荷工作;④销售队伍认为销售队伍自动化对销售流程具有破坏性;⑤销售人员的抵制是由于缺乏自主权/微观管理有所增强;⑥销售人员的抵制是由于工作量增加。

在上述原因中,第 1 个、第 2 个原因较为常见,其次是第 3 个、第 5 个原因,第 4 个、第 6 个原因在相关问题研究中涉猎较少。

延伸阅读　从计划、沟通和评估三个角度对销售队伍自动化问题的进一步解释

---

①　WRIGHT G,FLETCHER K,DONALDSON B,LEE J-H. Sales Force Automation Systems:An Analysis of Factors Underpinning the Sophistication of Deployed Systems in the UK Financial Services Industry[J]. Industrial Marketing Management,2008,37:992-1004.

10.4 销售队伍自动化管理策略

尽管企业和销售人员以投资回报率(ROI)形式共享效率目标,但对这一目标的理解也可能截然不同。例如,管理人员可能期望技术上以较小的销售队伍创造相等或更多的销售收入,而销售队伍的关注点可能集中在工作保障上。减少销售人员规模是积极的结果,也是从企业角度出发采用销售队伍自动化的动机;但是,从销售人员的角度来看,这个目标是一个严重的负面因素。销售人员可以将效率解释为通过减少时间投入实现相同或更高的结果,相反,企业管理层将同一事件视为每名员工生产率的降低,即需要通过增加职责来抵消销售人员的新空闲时间。

在行业和市场竞争中,企业和销售人员都试图保持各自所拥有的竞争优势。最初,销售队伍自动化似乎为企业提供了这些竞争优势,但是由于竞争格局的不断变化,销售队伍自动化已成为一种基本的生存工具,即只是企业避免在竞争中处于劣势地位的工具,但这并不能使企业实现差异化。要获得差异化这一竞争优势,必须采用最先进的销售队伍自动化工具,以期比其他竞争性工具获得更多的成就。或者在实施销售队伍自动化时为销售人员(更重要的是为客户)提供更平稳的过渡,才能获得这样的优势。对于销售人员而言,竞争优势意味着:①在企业内部与同事相比,他们能够显得特殊,进而提升工作安全性;②获得专业技能,以改善他们在当前企业之外的就业机会;③与其他销售人员相比,能够通过更好的服务留住老客户并赢得新客户。

尽管销售队伍自动化工具可创建和传递大量信息,而且更快地获取信息是企业及其销售人员的共同目标,但是对于需要哪种类型的信息以及应该由谁访问这些信息,在理解上却截然不同。管理层可能要求将详细的客户账户信息输入集中式数据库中。通过访问此账户信息,销售经理可以跟踪销售人员的活动,而维护详细的账户信息可以防止销售人员调出时企业流失客户。这就是与销售人员个人利益相冲突的企业目标所呈现的另一种情形。对于销售人员而言,这种做法引起了两个问题:①失去独立性和自主权;②由于共享为销售人员所特有的客户信息而导致工作安全性下降。销售人员对改善信息流的看法是可以立即访问详细的产品信息、账户历史记录、竞争性产品及带来个人成功的新线索。

改善客户服务是企业和销售人员的共同目标。但是,实现这一目标的动机似乎有所不同。销售队伍自动化本身意味着不断提高企业在客户心目中的重要性,即通过在竞争中保持领先地位而成为客户印象中的第一提及物。企业可能希望销售队伍自动化提供更快的响应时间、更丰富的产品信息、更准确的订单履行,允许企业提供更多的服务和产品并执行客户分析。销售人员则希望提供优质的客户服务,但是在这个过程中没有被去中间商化或从供应链中删除的风险。

实施销售队伍自动化所需的大量前期投资是企业和销售队伍面临的最大阻力之一。对于企业而言,前期投资包括购买设备和软件,安装和培训销售队伍。对于销售人员,必须花费时间和精力来掌握新技术。一旦实施销售队伍自动化,企业将面临提供技术支持、升级、维护以及可能替换无法应对变化的销售人员等持续性成本。技术过时风险使双方的决定变得更加艰难;企业必须不断投入资金来更新技术,而销售人员则需要投入时间从而会远离客户和家人,以保持技术水平。由于技术发展步伐不断加快,不断增加新技术的恶性循环可能会成为每个行业销售经理和销售人员职业生涯的重要组成部分。

企业组织层面与销售人员感知层面客观上存在差距,不同参与群体对销售队伍自动化的目标、利益和成本具有各自先入为主的理解和期望,因此,加强销售队伍自动化管理显得尤为重要。即使这些目标、利益和障碍是重合的,但在企业组织层面和销售人员个人层面也会有明显不同。也就是说,一方认为销售队伍自动化是有利的,而另一方可能认为其存在严重缺陷。行业中的销售经理在考虑采用销售队伍自动化,以便清楚地沟通和评估对销售人员的好处时,必须理解这些观点。

10.4.1 共享价值观念的构成及其分析

根据以上分析,我们可以把销售队伍自动化采用过程中出现的观点进行对照,如表 10-1 所示[①]。在销售队伍自动化管理策略上,首先需要在企业层面和销售人员个人层面达到一致。

表 10-1 企业与销售人员的观点对照

共同的观点	企业的观点	销售人员的观点
目标/追求的利益		
效率(更高的 ROI)	实现每个销售人员更高的销售收入	减少相同收入产生或销售量增加所需投入的时间
竞争优势	超越客户期望和行业规范	在技术上成为比同行更先进的人员
更加详细、准确的信息	关于客户和每个账户状态的全面详细信息	访问更多的产品和竞争对手信息,以及销售线索
行政管理方面的改进	使销售人员能够执行新任务	节省现有非销售任务时间
改进客户服务	可提供高价服务的增值服务	提升在客户心目中的地位
更好地了解销售活动	加强对销售队伍的监督和控制	对销售技巧有效性有更深入的了解
采用障碍		
初始投资	安装初始设备和软件;培训销售人员	学习如何使用 SFA 工具所花时间(无法从事销售活动的时间)
运营成本	技术支持;升级;保养;不满销售人员的自愿离职	不断掌握技术
组织/销售队伍变化	所需的组织变革	由于监控增加而丧失了独立性和自治性
职位描述	工作重组	由于公开之前对客户信息的专有权而导致失去权力
离职		由于无法学习或因新技术提升了生产率而导致的销售人员流失
容易受到技术快速变革的攻击	因技术过时所导致的货币投资损失的风险	学习新技术所导致的时间浪费

---

① HONEYCUTT JR. E, THELEN T, THELEN S T, HODGE S K. Impediments to Sales Force Automation [J]. Industrial Marketing Management, 2005, 34: 313-322, 经整理。

在采用销售队伍自动化过程中,企业应本着"求同存异"、扩大共同面、缩小差异面的方式来积极开展工作。具体策略要有针对性,对各种观点,应当采取有力的措施来减少其负面影响。

根据表10-1所列举的内容,在总体方向上,企业要不断强化"目标/追求的利益",逐步减少"采用障碍"。在具体工作上,要根据各种观点的偏差程度采取基于"共同的观点"的科学有效的管理方法。既要解决销售队伍对待自动化技术的思想观念问题,也要解决操作层面所遇到的切实问题。不能把所有问题都抛给销售人员,由他们自行解决,而管理层只是负责引进自动化项目和分配工作任务,以及增加工作额度和设定绩效评价标准。没有员工主动参与的技术应用是很难有效地推行下去的。因此,管理者应当更多地站在销售人员的角度思考问题,而不是仅从便于自己工作需要来强力推行销售队伍自动化项目。

尽管所有的经济矛盾最终都可以归因于利益冲突(不论在形式上是直接的还是间接的利益),但是在实际工作中,价值观念可以使这种利益冲突控制在一个低风险范围内,即由企业文化和道德守则而把利益冲突与对立向着不影响或不破坏企业和谐经营氛围的方向转变,甚至把矛盾向着积极的一面转变。这背后的原因就是共同的观点在发挥作用。基于共同利益,共享价值,企业才能把不同的利益群体组织在一起,进而围绕共同目标开展工作。完全的价值一致或者没有任何冲突的内部经营环境在现实中是根本不存在的。企业管理者必须认清矛盾的客观存在,以及矛盾正反两个方面的相互转变,但是这种转变并不意味着一方的完全覆盖,另一方的彻底消失。在对立的观念和利益中寻找一种平衡,就是创建共同观点或共享价值观念的要义所在。为此,企业必须清楚在计划、采用销售队伍自动化方案时可能出现的各种矛盾和问题,并采取有针对性的策略。

10.4.2 基于共享价值的销售队伍自动化计划与实施策略

企业计划或实施销售队伍自动化方案在价值观念方面可能会遇到各种各样的问题和矛盾。为了便于分析,我们将其归纳为以下两个方面的主要问题,并给出解决对策。[①]

首先是目标不清晰问题的应对策略。目标不清晰问题主要表现在,在计划阶段,企业对实施销售队伍自动化的目的和目标解释不清,导致销售人员很难接受。例如,企业管理者在解释销售队伍自动化目标时会认为企业的目标是尽可能采取自动化,越多越好,甚至认为由于销售队伍自动化的好处,如果不进行自动化,其风险会比采用新技术大很多。但是,这种解释与销售队伍的直接利益并没有多大关系,因而也就很难被接受。针对这种情况,企业在销售自动化技术购买阶段,首先应当鼓励跨职能部门的参与行为,在计划制订、供应商选择、自动化效果评价等方面,从多个角度了解各部门的要求。其次在购买技术解决方案之前,在销售队伍、买家和企业内部各方之间举行会议和进行调查。这些通过焦点小组、调查和访谈等形式获得的销售队伍的时间、精力投入,对于在计划阶段获得对项目的支持极为有利。

---

① HONEYCUTT JR. E,THELEN T,THELEN S T,HODGE S K. Impediments to Sales Force Automation[J]. Industrial Marketing Management,2005,34:313-322.

其次是沟通问题的应对策略。沟通问题主要表现在,对提供什么样的技术以及为企业和销售人员进行怎样的准备,没有通过双向沟通进行说明,即项目预期不清楚。其结果是相应技术保障不到位,即由于缺乏技术支持机制,而导致期望与现实产生冲突。例如,在具体工作中低估了培训销售队伍所需的成本和时间,即某些销售人员可能需要更多的培训和技术支持。管理层在与销售队伍沟通时,不应当只是强调技术功能,而应当更多地让销售队伍了解采用新技术所能够带来的收益(例如,检查库存,在与客户会谈的过程中快速下单)。否则,销售人员看到的只是责任和负担。同时,要着力解决客户面对面销售中自动化技术支持不力的问题。对要求采用新技术的销售人员增加销售量这种做法,也要进行适当规范。

10.4.3 销售队伍自动化的条件创造和组织承诺

通过提供足够的培训时间和技术支持,而不是将责任转移给销售人员,企业作为组织应当表现出鼓励销售人员学习新技术的决心和承诺。在销售队伍自动化技术推广中,有相当一部分企业并没有为销售人员掌握新技术提供任何类型的培训。在这种情形下,销售人员只能在空闲时间或宝贵的销售时间学习新技术,并承担了学习和应用这种技术工具的全部责任。事实上,即使组织层面开展的技术培训和支持也并不能确保销售人员完全掌握销售自动化技术,更何况企业不进行任何技术培训活动。这种对待技术工具学习和应用的松散管理方法无形中增加了销售人员学习和掌握新技术所需的时间与精力,更为严重的后果是,它会使销售人员质疑企业对销售队伍自动化所作的承诺。

对于计算机技术经验很少的销售人员而言,在学习一些复杂技术工具中所投入的时间和精力等非物质成本可能太大,进而使他们认为这种学习是一种对正常销售业务活动时间的额外占用,因而他们更倾向于使用一些具有最高成本/收益比的简单自动化技术工具,甚至不使用任何自动化技术工具。

因此,要推动销售队伍自动化技术升级和进步,企业必须在以下方面作出承诺:①在学习培训中,保证销售人员的时间和精力不受其他业务工作的影响;②为销售人员学习新技术工具的应用提供相配套的技术人员和服务支持,并承担一部分应当由企业承担的责任;③对通过正常学习无法有效掌握新技术工具的销售人员,不进行任何形式的有可能激化企业内部矛盾的处罚;④不把学习任务和所期望的结果完全转移到销售人员身上,不使其成为销售人员的个人行为和个人责任。

在推广销售队伍自动化技术工具时,企业应当采用正向刺激方法,通过积极的口碑效应、成功经验的介绍、员工之间的相互交流等,来传播这种工具的重要性。当然,企业应当展现使用新技术所取得效果的可观察性。由于销售人员的工作性质比较独特,具有高度独立性和自主决策权限,即他们更容易受到自己观念的影响,而不受同事和主管态度的干扰,因此在正向刺激方法选择上,应当具有新颖性和感染力。毕竟,向职业销售人员直接推销新技术工具本身就是一件不容易的事。企业必须制订详细的计划,设置有专业深度的培训内容,并提供充足的经费支持。

10.4.4 销售队伍自动化的实施效果与产出率评价

关于在销售队伍自动化过程中如何提升销售人员对其的采用程度,一般认为,应当首先按照人口统计特征来识别销售人员,即挑选出那些最乐于使用销售队伍自动化的人员;其次,减少用于学习和使用这一技术体系的时间与精力等非货币成本;最后,使这种技术应用自愿采用,而不强加于销售人员。[①]

在实施销售队伍自动化工具之前,企业有必要制定其度量标准以确认销售队伍自动化水平达到什么程度才意味着成功。创建这样的评估机制,对销售队伍自动化过程进行监控和评估,并将结果传达给销售人员,为他们提供明确的目标指引,对整个企业的销售管理工作具有重要作用。无法提供明确的方向,则会减弱使用这项工具的激励作用,即使销售人员对这一技术工具持积极态度,也会使其在运行过程中效果大打折扣。事实上,很多公司只是开发和使用这一技术工具,而不对其应用效果进行销售人员级别的跟踪和反馈。究其原因,主要是因为这一评估工作难以找到量化指标和建立衡量机制。

不可否认,销售队伍自动化这种技术工具有许多无形利益是难以进行量化评估的。例如,它能够更方便地访问数据或改善沟通方式,而对这一结果的评估显然是比较复杂的。但是,对于一些有形利益,则不仅可以而且应该与评估指标相关联。例如,如果采用这种工具的目的是减少客户响应时间,那么企业就应当对实施这种工具前后每次查询平均耗时进行比较。如果企业缺乏类似目标和跟踪机制,则会使评估过程复杂化,因为销售人员不清楚要实现什么目标。因此,在评估绩效时,一定要事先制订计划,并且必须明确所要实现的目标。

此外,针对自动化工具所需的开发、购置费用,以及后期的维持费用、培训费用的不可预测性,企业可以通过跨职能部门联合规划和实施的方法来更全面地了解和计算所需成本、收益和信息投资回报,并建立必要的评估指标体系。

复习思考题

1. 简述销售队伍自动化的基本含义。
2. 对于企业销售人员而言,销售队伍自动化能够带来哪些工作上的便利?
3. 对于客户而言,销售队伍自动化能够带来哪些便利?
4. 在推广过程中,销售队伍自动化主要面临哪些问题?为什么?
5. 针对销售队伍自动化中出现的主要问题,企业有何应对措施?
6. 举例说明销售队伍自动化在企业中的具体应用,并说明其利弊。

不断变化的销售队伍自动化软件市场排名

【案例信息】 在竞争激烈的销售队伍自动化软件市场中,各款畅销软件每年的排名情况都会有一定程度的变化。尽管在这个行业中,软件开发与应用的失败率非常高,通常

[①] WIDMIER S, ROSENBAUM M, JACKSON JR. D. Keys to Implementing Productive Sales Force Automation [J]. Marketing Management Journal, 2003, 13(1): 1-13.

为50%~70%，但是这并没有阻止那些敢于承担风险、在技术投入方面不惜重金、持续面对挑战和压力的企业的前进步伐。

高风险市场环境中通常隐藏着高收益，而高失败率则意味着那些活下来的企业能够从容地重新抢夺与占领市场份额。市场本身并没有好坏之分，只有繁荣与低迷的阶段性区别。但是，对于单个企业而言，它并不足以改变整个市场的运行趋势，所能够做的就是顺应市场变化规律，并且要做到最好。

销售队伍自动化软件市场就是一个比较典型的"高风险、高收益"市场。这个市场中，许多投资者在项目研发时往往雄心万丈、信心百倍，但是等待它们的可能是竹篮打水一场空，只是吸取了大量教训，经验却无从谈起。但是，与许多企业在研发此类软件投资方面"折戟沉戈"形成鲜明对照的是，有的企业在经济不景气的环境中，通过自主研发或采用有竞争力的销售自动化软件，销售业务量大幅提升，一改经营颓废局面，因而继续增大对项目投资，软件供应商也获得了超额回报。

软件市场由于受技术升级换代所引起变化的影响极大，因而整个行情和发展趋势难以准确预测。为了应对市场不确定性，给软件开发和应用企业提供更多服务信息，一些机构或网站对市场上比较活跃的几款软件的特征进行了比较，以便企业跟上市场变化节拍。以下是来自《客户关系管理》(Customer Relationship Management)杂志对2008年、2011年、2014年、2016年、2018年等不同时间节点销售队伍自动化软件中排名靠前的应用软件的技术特点和竞争优势的分析。在不同的时间节点上，这些软件所能解决的主要问题和对使用者强调的功能是有一些区分的。

1. 在销售队伍自动化之外强调增加额外的东西

马歇尔·拉格(Marshall Lager)认为，2008年，"SFA plus something more"(销售队伍自动化＋额外的东西)是市场主旋律，许多软件供应商开始实施知识管理、分析、绩效管理及其他功能融入销售应用程序的计划，这在这些软件年度评分上得到体现。但是，真正的重点仍然是它一直以来的定位——让销售人员拥有他们能够做得更好的工具。"纯"的SFA(销售自动化)可能是濒临灭绝的品种，这是由于推向市场的软件产品中，除了市场营销和客户服务功能外，产品可能也是CRM套件。尽管如此，这个品种仍然是一个需要重视创新的品种。

排名靠前的销售队伍自动化软件公司有Entellium、Kadient、RightNow Technologies、Sage Software (Act! by Sage)、Salesforce.com等。评价标准有三个方面：企业方向上的声誉；客户满意上的声誉；功能深度上的声誉。这些位处前列的软件都有各自的特点。Entellium主要服务于金融服务业、高科技行业和招聘行业，引用一位分析师的话，它的优点是其Rave解决方案不仅具有崭新外观，而且是运动型的。干净的界面、可靠的功能和良好的技术支持，使其在激烈竞争中成为行业发展的重要影响力量。这家企业在创新方面十分投入，愿意做不同的事情，它的产品更适合人员数量较少的销售队伍，因而是低成本市场领导者之一。

Pragmatech于2007年更名为Kadient，它是由提案请求自动化开始的核心公司。这家企业主要服务于金融服务业、高科技行业和医疗保健业，它摆脱了销售提案管理和接触管理的局限性，而从销售队伍自动化视角对实际销售过程进行模块化管理，因而从销售人员那里获得驱动价值，而非通过销售管理人员，并获得了很高的用户满意度。RightNow Technologies 主要服务的行业是金融服务、电信和高科技，该公司 2006 年收购了 Salesnet，并与其内置最佳实践工作流程进行整合，立足本身来自服务行业而从逆向上扩展其能力，它能够作为完善的 CRM 套件支持销售、服务、营销和分析工作。该企业所提供的解决方案非常适合中型市场和大型企业部署，但因过于复杂而无法满足小型企业的需求。Sage Software 的 Act! by Sage 也是通过逆向发展而达到最佳效果。它定位于销售人员使用的工具，而非销售管理工具，具有销售人员想要的功能，但对团队销售可能并不适用。Salesforce.com 主要服务于高科技、金融和通信等行业，虽然通常被认为是全套 CRM 提供商，但其名称中有销售队伍自动化最强大的暗示。Salesforce.com 提供出色的移动支持，包括本地 iPhone 应用程序以及可靠的工作流程自动化和出色的仪表板支持。Salesforce.com 端到端业务流程集成想法涉及销售或前台办公室，这也是客户喜欢它的原因。

2. "社交媒体""云服务"和"移动设备"在销售队伍自动化中的应用

杰西卡·塞伯（Jessica Sebor）认为，在 2011 年，销售人员自动化趋势是"社交媒体"。随着社交网络的普及，敏捷的 SFA 供应商正在尝试利用这种功能帮助销售队伍做得最好。拉杰·阿格尼霍特里（Raj Agnihotri）（《有效的销售团队自动化和客户关系管理》合著者之一）解释说，技术进步伴随着更多的痛苦，因而激励用户采用"多维 SFA"可能很困难。为此，最成功的供应商着重发展易于使用的设备，强化对移动设备的支持，进行嵌入式分析和组织内协作。

表现突出的销售自动化供应商有 Microsoft、NetSuite、Oracle、RightNow Technologies 和 Salesforce.com。Microsoft 服务于公共服务、金融服务、专业服务等行业，其 Dynamics CRM 2011 的特点是定价功能、直观的界面和部署的灵活性。NetSuite 的服务领域是批发分销、服务业和软件业，它以保持预算友好、易于集成的优势而著名，作为供应商试图通过瞄准大型企业来增加市场份额。SaaS 通过"增强品牌知名度"，借助社交媒体和移动技术的发展，在激烈的竞争中占有一席之地。Oracle 的服务领域是通信、零售和金融等行业，作为供应商在迁移到其 Fusion 平台时，有些人认为这可能会减慢其软件的采用速度，许多客户因此采取了观望态度。而连续 6 年获得桂冠的 Salesforce.com 继续保持其受欢迎程度，这主要源于公司关于销售团队信息分配的思维方式改变，以及其拥有的卓越的社交媒体和社交业务能力流程。

2014—2016 年，销售队伍自动化市场风向继续发生改变。市场领跑者是 bpm'online（主要服务领域：金融服务、专业服务和房地产等行业）、Microsoft、Oracle、Salesforce.com、Zoho（主要服务领域：教育、金融服务和房地产等行业）和 SugarCRM（主要服务领域：金融、技术、商业服务等行业）。在此期间，销售队伍自动化市场上的流行主题是回归销售人员的"销售"行为，保障销售时间，为其销售活动提供便利条件，同时强调"云服务"和"移动设备"的重要性。

3. 通过人工智能等创新科技手段提升客户体验

从销售队伍自动化产生以来，技术在不断发展，作为一种销售管理工具，其产品不断地升级换代，紧跟市场节拍而改变，这给人的印象是：乱花渐欲迷人眼，各领风骚两三年。

2018年，销售队伍自动化市场排名趋于稳定，bpm'online、Microsoft、Oracle、Salesforce.com和Zoho分别位列前五位。

越来越多的供应商开发定制专门针对利基业务的软件版本，导致这个领域的竞争异常激烈。软件供应商强调销售队伍自动化管理中的问题解决方案（如潜在客户管理、销售预测、订单、发票管理等），并在销售活动、管理流程自动化的同时，力争使公司销售专业人员和行政人员从快速创新中受益。

以bpm'online为例，实际上，该供应商提供了完全集成的CRM套件，其中包括销售人员自动化、市场营销自动化和客户服务。而Microsoft等企业则开始强调人工信息的获取、机器学习、人工智能的应用，并朝着增强客户体验的方向发展。

销售队伍自动化如果开发科学、应用对路，无疑能够极大地提升销售人员工作效率。该领域目前虽然已经在技术和应用的结合上取得了巨大突破，有的业务模块设计已经趋于成熟，但是总体来看，仍有很大的发展提升空间。在未来30~50年内，随着技术的不断提升、新应用领域的拓展，销售队伍自动化会为人们的学习、工作和生活带来更大的便利。

资料来源：1. LAGER M. Customer Relationship Management，2008（9）：39；2. SEBOR J. Customer Relationship Management，2011（8）：35；3. SLUIS S. Customer Relationship Management，2014（8）：53；4. SMILANSKY O. Customer Relationship Management，2016（8）：35；5. MINSKER M. Customer Relationship Management，2018（9）：39。

【案例讨论题】

1. 根据案例信息，试分析在不同时间节点，销售队伍自动化的主要特点，以及形成这种特点的客观环境因素。

2. 在向市场提供产品时，销售队伍自动化软件供应商需要考虑哪些主要因素？为什么？

3. 以某零售企业为例，假设你是该企业销售队伍的自动化服务提供商，请结合当代消费者的个性化、多样化需求特点和偏好，为其设计具有针对性的销售队伍自动化工具，并提供可行性分析和投资决策依据。

第 11 章

电子客户关系管理

【本章知识点】
- 电子客户关系管理的基本含义
- 电子客户关系管理的作用
- 电子客户关系管理的采用过程
- 电子客户关系管理面临的主要问题及其原因分析
- 电子客户关系管理的具体策略

企业经营管理决策必须有足够多的信息支持才能具有实效。把不同的信息收集起来,进行加工、处理是一项重要的工作。在电子信息时代,这项工作变得不再艰难。电子客户关系管理(e-CRM)可以解决分散于不同客户主体与企业之间的信息,使传统客户关系管理模式下显得无用的信息彰显价值。动态的、连续的、实时的、系统化的交易信息和沟通信息,不仅把企业客户关系管理过程通过数字化、电子化途径呈现出来,而且有效地提升了企业客户关系管理工作的效率和效果。正是由于电子客户关系管理在现代企业管理中的极端重要性,我们在此专门开辟一章来研究其理论与实践问题。

11.1 电子客户关系管理的基本含义及其作用

电子客户关系管理就其字面含义而言,可以从两个角度理解:一个角度是基于电子技术对客户关系进行管理,此时电子只是一种技术工具或者方式,但是管理内容本身并没有多大变化,仍然是一般形态下的客户关系;另一个角度是对电子客户关系本身这种客观存在形式进行管理,这意味着客户关系是以电子形式而非传统关系形式呈现,因此对其管理具有特殊性。一般而言,实践中采用第一个角度理解电子客户关系管理比较普遍。但是,在特定情形下,也从第二个角度对电子客户关系管理进行解释。电子客户关系管理是使用互联网在网络上建立关系,使用浏览器或其他电子接触点进行客户关系管理的一种方式。它具有较高的交互性,通过电子渠道能够进一步允许企业与客户进行对话,对消费者实施补偿,征求反馈意见,回应争议事项,并建立和维持长期的客户关系。电子客户关系管理是针对商业活动和营销策略的全面技术整合过程,其各项业务活动围绕客户需求这一中心展开。互联网时代的超负荷信息会迫使人们成为信息的被动接受者。企业信息会激发消费者的兴趣,从而渴望实现"互动"。①

---

① AHUJA V, MEDURY Y. Corporate Blogs as E-CRM Tools—Building Consumer Engagement through Content Management[J]. Journal of Database Marketing & Customer Strategy Management, 2010, 17: 91-105.

11.1.1 电子客户关系管理的基本含义

电子客户关系管理是指以电子技术为中心的关系营销管理方式,它反映了此类技术给客户关系管理带来的各种便利和优势。这些技术能够依托互联网的使用而使企业吸引新客户,分析他们的偏好和行为,并制订服务支持计划。电子客户关系管理不仅适用于关系管理,还适用于企业业务流程再造。它的主要优点还包括能够增加客户体验,提升服务品质,增加服务项目数量,为客户带来新的价值和收益,进而做到保留客户并提升客户忠诚度。在本质上,电子客户关系管理可供企业人员在各个级别使用,能够通过电子方式与客户互动。

就电子客户关系管理系统的组成而言,它是基于互联网的一种商务运行模式,其中电子交易周期涵盖在线服务购买的三个阶段(售前销售信息搜索、服务销售、售后服务)。电子客户关系管理交易的每个阶段都有对应的功能设置模块,这有助于巩固互联网上建立的各种客户关系,同时提高整体客户满意度。

服务前功能,如自定义警报、本地搜索引擎、自定义站点、聊天等,为客户提供信息搜索、购买决策及相关服务。该运营模式下的网站增加了流量,同时确保客户满意度和保留率。其中一个关键方面是提高了通信效率,同时兼顾了通信个性化(电子服务质量)。企业能够获得有关客户的更多信息,通过定制警报并根据个人情况打包此类信息,进行针对客户需求和欲望的个人营销。

在服务期间,电子客户关系管理功能依靠客户教育来在线影响交易完成。为了达成交易,服务供应商和客户根据协商达成同意条件。因此,安全性和隐私至关重要。

关于电子交易的后期服务,电子客户关系管理功能基本上能够得到发展并围绕客户服务这一中心任务,通常会在所有客户基础上传达有关服务或产品的对应问题,在企业与个人之间建立互动关系。

此外,在线自助功能、常见问题解答(FAQ)工具、投诉功能和在线社区等反馈机制工具能够帮助企业在一个中央平台上整合所有客户互动,了解他们想要的服务,并对更多的客户行使控制权。

实质上,上述功能决定了电子客户关系管理的服务质量,这对通过企业网站的"一对一"沟通和支持来提高客户购后满意度至关重要。一般而言,在售后服务中,电子客户关系管理的良好电子服务质量可以提高在线客户的 e 忠诚度。[1]

综合以上分析,电子客户关系作为定义,包括以下6层含义:

1. 电子客户关系管理是基于客户关系的管理

电子客户关系管理的核心内容仍然是客户关系管理,电子或信息技术只是实现这一目标的工具、方式和途径。电子信息手段应用于客户关系管理,使客户关系管理显得更加高效,更具影响力。

---

[1] OUMAR T K, MANG'UNY E E, GOVENDER K K, RAJKARAN S. Exploring the E-CRM-E-Customer-E-loyalty Nexus: A Kenyan Commercial Bank Case Study[J]. Management & Marketing Challenges for the Knowledge Society, 2018, 12(4): 674-696.

2. 电子客户关系管理是一种知识管理过程

电子客户关系管理中涉及的不仅仅是信息，而是对于整个企业业务相关的各种活动的知识和经验汇集。因此，管理活动中积累的知识和经验可以在不同部门中传递，这对于优化企业经营管理流程具有重要的支持和帮助作用。

3. 电子客户关系管理是一种业务流程管理

电子客户关系管理涉及整个企业客户关系管理的不同接触点，因而是一个具体的、完整的业务流程管理。任何一个接触点的信息都很重要，它对于下一环节或者其他环节的工作具有导向作用。电子信息在不同接触点的传递能够使客户关系管理克服点多面散的状况，而形成体系化、网络化管理模式。

4. 电子客户关系管理是对人员的管理

电子客户关系管理中不仅涉及对销售人员的管理，还涉及对客户的管理，因而是以人员为中心的管理。电子信息与人员信息相互支持，使信息系统运转更加顺畅。

5. 电子客户关系管理是客户关系管理与信息技术的整合

电子客户关系管理对信息技术具有依赖性。信息技术水平决定着电子客户关系管理所处的层次。管理与技术的整合过程取决于管理者与技术人员之间的沟通及对客户关系管理业务的理解能力。

6. 电子客户关系管理是一种具有战略优势的工具

电子客户关系管理作为企业的一种工具，更注重企业的长期发展，并且能够为企业赢得竞争优势，因而是一种战略工具。该工具注重客户保留与忠诚、企业业务的稳定增长，能够从多维角度分析企业运营情况。

11.1.2 电子客户关系管理的作用

电子客户关系管理是关系营销的另一种延伸方式。由于是通过网络进行的营销活动、工具和技术，它必须依托互联网而存在。电子客户关系管理主要使用电子邮件、数据仓库、数据挖掘等技术，目的在于寻找、建立和改善长期客户关系，以提高每个客户的个人潜力，因而其作用主要有以下6个方面：

（1）能够为企业提供一致的信息。电子客户关系管理把企业在各个接触点所发生的数据信息汇总到企业中央数据库，这样不仅方便各个职能部门和员工从这个数据库中调取信息，同时保证了所有输出信息的一致性。这在企业经营管理决策中就不至于因数据信息不一致而出现错误决策的情形。数据一经生成，即成为历史资料，不能修改，这保证了数据的客观性和真实性，对于制止企业客户关系造假或者故意发送错误报告等有帮助。

（2）能够把不同电子信息源所获得的信息整合在一起，形成一个总体的信息资料。例如，在电子客户关系管理过程中，企业可能采用多种方式与客户保持联系，常见的有呼叫中心、网络、邮件、电话及个人社交媒体等，这些信息有时同步，有时又有时间差，因而需要把不同信息整合起来形成一个客观判断。为了保证企业在向客户交付产品和服务时信息依据准确可靠，必须由电子客户关系管理系统进行信息集成，从而使整个企业的营销活动、物流配送、渠道管理、价格决策、产品策略及后续服务等实现无缝对接。

（3）具有操作智能化特点，能够对销售人员和客户的身份信息进行确认，对正在进行的业务活动进行识别,并提示下一步需要进行的工作流程。这种含有人工智能的工作模式不仅能够提升业务人员对企业各个业务领域的熟悉程度,而且能够让他们了解更多的客户管理知识和技术。从客户角度来看,这种操作上的智能化特点也有助于客户更多地掌握先进技术方法,节约成本,节省时间,对自己的需要和所面临的问题做出客观准确的描述,及时向企业反映。在智能化、交互式管理中,客户关系在真正意义上实现了由企业为中心向客户为中心的转变。

(4) 有助于企业管理人员更好地进行管理。在传统客户关系管理模式下,企业管理人员不直接接触客户,其所掌握的信息并不完全,这事实上不利于他们有效地开展工作。电子客户关系管理克服了这一不足,使这些处于后台的管理人员能够清楚地了解一线客户服务人员的工作状况、关系建立所处阶段及所遇到的具体问题。这种导航式数据信息能够从全局角度判断整个企业的客户关系维持状况、一项具体政策的执行情况及所取得的效果。这种专门向管理人员提供的关于企业客户关系管理的仪表板报告(dashboard report),注重关键维度上的绩效进展情况,目的在于方便管理者做出控制决策。

(5) 具有强大的分析功能。市场上使用率较高的客户关系管理软件通常都具备强大的分析计算功能,通过采用先进的统计和财务工具能够为管理者和销售人员做出分析和预测,与通过手工计算相比,在数据运算量和准确程度上得到了质的提升。这种分析功能能够对整个客户关系管理的各个节点及整个过程进行事前、事中、事后跟踪,对于各种关系线路进行分析与梳理,同时对历史、现状与未来发展轨迹给出生动描绘。多变量、多维度、多层次、跨时空的分析对于整个企业的管理而言,具有重大的意义。

(6) 具有强大的服务功能。这种软件不仅能够为企业管理人员和销售人员提供管理和业务上的便利,而且能够融入现代技术提升服务水平,使客户关系管理与企业各种产品和服务的项目推送结合起来,因此,它是服务工作的延伸,通过把企业各种不同的应用软件整合在一起,或者嵌入其他综合平台,使企业的服务更具及时性、全面性和系统性。事实上,客户关系管理的本质就是服务。因此,电子客户关系管理就是通过各种电子工具把服务引向更深的领域,解决传统服务模式中服务环节不关联或者服务缺失的问题。

除上述作用外,电子客户关系管理还有其他一些方面的作用。特别是对于一些特定的企业类型,这种管理工具的作用及效果表现得更加明显。以中小型企业为例,电子客户关系管理可以通过改善其固有的面对面营销模式进行关系营销和需求动力定位,进而提升客户关注度。例如,采用电子邮件和电子表格软件方式,中小企业的电子客户关系管理在形式上显得与大型企业同样重要。这些电子客户关系管理方式所带来的特定绩效收益可能会提高这些企业的市场知名度、增加关系的个性化、增强客户服务能力、改善客户忠诚度、节约营销成本、增加销售量和提高盈利能力。电子客户关系管理可以帮助中小企业提高竞争水平,与更强大的竞争对手竞争,特别是帮助它们在国际市场上更有效地开展竞争。

尽管电子客户关系管理对于改善企业客户关系管理具有重要的作用,但是现阶段所面临的挑战也比较多。在企业中,面对面联系被认为是特别重要的关系阶段。因此,电子客户关系管理对人工客户关系管理的作用替换有可能破坏关系管理中的社会交往属性。电子客户关系管理中由于缺乏面对面联系,容易导致缺乏信任,这是其主要障碍。虽然电子客户关系管理的真正优势之一是个性化呈现和人际关系互动能力,但是如何在运行过程中增加人际信任感是一个亟待解决的问题。目前来看,电子网站风格主要有观赏型网络、信息型网络和关系型网络三种。电子客户关系管理的网站一般倾向于后两种类型,尤其是强调交互式功能。[1] 如何使这种管理工具更具信任感,甚至具有一定的学习、教育、娱乐、创造功能,这对电子客户关系管理提出了新的要求。

11.2 电子客户关系管理的基本模块与主要功能

在企业管理活动中,电子客户关系管理的数据处理功能十分关键,它对企业的各项具体业务、流程、职能等的影响主要表现在以下 6 个方面[2]:

(1) 电子商务网站、交互式互联网应用程序等管理工具已经修改了所有业务流程的运行方式;

(2) 互联网平台提供新机会来改善客户服务,并通过基于互联网服务来满足客户需求而获得竞争优势;

(3) 在线业务环境成为影响企业与消费者之间长期关系的关键因素;

(4) 电子客户关系管理的功能范围覆盖面从高级应用程序一直延伸到网页上的简单应用程序;

(5) 业务活动向在线方向发展,这已经不是企业的一种选择,而是企业基于竞争和生存的一种客观需要;

(6) 使用互联网作为商业和信息渠道,能够为企业提供客户关系管理和机会管理工具,这其中主要涉及电子信息数据的储存、分析和处理。

正是由于电子客户关系管理对企业管理活动中各项具体业务、流程、职能等所产生的上述影响,因而有必要对电子客户关系管理数据处理进行基本模块化分析。

电子客户关系管理数据处理涉及联机事务处理(on-line transaction processing,OLTP)和联机分析处理(on-line analytic processing,OLAP)两个基本模块。

11.2.1 电子客户关系管理中的联机事务处理

联机事务处理是指使用一整套应用系统进行客户关系管理的日常作业。[3] 该处理系统需要从数据库中获得适时的、准确的、动态的信息。每一笔业务从数据库中提取的信息资料比较有限,但是各项业务汇总在一起数据量就特别大。由于不同操作人员分别获取各自所需的信息,因而这种操作型业务工作对应的是联机事务处理数据库,这个数据库与属于企业层面的更大的数据仓库进行对接。

---

[1] HARRIGAN P,RAMSEY E,IBBOTSON P. Critical Factors Underpinning the E-CRM Activities of SMEs [J]. Journal of Marketing Management,2011,27(5-6):503-529.

[2] DURAI T,STELLA G. A Study on the Effect of Electronic Customer Relationship Management (ECRM) on Customer Satisfaction of E-Commerce Websites[J]. Journal of Marketing Strategy (JMS),2017,5(3):332-339.

[3] MAKKAR UI,MAKKAR H K. Customer Relationship Management[M]. Beijing:China Renmin University Press,2014:127-129.

联机事务处理主要强调时间因素。对于业务员而言,节省时间对于提升业务效率至关重要。处理事务的时间等待过程也可能是客户等待时间,因而时间上滞后可能不仅影响销售人员的工作效率,也会间接地影响客户对企业服务能力的感知。因此,在设计上,企业应当保证这个业务模块时间上的高效性,使销售人员在同业竞争中处于快速、有利的位置。同时,业务流程设计也很关键,即业务之间的内在逻辑关系、先后顺序、重要性排序等。联机事务处理由于直接与销售人员的销售过程相连接,许多是过程性信息,因而不仅要求在时间上快速反应,而且要求在流程上不能中断,即能够从上一个流程迅速地转入下一个流程,在不同业务模块中切换。

联机事务处理中的数据是重要的过程信息,因而必须做好数据备份工作。数据备份有助于日后进行数据核对和过程追踪,这对一些工作中的例外事件处置特别有帮助。尤其是涉及重大合作项目或者交易价格动态变动等信息,备份能够应对客户关系纠纷中出现的各种矛盾和问题。同时,备份也有助于业务人员对过去工作进行梳理,了解工作中所经历的各种主要事项,以及未来需要重点关注的问题。联机事务处理中,由于人员变动、业务操作系统升级、项目终止等原因而进行备份是一项十分重要的工作。

11.2.2 电子客户关系管理中的联机分析处理

联机分析处理是电子客户关系管理中专门面对管理人员的工作模块。分析型客户关系管理是建立在操作型客户关系管理基础上的一种业务类型。其数据源来自企业数据仓库,而数据仓库中的数据是由操作型数据库汇入的。这种分析型处理模式的主要目的是为管理者尤其是高层管理者提供战略决策依据。

分析型处理是依据一定的数据分析理论和工具,由专业分析人员对日常型操作所形成的数据进行汇总和整理,按照企业需要形成分析报告。由于分析侧重点不同,因而联机分析可以形成不同主题的报告。

具体而言,可以形成以下 4 种类型的分析报告:

(1) 业务量分析报告,即不同产品和服务所产生业务量的汇总和结构性报告。

(2) 销售人员工作情况报告,即客户关系管理中各个销售人员工作情况报告。按照一定观测维度对不同业务人员工作绩效进行排序,为业务人员的工作提供比较方案。

(3) 客户分析报告。通常为专门针对某一类客户的分析报告。例如,专门针对大客户群体的分析报告,观察此类群体在特定时间段内对客户关系管理工作的反应。

(4) 接触点分析报告。专门针对某一个接触点关系管理状况的分析,以此来决定接触点管理的改进方式和方法。

联机分析型处理由于涉及不同的业务模块,是在信息汇总和归类基础之上形成的报告与结论,因而与传统分析工具不同。在给定报告生成格式和约束条件的情况下,联机分析型处理可以自动生成报告,而且能够对比不同时期各项关键指标的变化幅度并作出重要提示。基于计算机、互联网技术和现代通信技术的电子客户关系管理克服了传统销售模式的滞后性,能够促成客户立即下单购买。传统销售模式如广播、电视广告和杂志等作为传播工具,虽然能够给消费者留下深刻印象,但是在通常情形下并不能够直接下单购买,而电子客户关系管理则与之不同。这种立即下单成交数据的分析,对于销售人员采用特定促销工具的效果测量就很重要,也很直接,具有一定的因果关联性。因此,联机分析处理在电子客户关系管理中的作用越来越重要。

11.2.3　电子客户关系管理软件的主要功能

电子客户关系管理中普遍采用流行的软件进行管理。在市场上,虽然各种款式和功能的客户管理关系软件比较多,而且可选择余地也比较大,但是能够长期保持竞争优势和市场地位的软件并不多。上一章我们在案例分析中提到了销售队伍自动化市场上比较成熟的一些软件。电子客户关系管理软件的竞争格局在不断变化,总体上综合性、集成性和模块化的趋势越来越明显。

一般而言,软件开发商会根据不同企业的需求对所提供的产品进行适当调整,在不修改主要框架的前提下,增加或删除一些业务模块。虽然电子客户关系管理软件的主要功能是客户关系管理,但是也会融入一些营销功能,有时甚至与 ERP 进行融合,作为一个单独的模块而存在。

以目前市场上流行的 SAP CRM 和 Oracle CRM 为例,这些软件通常都具有营销、销售、服务、合作伙伴渠道管理、互动中心、Web 渠道、业务沟通管理、实时报价管理和促销管理等主要功能[1],其中营销、销售和服务是最为核心的功能。

1. 营销功能

在电子客户关系管理软件中,营销功能一般包括广泛的客户需要参与的所有功能。它提供营销计划与资源管理、营销活动管理、网络营销活动、线索管理、市场细分、目标市场选择、市场定位等分析工具和方法。在这些分析细项中,管理软件通常会设定测量指标及其基本含义,并根据拟解决问题的性质提出有针对性的关键指标供业务人员选择。在营销活动中,还有一项非常重要的功能,即促销管理。这项功能通常也最容易引起客户的兴趣。例如,在 Oracle CRM 中,营销活动包括创建 HTML、电子邮件管理和活动分析方面的信息。

营销功能中比较常见的有知识管理模块、列表管理模块和活动策划模块。

(1) 知识管理模块。知识管理是指把文本、图片、数据等资料储存起来,以便业务人员和客户访问;同时为客户提供标准化模板,如报告格式、定价文档格式、合同格式等以便其起草方案。

(2) 列表管理模块。列表管理便于客户对数据进行结构化处理(合并、删除、移动等),最终以客户想要的格式呈现出来。

(3) 活动策划模块。活动策划主要是对照客户关系战略与目标设计活动,包括创建产品目录、列明价格折扣、编制预算等。

不同类型企业的营销功能的侧重点有所差异。与普通电子客户关系管理软件不同,在一些专业性很强的电子客户关系管理软件中,营销功能显得比较独特,与业务人员的技术专长、客户群体对产品的个性化要求紧密结合。同时,营销功能也受商业文化中的审美

---

[1] MAKKAR UI, MAKKAR H K. Customer Relationship Management[M]. Beijing: China Renmin University Press, 2014: 129-133.

观念影响。

2. 销售功能

销售功能是电子客户关系管理软件中几乎覆盖所有接触点的一项功能。这其中包括新线索的发现与创造、线索在业务人员之间的分配、对销售人员与客户对接的管理,以及销售产品或服务过程中的报价管理和销售转化率的计算等。

销售功能在上一章已经做过详细阐述,其中的要点是做好销售计划和预算,在企业层面对产品和服务进行分类,按照地理区域进行市场划分,寻找渠道合作伙伴,进行区域管理,组织和策划促销活动,建立公共关系网络,进行销售业绩考核等。销售过程中比较重要的环节是订单管理、合同管理和销售佣金管理。

企业销售政策对于激励业务人员通过电子客户关系管理软件进行业务拓展具有重要的带动作用。销售政策一般由企业层面进行管理,统一协调。其具体内容包括:

(1) 对不同产品和服务类型采用不同的奖励政策;

(2) 对不同层级和结构的渠道成员采用有差别的激励措施;

(3) 鼓励各个销售组织开展销售方案设计竞赛;

(4) 倡导建立跨区域的销售队伍协作机制等。

3. 服务功能

服务功能从过程上进行分解,主要涉及服务请求管理、服务过程管理和服务结果反馈管理。

(1) 服务请求管理

服务请求由客户提出,企业根据服务标准将其纳入对应的服务项目中。服务功能的执行首先需要有一整套接收服务请求的网络硬件和软件,从电话、网络自助服务、电子邮件、手机短信等多个渠道获取各种各样的服务请求。这些信息一经获取,就会生成服务信息记录,并进行归类,由业务人员或者软件程序分配到相关服务机构。例如,企业在售后服务中经常遇到的产品质量问题、定期维护问题等,一般都是由客户发出服务请求,经过一定的信息处理过程后,正式进入服务过程管理。

(2) 服务过程管理

服务过程管理是服务功能中最为重要的一个环节。电子客户关系管理软件会记录整个服务过程的所有重要节点,所记录内容包括正式启动服务项目的时间,负责服务的机构名称,服务项目负责人、经办人等人员信息,以及服务的时间,不同时间节点所完成的各项服务内容,服务环节中涉及的原材料使用、更换,以及服务项目的更改、时间调整和预算变动等。一般而言,服务过程管理中涉及的环节较多,所遇到既有程序化问题,也可能有一些例外问题。程序化服务项目可以直接由业务人员在规定的职责范围内处置,而非程序化问题则需要进一步报批。因此,服务过程中的电子信息记录与服务实际内容应当吻合。

(3) 服务结果反馈管理

服务结果反馈是服务过程之后客户在电子客户关系管理软件中对企业服务项目的意见、建议和评价。企业应当重视软件中这个模块功能的应用,它对提升企业服务水平有重要的帮助。获取服务结果反馈不仅是企业的职责,客户也应当积极主动地对服务项目进行反馈。服务结果反馈通常与服务人员的绩效直接挂钩,因而做好电子信息记录对于客观公正地评价每一个服务接点的服务状态、每一位服务人员的工作效果都有正向作用。

11.3 电子客户关系管理的采用问题

电子客户关系管理具有战略整合、渠道整合、信息整合、关系整合等诸多能力。它能够通过这些整合开拓新市场、增进客户服务、促进个性化、节省营销费用、全面提升盈利能力并最终提升客户忠诚度。但是，企业在采用这些工具时也应当清楚不同客户对于如何与企业接触有着各自的偏好，一些企业更倾向于通过面对面方式来开展营销活动，或者有些客户也喜欢面对面方式。此外，就是对于在线交流与沟通的信任问题。所有这些优势或者不足都会影响电子客户关系管理的采用。

11.3.1 影响电子客户关系管理采用的主要因素

拉切拉(Pradeep Racherla)和胡(Clark Hu)[①]提出了影响电子客户关系管理采用的因素。这些因素主要集中在以下三个方面。

(1) 技术情景。其中包括的影响因素有三个：感知电子客户关系管理的直接利益；感知电子客户关系管理的间接利益；与现行结构的兼容性。

(2) 组织情景。其中包括的影响因素有五个：员工现有技术能力；财务资源的分配；高层管理者的支持；客户知识管理；企业规模。

(3) 环境情景。其中包括的影响因素有三个：感知竞争者带来的威胁；行业或合作伙伴带来的压力；客户的期望。

以上三个方面所包括的各个因素直接作用于电子客户关系管理的采用，并从两个维度上体现出来：一是感知在员工和企业伙伴中的采用程度；二是感知在过程效率方面的提升。

个人隐私和信息安全也是电子客户关系管理中的一个较受关注的问题。由于在使用这个工具时，客户需要提交一些关键的个人信息，同时客户的个人信息及交易信息被企业不同部门所掌握，这会导致客户个人信息泄露风险。在互联网管理存在漏洞的环境中，客户信息被不法分子所窃取的可能性就会增大。因此，对于一些需要特别强调客户个人信息和交易信息安全的企业，使用电子客户关系管理这种工具的可能性就会下降。信任问题、隐私问题、安全问题始终是电子客户关系管理难以克服的缺陷。

在传统交易模式下，个人与企业之间的交易由于局限在"一对一"交流沟通情景下，因而出现交易失误或者服务问题，其负面影响会控制在客户个人通过"口口相传"所能够触及的范围内，相对而言，影响面不是很大；而电子客户关系管理与之不同，在互动交流模块中，个人对企业的意见，尤其是负面观点，会迅速地在网络平台上传递，进而产生"蝴蝶效应"。这些信息有时真假难辨，会引起人们对网络信息可信度的置疑，进而使整个社会对互联网平台提供信息的信任程度下降，这又会破坏现实交易中人们对信息的信任程度。

---

① RACHERLA P, HU C. eCRM System Adoption by Hospitality Organizations: A Technology-Organization Environment (TOE) Framework[J]. Journal of Hospitality & Leisure Marketing, 2008, 17: 1-2, 30-58.

11.3.2　电子客户关系管理的采用

电子客户关系管理并不只是一种简单的技术,而是使企业的管理更加简单的一种方法。它能够使整个企业的活动聚焦为客户创造价值这一中心上,并依据客户价值来分配企业的人力和财务资源。这种方法的先进性在于能够使企业对每一位客户的情况了如指掌,如他们现在使用的产品型号、需求偏好和为企业带来的利润贡献。正是由于对客户的了解和掌握,企业才能够在客户提出需求之前,就把产品和服务准备好,进而送到他们手中。在这个过程中,企业专门为客户定制了服务的类型,包括沟通方式、语境和语调。技术的作用主要在于信息获取、储存和分配数据,加工之后使之成为有用信息,通过数据挖掘和统计分析进一步解释客户行为。其后才是为客户量身定制产品和服务,向他们传递关于企业政策方面的信息,这其中又会涉及企业与客户之间的信息互动。其实这就是一个理解客户和定制化沟通、产品、服务的完整的过程。在这种营销关系结构中,客户处于结构上端,客户服务队伍处于底端,双方之间的沟通通过交易引擎和传播引擎来实现,其中间传导层是个性化引擎,来引导工作流程。这种结构建立在客户资料和内容分析基础上。[1]

因此,在采用电子客户关系管理时,企业一定要对这种管理技术或者方法的主要作用及其问题,以及它的管理结构和工作流程有清楚的理解,并在此基础上对企业目前的管理结构和工作流程进行重新设计。一般而言,需要从以下四个方面着手。

第一,在采用电子客户关系管理时,应从交互性上检测其稳定性和可靠性,这主要包括客户互动和数据收集两个方面,如呼叫中心和网站编码。

第二,从发展核心客户业务角度来分析客户互动与数据收集的规则是否适用,以及品牌管理的有效性。

第三,从方案开发、客户洞察、利润责任等角度分析企业进行客户关系管理的最佳路径和实践经验。

第四,从产品、服务和内容创建等角度分析产品制造和供应商管理中各种需要处理的事项。

上述四项核心功能检测的主要目的是保证电子客户关系管理在应用过程中能够实现规模化、快速化、低成本、面向未来的资源整合,同时保证客户信息和业务流程管理的安全性。

在确保电子客户关系管理成功的各种因素中,过程契合、客户信息质量和系统支持发挥着重要作用,而成功的重要表现就在于客户满意、客户保留和客户信任等水平的提升,并最终体现为财务绩效。[2]

---

[1]　FAIRHURST P. e-CRM[J]. Journal of Database Marketing,2001,8(2):137-142.
[2]　AL-DMOUR H H, ALGHARABAT R S, KHAWAJA R, AL-DMOUR R H. Investigating the Impact of ECRM Success Factors on Business Performance Jordanian Commercial Banks[J]. Asia Pacific Journal of Marketing and Logistics,2019,31(1):105-127.

11.3.3 电子客户关系管理绩效的测定

在电子客户关系管理得到采用之后,对其绩效测定主要应当从以下四个角度进行观察。[1]

(1) 客户角度。主要包括:企业在客户群体中的知名度提升和客户洞察能力的提升;交易数量、交易次数的提升;在线客户满意度和忠诚度的提升。

(2) 企业内部角度。主要包括:更快、更高效、更高质量和更可靠的业务流程;对技术使用的增加。

(3) 创新和学习角度。主要是指现有服务的技术改进和新业务的发展。

(4) 财务角度。主要是指盈利能力和销售额的提升,在线交易成本的下降。

延伸阅读 采用计分卡(scorecard)对电子客户关系管理绩效进行评价

在企业管理实践中,由于电子客户关系管理涉及多种沟通方式(如表 11-1 所示),因而综合地评价电子客户关系管理绩效比较困难。

表 11-1 电子客户关系管理涉及的沟通方式

序号	沟通方式	序号	沟通方式
1	电话(Tel)	8	服务台(Helpdesk)
2	传真(Fax)	9	常见问题解答(FAQs)
3	邮寄地址(Postal address)	10	抱怨能力(Complaining ability)
4	电子邮件(E-mail)	11	论坛/博客(Forum/blog)
5	在线反馈表(Online feedback forms)	12	会员(Membership)
6	客户服务页面(Customer service page)	13	脸书(Facebook)、推特(Twitter)等社交媒体等
7	联机帮助(Online help)	14	其他方式

在更多情形下,企业专门针对某一种电子客户关系管理方式进行绩效评价。甚至在每一项内容方面,都会进一步细化观测项,这样有利于提升问题解决方案的有效性。

例如,在研究电子客户关系管理问题时,可以按照以下方法进一步分解观测指标[2]。

(1) 在产品支持方面,包括订单能力、订单运输时间、客户支持、售后服务支持、及时交货、电子交易安全性、隐私条款、提供详细的支付和安全条款、产品可获得性、产品质量。

(2) 在信息内容方面,包括在首页上提供信息的结构、浏览网站的方便性、信息更新

---

[1] KIMILOGLU H, ZARALI H. What Signifies Success in e-CRM? [J]. Marketing Intelligence & Planning, 2009,27(2):246-267.

[2] PAPAIOANNOU E, ASSIMAKOPOULOS C, SARMANIOTIS C, GEORGIADIS C K. Investigating Websites' e-CRM Features in Building Customer Relationships: Evidence from Greece[J]. International Journal of Internet Marketing and Advertising,2014,8(4):320.

的频率、所提供产品的多样性选择、所提供产品和服务信息的完整性、所提供产品和服务信息的准确性。

(3) 在购买流程上,包括产品价格、在线购买流程、对于搜索或成为会员提供的在线指引和帮助。

随着技术进步会不断出现新的电子客户关系管理工具和方法,因此其绩效评价也会出现一些相应的变化。

复习思考题

1. 简述电子客户关系管理的基本含义。
2. 对于企业服务人员而言,电子客户关系管理能够带来哪些工作上的便利?
3. 对于客户而言,电子客户关系管理能够带来怎样的便利性?
4. 在推广过程中,电子客户关系管理可能会面临哪些具体问题?请说明原因。
5. 针对电子客户关系管理中可能出现的一些具体问题,企业有何应对措施?
6. 举例说明电子客户关系管理在中小型企业中的具体应用,并说明其利弊。

在实践中不断寻找 e-CRM 成功的秘籍

【案例信息】 自从电子客户关系管理这个概念出现之后,理论上关于如何使其在实践中成功地应用提出了许多假设模型和建议主张。其中,有不少研究是把能够导致 E-CRM 成功的因素(不论是从实践中的案例素材还是学者们的研究成果)提取出来,形成一个能够普遍应用的方案。

在与此相关的一项成果中[①],研究者们以 e-CRM 所在行业及行业中的代表企业为例,分析了 e-CRM 来源及采用原因和战略意图。所列举的行业包括零售管理、摄影、办公用品和设备、酒店、金融服务、电信、计算机硬件和软件、消费电子、娱乐和媒体、服装、卫生保健和体育运动。所选的一些代表性企业及采用 e-CRM 的原因和战略意图分别为:

(1) Shop at Home,Inc.,主要是为了了解消费者的需求,然后提供相应的服务;
(2) PhotoWorks Inc.,为了扩大消费者基础;
(3) Office Depot,主要是为了促进消费者在线订购;
(4) 温德姆酒店和度假村,为了提高消费者忠诚度;
(5) 夏威夷银行,主要是为了了解消费者需求,然后为其提供相应的服务;
(6) Verizon,为了根据客户个人资料来评估其状况;
(7) Byteware Inc.,为了提供卓越的服务;
(8) ToysN'Joys,为了使消费者了解情况;

---

① CHEN Q M,CHEN H M. Exploring the Success Factors of eCRM Strategies in Practice[J]. Database Marketing & Customer Strategy Management,2004,11(4):333-343.

(9) GameStop Corp,为了倾听消费者的需求;

(10) The Limited Inc.,为了通过多个渠道有效利用品牌资产;

(11) Group Health Inc.,为了提高销售效率和效果;

(12) Sport Chalet,目的是增强客户服务。

在这些不同的行业中,企业采用 e-CRM 的目的都有其各自的针对性,因而有所不同。而且,所采用的 e-CRM 软件有的来自企业内部研发,有的来自外部软件供应商,也有一些企业,其软件来源不清楚。研究这些不同行业有代表性企业的 e-CRM 使用效果,为实践中如何成功实施 e-CRM 提供了很好的参考。

e-CRM 能够为企业带来利益,包括有形利益和无形利益。有形利益包括增加收入和利润、缩短周转时间、降低内部成本、提高员工生产力、减少营销(如直接邮寄)成本、提高客户保留率、确保营销投资收益率最大化。无形利益包括增加客户满意度、营造积极的口碑、改善客户服务、简化业务流程、加强联系人管理、增加客户细分的深度和效率、迅速定位和分析客户、更好地了解和解决客户的要求。

经过研究,e-CRM 成功的要素主要包括 6 个维度,各维度及其所含具体项目为:

(1) 冠军竞赛领导,具体包括组织承诺、管理领导、管理支持;

(2) 内部营销,具体包括激励、培训和再培训;

(3) 知识管理,具体包括关于客户、细分市场、竞争对手的知识,数据挖掘、个性化;

(4) 业务与 IT 的一致性,具体包括支持业务策略的 IT 策略、以客户为中心的界面设计、技术架构可靠性、技术架构可扩展性、与 IT 体系结构相匹配的业务流程;

(5) 系统集成,具体包括功能集成——市场营销、销售、客户服务、数据整合、系统兼容性、与离线 CRM 相当的经验、与其他 CRM 渠道集成;

(6) 文化、结构变化,具体包括客户服务意识、以客户为中心的组织文化、以消费者为中心的营销策略、隶属关系、并购。

这些从行业和企业应用 e-CRM 经验中提炼出来的成功要素上升到了理论的层面,但其真正能够发挥作用却需要再回到实践中加以应用。在上述研究所得出的各个要素中,有些要素对于企业成功使用 e-CRM 的重要性已经在许多企业的实践中验证过,并发挥了关键作用。

例如,e-CRM 中经常使用的在线商业社区就能把上述许多成功要素汇集在一起发挥作用。许多服务企业认为建立在线"品牌"社区是一种重要的营销策略。这些企业通过这些社区寻求与客户建立一种新的关系。它们围绕品牌、产品和服务,创办交互式 B2C 在线社区网站,目的在于增强竞争性的、独特且持久的客户关系。它们采用扩大市场并积累详细客户资源的方式来营销这些品牌、产品和服务。这些企业经常使用此类商业社区测试新产品创意,吸引客户参与产品开发,监控客户购买方式并评估产品早期需求。柯达企业的网站上有一个嵌入式讨论板,用作讨论摄影的一个聚会场所。雅虎和微软等服务提供商举办了大量在线社区,鼓励数据流量进入其网站,并以此来带动其广告传播。[①]

---

① ALAVI S,AHUJA V,MEDURY Y. ECRM Using Online Communities[J]. The IUP Journal of Marketing Management,2011,X(1):35-44.

又如,康柏(Compaq)就是有效地应用 e-CRM 来提升其效率的一个很好的例子。这家企业意识到应当从竞争对手戴尔(Dell)那里学习,于是在 e-CRM 所带来的挑战面前,积极采取措施做出回应,通过采用开发和使用电子渠道,依托中间商渠道来执行客户订单。在呼叫中心,代理商们只要按下屏幕上显示的"中心网站"按钮,就能把呼叫者的信息送到中间商的网站。在 6 秒钟之内,数据转换发生,中间商的合作伙伴收到关于新线索的一组信息。合作伙伴能够跟踪他们所获得的线索数量,以及他们在满足客户需求方面的实际执行情况。总的目标是提升客户满意度。[①]

再如,EasyJet 早在 2008 年就推出了泛欧 e-CRM 举措。这家企业将数字化营销锁定日益发展的在线订票系统,以此来应对当时席卷全球的经济下滑。该企业所制订的计划是通过深度地获取客户来提升其业务增长潜力,以达到在 9 月底前利润增长 20% 的目标。为此,这家企业任命了一位新人负责欧洲业务的关键区域,包括英国、法国、德国。它的计划是基于当时已经使用的 e-CRM,通过增加电子邮件活动量来提升销售业务平台的效率。随着一系列数字营销活动、在线广告宣传、赞助和社交网络建设的开展,这家企业在此后的时间里取得了 e-CRM 的快速发展。[②]

e-CRM 发展到今天,其应用范围越来越广。随着计算机技术、通信技术、互联网技术及人工智能的进一步发展,e-CRM 成功应用的空间越来越大。

【案例讨论题】

1. 根据案例中提供的信息,请分析 e-CRM 在我国企业中成功应用的情况。
2. 电子客户关系管理与传统客户关系管理的主要区别是什么?各有何利弊?
3. 以案例中 e-CRM 工具的 6 个维度为标准,试分析某一家企业的电子客户关系管理状况,并提出改进建议。

---

① KENNEDY A. Electronic Customer Relationship Management(eCRM): Opportunities and Challenges in a Digital World[J]. Irish Marketing Review, 2006, 18(1,2): 58-68.

② GARETH J. EasyJet Embarks on European eCRM Push[J]. Marketing, 2008(2): 13.

第 12 章

客户关系管理中的伦理问题

【本章知识点】
- 客户关系管理中的伦理问题表现
- 客户关系管理中各个主体的利益平衡
- 客户关系管理中的"伦理困境"
- 客户关系管理中的东西方文化价值观念差异
- 客户关系管理中的理论模型

在营销世界中,营销人员一直在与伦理问题做斗争。营销人员的职业性质决定了他们必然是在一种伦理情景中开展工作。这些伦理问题主要包括:在关于"企业的根本宗旨究竟是什么"这一问题上,存在短期思考与长期思考之间的对立;企业人员在多种伦理标准指导下开展工作,有时会觉得无所适从;如果把营销伦理作为决策依据,那么它会对决策者的实际工作表现和最终绩效造成直接影响。因此,营销伦理在企业业务和管理决策中具有重要地位。

12.1 客户关系管理伦理问题表现及各个主体的利益平衡[①]

按照白瑞(Barry)1979年提出的关于伦理学的概念界定,伦理学是关于好的行为和不好的行为的具体构成要素的一种研究,它包括与这些行为相关的各种行动和价值观念。

12.1.1 对伦理问题的理解差异及非伦理营销行为表现

伦理是指导人们进行决策的行为准则。由于人们所处的位置不同、在社会中的角色不同,因而所奉行的伦理准则存在一定的差异。即使是同一个人,在以不同的身份出现时,如家庭成员、工作中的同事,或者是单位的领导,他进行决策所依据的行为准则也会有所区别。

一般而言,判断伦理的主要依据是被判断对象的行为表现,而非其言语。但是,有时言语也会形成很大的负面影响。例如,我们经常提醒自己的下属不要有"不道德的言行",其中除了强调行为的影响力之外,还有言语的影响力。在个人判断对与判断错的标准之间存在一个灰色区域,即可能对也可能错,这个区域就可能存在伦理问题;有时甚至在关

---

① 本节内容参考英文著作《营销中的伦理决策制定》相关章节内容撰写. CHONKO L B. Ethical Decision Making in Marketing[M]. London: Sage Publication, Ltd., 1995: 1-26.

系双方各自都认为是对的情形下,也会产生伦理争议。因此,伦理问题并不是简单的对与错的问题,更多情形下是这样做的结果好与不好的问题,或者是否具有道德"合宜性"。

在不同个人对于同一事物的判断上也存在类似的情形,即一个人认为是对的,另一个人却认为是错的,但是却存在一个灰色区域,也可能是被认为对,也可能是被认为错。社会上总是存在不同的人群,有的人群是以自我利益为中心的伦理准则而组织、生活在一起,有的人群是以他人利益为中心的伦理准则而组织、生活在一起,还有一些人群是依照别人对待自己的态度来对待他人(别人怎样对待自己,自己就怎样对待别人,或者别人不怎样对待自己,自己就不怎样对待别人)这样一些伦理准则而组织、生活在一起。因此,不同的伦理原则导致不同的组织、生活、学习、工作、管理、决策行为。伦理所研究的决策及行为如果涉及的人群和事项范围比较广泛,所面对的问题就会显得非常复杂。

关于营销伦理的广泛讨论始于20世纪80年代,当时被认为是一个"贪婪的年代",华尔街的一系列丑闻总是与充满敌意的企业接管、内部交易,以及价值已经沦为像废纸一样的金融债券联系在一起。之后,当全球商业界都开始关注伦理问题和企业社会责任时,情况有所好转,但是伦理问题并没有彻底消除,类似的故事仍然继续着。在银行的存款和贷款领域,这些与营销伦理相关的无数话题成为人们讲述商业道德和行业自律时的谈资。在许多情形中,人们总是喜欢把营销这一职业或者行业作为伦理问题频发的攻击对象。例如,反对营销的批评家不在少数,他们认为,现代营销事实上就是在隐蔽地提倡虚荣、奢侈、攀比、炫耀,以及金钱财富和社会地位的重要性,甚至鼓励那些贪婪的欲望、过度的消费和伦理上错误的行为,最终使人们成为金钱和财富的奴隶,活在商业社会浮华奢靡的"拜金主义""消耗与浪费""挥霍无度"风气中,丢掉了纯朴、节俭、内省的美德。人们不禁要问:难道营销职业和行业有过错吗?或者是这个职业和行业中的一些雇员有错误呢?如果缺乏健全的、伦理化的营销战略,企业会走向何方?营销只是简单地反映了所在社会的价值观念吗?难道营销是作为非伦理行为已经成为标准的商业组成部分而被错误地批评了吗?

在客户关系管理中,营销人员为了完成业绩考核目标或者实现个人的愿望,或者受所在企业的层压式销售政策与规定的影响,有时会想方设法地向客户推销产品和服务项目,直至这种做法陷入非伦理营销行为这一误区。

概括起来,与客户关系管理相关的非伦理营销行为或者商业活动主要表现在以下10个方面:

(1) 接受贿赂。主要包括接受礼品、用于表达谢意的小物品、色情交易等商业"回扣"。即客户关系管理人员从销售商那里获得礼品,或者有争议的佣金支付,以及"桌下的交易"等,从而直接或间接地损害了所在企业和所服务客户的经济利益。

(2) 非公正性。客户关系管理人员不公正地把企业利益置于员工家庭责任和义务之上,从其他人的工作努力中获得好处,诱使消费者使用不需要的服务,对其他人的行为进行暗示和操纵等。

(3) 不诚实。客户关系管理人员为获得订单而故意对消费者撒谎;在营销过程中存在不守信行为,对企业的服务和能力进行不恰当陈述,夸大宣传产品和服务的优点,隐瞒缺点;在制订合同和执行合同方面,表现出不诚实行为,不能如实履约。

（4）价格不真实。客户关系管理人员对与竞争者同样质量的产品进行差异化定价，采取高价格策略，并宣称具有更高的品质。这里包括价格歧视和不公平价格，以及五花八门的不公平竞争手段，甚至包括价格共谋、相互勾结、窜通销售。

（5）产品安全存在问题。客户关系管理人员在营销过程中所销售的产品和品牌涉及侵权行为，夸大产品功效，过度销售，过分吹嘘，产品不能满足消费者利益。

（6）不公正问题。企业在客户关系管理工作中，不能公正对待员工的工作要求和利益诉求，随意解雇营销人员，进行不科学的评价，影响员工自尊心和经济利益。

（7）泄密问题。客户关系管理人员获取企业或营销渠道中合作伙伴的商业信息，向竞争者泄露或出卖这些信息。

（8）在广告中含有夸大成分。夸大宣传和误导性陈述，让不明真相的客户上当受骗，即广告中含有不诚实的成分。

（9）制造虚假数据。在客户关系管理中，制造虚假的销售统计数据，制造产品畅销的虚假氛围，通过操纵数据和错误地使用数据，达到以假乱真的效果。

（10）在供应商选择中的问题。客户关系管理人员在产品采购过程中与供货单位"彼此默契、互惠互利"，暗中损害企业的利益。

上述问题在性质上比较明确，容易界定。如果问题比较轻微，则可能仅处于非伦理行为中的不道德层面，以加强道德约束来解决这类问题，是常用的管理方法；而如果问题比较严重，则可能需要从法律角度进行分析，诉诸法律。

除了上述问题，现实生活中可能还有一些伦理方面的因素在影响客户关系管理。一般而言，产生伦理问题的原因可能在于企业、客户、营销人员对于特定场景中应当采用的行为和规则的理解不一致。由于这三方都有各自的伦理规则，因而不一致的情形经常出现。当伦理问题出现时，究竟以哪一方所信奉的伦理规则为准，就是一个价值观念是否正确的问题。

12.1.2　营销人员在客户关系管理中的"伦理困境"

对于营销人员而言，除了对所在企业承担自己的义务外，他们对客户也有义务。当这两种义务产生冲突时，营销人员既不能按照企业的要求做，也不能按照客户的要求做，同时还不能按照自己所受教育、所持信仰来做，从而会形成一种在营销学中被称为"伦理困境"的情形。

例如，企业要实现利润最大化目标，可能并不告诉客户一些产品或服务的缺陷或不足，将其视为一种商业秘密。营销人员在面对客户时必须正面宣传企业的产品和服务，而对负面信息则采取忽略的做法。但是，当客户问及这些负面信息时，是否如实回答就可能产生伦理问题。如实回答对企业不利，不如实回答则可能意味着对客户的失信。营销人员在自己的价值观念中所坚持的除了要对自己所在的企业表现出职业上的忠诚外，还要从个人为人处事的一般角度必须做到诚实守信。这时，他如果选择不予回答则怠慢了客户，与职业精神有违；如果选择回答则要么损害企业的利益，使企业失去订单成交的机会，要么损害客户的利益，故意隐瞒了产品或服务的缺陷。因此，处于"伦理困境"中的营销人员必须在三个原则（对待企业的伦理原则、对待自己的伦理原则，以及对待客户的伦理原则)之间选择一个平衡点。而事实上,在企业客户关系管理实践中,这个平衡点是很难找到的,它对三个原则都会或多或少地有所违背,只是在总体上达到自己、企业、客户都能够接受的水平或最低限度,即没有突破伦理底线,使客户关系能够顺利地进行下去。所以,在商业场合中,有时很难有完全纯粹的道义存在,更多情形下是一种利益大小的取舍,以及商业合作关系的维持。完全站在这三者中的任何一方来思考问题的解决策略都可能会使另外两方的利益受损,因而也就意味着合作不可能是长久的。

一些企业如果在客户关系管理中长期存在伦理问题,那么其营销人员就会感受到由于不道德经营所带来的巨大的、超负荷的精神压力。这些营销人员可能被迫接受企业错误的价值观念导向,违心地去做损害客户利益的事。这里的违心就是指违背了营销人员自己所长期信奉的正确的价值观念、是非对错的判断标准等。在这种工作场景中,员工要么会变得与企业一样没有道德责任感和伦理精神,要么只能选择离开这家企业而寻找与自己伦理准则相一致的企业就职。企业管理者与营销人员在伦理上的冲突主要出现在奉行不同文化价值观念的企业中。例如,在外商独资企业、合资企业、合作企业中,有时容易出现企业对员工的教育与员工所信奉的价值观念不符,进而表现出对企业的不满情绪。也有一些伦理冲突出现在经济环境恶化时,如整个社会风气的下滑,企业大肆制假、造假,利用市场监管不善或者市场发育不成熟等空隙,疯狂获取不道德的利润。这种情形经常出现于巨大的社会经济变革时期,即原有的制度体系快速崩溃而新的制度体系尚未有效建立起来。这时也是企业最擅长投机钻营的时期。在经过混乱之后,新的制度体系建立并趋于完善,商业伦理规则会变得明确,对企业的约束力增强。

陷入"伦理困境"的员工会成为"道德迷茫"的人。这个群体越大,对整个社会的负面影响也就越大。传统社会中的道德观念和价值观念在崩塌之后,重塑这些社会信仰层面的意识形态可能会是一个异常艰辛的、曲折的过程,有时传统道德观念和价值观念很难复位。因此,在社会快速发展的进程中,尤其是在制度变迁、体制转轨时期,一些重要的社会关系由于长期受到外来文化和价值观念的影响,其稳定性和根本性质就会发生裂变。客户关系作为社会经济关系中的一种形态,更重要地体现为商业利益关系,因而也会随着这种制度的变革而发生异化现象。在整个社会化大生产过程中,一端是企业基于商业利益而在不断地制造"伦理困境",另一端则是营销人员在不断地陷入"道德迷茫"而不能自拔。因此,强调客户关系管理的伦理性,就变得十分紧迫和必要。

12.1.3 客户关系管理中的"三位一体"伦理观念

"三位一体"伦理观念是指企业所倡导的商业伦理观念、营销人员个人所信奉的伦理行为观念、客户所信奉的伦理观念在基本原则和主要框架上能够取得一致的一种伦理观念趋同现象。如果这三个市场主体在客户关系管理中都首先强调自己的利益最大化,那么将很难形成一种符合道德的伦理基础,商业与合作关系也很难建立。企业与营销人员之间既是一种职业和管理上的从属关系,也是一种利益上的合作关系;客户与企业之间是一种平等的基于契约或合同的关系,是以商业利益和价值交换为基础形成的;而企业营销人员与客户之间是一种服务与被服务的关系。如果三者之间对各自的利益最大化能够有所约束,即首先尊重并兼顾对方的选择权,就会形成一种合作精神,进而促成"三位一体"的伦理观念基础。因此,在激烈的市场竞争中,必须对企业各种有违社会核心价值观念的客户关系管理原则进行约束,对一些错误的客户关系管理原则和方法进行批判,同时对客户关系管理中过于强调某一方利益重要性的价值判断标准和决策取向进行纠正。这样做的结果就是,达到所期望的客户关系管理效果,即对企业、员工和客户的合法利益都能够有效保护,并使整个市场和社会运行在一个共享价值观念的基础上。

  在处理客户关系时,营销人员如果是完全站在企业利润最大化的角度思考问题,相应的伦理行为就是销售导向型的,即围绕销售和利润这个中心展开,是一种短期的商业利益行为;而如果是站在客户的角度思考问题,则会被普遍地认为是关系导向型行为,即围绕客户需求这一中心展开的,是一种长期的关系行为。但是,这两种不同的观察视角都是非此即彼,并没有脱离企业和客户这两个中心,因而基本上忽略了营销人员个人的利益诉求。人们在做上述分析时,通常假定企业与员工是一个利益共同体,在面对客户时并没有伦理上的困境问题。但是,这其实并不是客观现实的一种真实反映。员工必然会有个人的道德伦理行为准则。因此,企业在与客户交易的过程中必然要考虑三种伦理关系,而非仅仅是一种或者两种。我们在前面章节中曾经举例说某家企业所信奉的经营原则是"客户永远是对的",但是,如果认真地分析,这种原则至少会让一些营销人员在特定场景中陷入"伦理困境",比如客户提出无理要求,甚至对员工横加指责时,员工为了企业的利益不受损害而违心地做出一些不情愿的让步。虽然企业会从所获得的利益中对员工的这种对待客户的大度和谅解行为给予奖赏,但是这并不能从根本上消除员工因此而产生的委屈情绪甚至名誉受损感。如果任由这种伦理问题存在下去,只会助长客户的有恃无恐,从而使整个社会和商业风气进一步恶化,即唯利是图。所以,针对这种伦理问题,企业需要守住基本的经济绩效,在关系上投入更多的精力。

  需要注意的是,在陷入"伦理困境"的可能性和对其感知方面,不同人格的企业管理者和营销人员对其的认识和表现存在差异。例如,以个人为中心或者只关心个人利益的管理者和营销人员很少会陷入这样的情景,也很少会思考类似的问题。因此,"伦理困境"的卷入度和感知度受个人性格的影响。一般而言,越是对自己感兴趣的人,越不会陷入这样的困境,也不会感知到这种困境所带来的问题与不便;而越是对外在环境和公共利益在意的人,越容易陷入困境并充分地感知这种环境压力。因此,一些企业在避免其管理者和营销人员陷入矛盾境地或者使他们不再对环境压力敏感,采用了许多违反社会伦理的培训方法,如在客户关系建立过程中,鼓励将普通的亲属、同学、朋友关系发展为具有商业利益的关系,并传播把人情关系商业化的各种方法和途径。这事实上是鼓励管理者和营销人员向着以自我为中心和个人利益为中心的方向发展,甚至是"以丑为美"的一种心理强化过程。这种有违社会道德和伦理的职业培训教育事实上加剧了整个社会风气和商业竞争环境的堕落。

  营销人员和客户的各种非伦理行为在客户关系管理中表现在一些细节方面,例如:作为营销人员,随意更改商店中商品的价格标签;饮用超市中的软饮料而不付钱;使用企业的长途电话办自己的私事;向保险公司报告某件本为"失窃"的货物为因"损坏"而丢弃;向上游企业退货,而货物损坏却是由营销人员导致的;看到商店有人偷窃,而选择沉默不语;替客户编造可以享受优惠的条件。而作为客户,在收银员找零过程中多付时,选择沉默与接受;过量地品尝超市的免费水果,或在服装店里几个小时地试穿展品,而并不购买。这些行为虽然与前面所讲的不是一个层次的内容,但也确实会影响企业、营销人员与客户之间的长期利益关系。对于一些社会文化背景下的人群而言,上述伦理问题可能在营销人员和客户的成长教育环境中就已经得到解决,但是对于另一些社会文化背景下的人群而言,由于这种伦理道德观念教育的缺失,甚至对这些行为采取默认和鼓励的态度,因而在企业由不同地域文化背景下的员工组成时,或者客户来源于不同的文化背景时,或者企业在其他地方开辟业务时,就会在企业、员工、客户之间形成这样或那样的伦理冲突。

12.1.4 个人利益与集体主义的对立以及伦理标准的不断迁移

企业在经营哲学和伦理守则中所定义的经营目的或者经营宗旨对企业自身、营销人员和客户具有重要的影响,特别是对企业的决策会有很大的方向性引导作用。通常认为企业的经营目的就是利润最大化,因而它所制定的决策是以此为依据的。但是,如果企业的经营目的超过利润最大化,那么其决策就会有不同的标准。这些不同的依据或者标准就会形成不同的商业伦理价值体系。一般而言,基于个人利益为中心强调自利行为,提供了资本主义经济理论的基础,也因此导致了一系列问题,使人们怀疑这种以个人利益为驱动力的商业制度能否延续下去,过分关注个人利益的市场是否会损害公共利益。而强调他人利益为中心则摆脱了这种理论的约束,提升了社会的道德伦理水平,形成了新的社会经济理论。在具体的企业中,个人之间的伦理观念和价值观念(如何看待这个世界,以及如何对其作出反应)越是分歧,越不容易形成统一的伦理守则;相反,如果企业各个成员之间的伦理观念和价值观念基本上朝着一个方向,则比较容易形成统一的伦理守则。

但是,在不同的历史时期或社会发展阶段,人们所遵从和认可的伦理行为守则并不完全相同。例如,在传统美国社会中,受推崇的伦理行为可能是工作、储蓄、责任、竞争、性别角色、奉献、平等—不平等、财富积累、专制主义、风险假设、效率/生产率、节俭/投资;而在现代美国社会中,受推崇的伦理行为可能是有空闲时间、负债还贷、权利、保护、无性别主义、个人利益、平等、财富重新分配、情景主义、风险回避、生活质量和消费主义。这说明伦理行为守则并不是一成不变的。因此,当分别坚持这两种体系的伦理原则的员工在一个企业内工作时,想避免伦理冲突将很困难。尽管伦理行为守则在一定的时间跨度上会产生变化,但是解决伦理冲突的总的原则却没有太多变化,如公开性、客观性、沟通性和容忍性就是化解矛盾的有效办法。尽管针对不同的人和不同的事在具体处理上可能要讲究一些技巧。

在客户关系管理中,在每一个接触点都可能会与伦理观念完全不同的人交流,因而发生冲突在所难免。不过,对于客户关系管理人员而言,与不同人群交往的过程也是一个价值观念社会化的过程,在此期间,可以学习一些新的伦理准则和价值观念,进而提升自己的业务经验和工作能力。唯一需要克服的缺点可能是业务人员认为自己的伦理水平高于客户的水平,因而不愿意接受客户的要求。这时就需要在工作态度上作出一定改变,学会倾听客户的意见和建议,然后有针对性地给予回应。

事实上，社会成员之间的信任，如下级对上级的信任、员工对管理者的信任、客户对企业的信任、企业之间的相互信任、企业对政府的信任等，有时甚至比法律、规定、规则和程序更重要。因此，伦理因素能够调节法律法规所不能调节的活动领域，而且这个领域非常广泛，通常远远大于法律所能调节的范围。因此，客户关系管理主要是处理好企业与客户彼此之间的信任问题，以及企业各个合作伙伴之间的相互信任问题。

以广告为例，客户反应比较负面的主要有以下情形[①]：①企图引诱客户观看广告；②广告在播放过程中没有设置结束键；③把客户想要观察的东西遮盖起来；④在广告中未说明到底想要做什么；⑤到处出现广告内容；⑥不断地闪动；⑦在屏幕上飘来飘去；⑧带有自动音乐播放功能。

12.2　客户关系管理伦理中的东西方文化价值观念差异

客户关系管理中的伦理问题与价值观念差异有着密切关系。价值观念的形成又与社会文化环境具有直接关系。因此，企业为了统一营销员工对客户关系的行为和态度，首先要进行相应的文化宣传活动，在对文化形成认识的基础上，培养对文化中核心价值观念的认同，然后再形成共有的道德伦理基础。文化中除了总体文化外还包括亚文化。总体文化只是保证特定社会中的人群在总的文化原则中不至于产生矛盾和冲突，但是并不保证在不同的亚文化之间不产生冲突。因此，认识文化差异性，除了需要认识总体文化外，还需要深入研究亚文化。由于亚文化只有具体到特定的总体文化环境中研究才具有指向性，因此我们在此只研究总体文化之间的差异。

12.2.1　东方传统伦理元素与西方传统伦理元素的对比

对于中国企业而言，在客户关系管理中，如果只是面对国内市场的客户群体，那么了解中国传统伦理文化和现代伦理文化，即了解其总体文化和亚文化的主要构成元素即可。但是，如果想要走向国际市场，与国际客户打交道，就必须了解国际文化，特别是东道国的主流文化价值观念。

接下来我们将对中国传统伦理文化与西方传统伦理文化进行区分，以便中国企业在走向国际市场时更多地了解外国的文化，尤其是西方发达国家的价值观念，这样就可以对一些可能存在伦理冲突的客户关系管理问题采取更加积极有效的应对措施。

延伸阅读　中国传统文化对于道德伦理的要求与西方伦理学体系的区别

中国传统伦理道德体系与西方有较大区别。中国传统伦理元素比较抽象，意境高远宏大，充满思想上的玄妙性，具体指向性不是特别明确，具有一定的模糊性，因而可以从多

---

① SAUCIER R D. Marketing Ethics[M]. Ceredigion：The Edwin Mellen Press，Ltd.，2008：30.

个方面来理解,而且各个元素之间的相互关系不是十分确定,内在逻辑关系比较复杂。西方传统伦理学元素比较具体,体系性较强,能够相互支撑,但是比较细微,缺少宏大的概念。当然,中国和西方的传统伦理体系都并不是针对商业活动而设立的,但是它们中确实包括商业活动行为的合理性分析,尤其是在西方伦理学著作中相关论述比较多。中国传统伦理中更多地强调管理社会的伦理,以及人与人之间关系的伦理,对于商业行为较少涉及。

因此,通过伦理元素的对比及相关分析,我们不难发现客户关系管理学所依据的西方伦理体系的坚实性。如果在现有中国传统伦理体系上应用西方客户关系管理的各种工具,必然会出现与社会环境的排斥性。同时,如果把中国企业的客户关系管理所必需的伦理体系建立在这些西方伦理体系上,也会存在一定的风险性。

12.2.2 国内市场和国际市场中的客户关系管理伦理问题

如前所述,在国内市场中有许多外资企业、合资企业、合作企业,这些企业所信奉的价值观念与中国社会的传统价值观念可能存在一定的区别。相对而言,纯外资企业由于管理模式中受外方文化影响较大,其客户关系管理理念更多地体现外国价值观念的特点。尽管外资企业进入中国市场时都会强调本土化改造,用中国消费者所能接受的客户服务原则来处理自己的业务,但是很难从根本上改变其总公司或总部长期以来形成的价值观念和伦理体系。如果在东道国和原产地分别采用两种不同的伦理体系,那么整个企业的管理就会出现不兼容的问题。

因此,对于引进的外资企业,要从其客户关系管理等方面加强监管,防止其企业文化对正常客户关系产生负面影响。

对于走出去进入国际市场的中国企业,则应在客户关系管理方面适应外国当地的文化与习俗。这既有利于保护企业自身的利益,也能够更好地树立中国企业在国际客户关系管理方面的品牌形象。

除了直接投资、合作等方式进行国际合作,建立国际客户关系外,把产品和服务通过贸易方式销售出去是最为传统的营销方式。相比较而言,产品和服务走向市场要比投资走向市场容易一些。产品和服务走向国际市场主要面对的是国际上的代理商、批发商和零售商等中间商企业,因而客户关系性质比较简单,是属于贸易类型的合作伙伴建立或者客户关系管理。而投资与之不同,除了涉及项目投资政策限制外,还可能涉及技术限制、投资区域限制、投资期限限制、合作双方或多方投资份额权重占比等一系列问题。因此,投资类客户关系管理从性质上要比贸易类客户关系管理复杂,而且面临的风险也相对更大。

国际贸易客户关系管理与国际投资客户关系管理不仅在性质上有所不同,在管理难度上也会有较大差异。针对不同类型的国际客户,企业应当通过建立多文化背景下的客户关系管理队伍来处理各类客户关系中出现的问题。营销人员除了应具备客户关系管理的专业知识外,还应当掌握与不同国家和地区的客户交流沟通的方法和技巧。而进入中国市场的国外企业除了上面提及的应加强对商业伦理文化中客户关系管理原则的监管外,还要尽可能在客户关系管理方面让管理层和营销主管人员了解并熟悉中国文化和社会核心价值观念,在符合中国社会核心价值观念的基础上进行客户关系管理。尤其是在商业模式运营方面,要加强对通过营销渠道发展客户关系的行为监督。

12.3　客户关系管理伦理中的基本决策模型

正如前面所述,对于各类企业而言,客户关系管理都是营销工作的重要内容。它不仅直接影响企业的短期利益(销售额和利润),而且对长期利益,如客户保留、客户忠诚等客户资产具有重要影响。尤其是对于那些旨在推行全球化营销策略的企业而言,客户关系管理已经成为在国际市场上站稳脚跟的基础。但是仅认识到客户关系管理的重要性并不足以保证企业营销管理工作的效果。企业必须把这种认识转化为行为。为此,接下来介绍两个重要的客户关系管理决策模型。

12.3.1　"行为—动机—结果"模型

企业作为行为者通过自身的动机向市场提供产品或服务,然后在特定的场景中形成行为过程,这种行为过程在对目标受众即客户群体产生企业想要的影响结果的同时也会产生一些不想要或者无意图的影响结果。[①] 企业在对客户发生作用的过程中也会对非目标群体产生影响,进而形成无意向的影响结果。这里的无意向也可以理解为非本意或者不在计划范围内。

从这个过程中,我们可以发现企业的一些伦理行为有可能是意向性影响结果的伴生物,也可能是非意向性影响结果的伴生物。一般而言,由于对意向性结果有一定的预期,因而企业对可能出现的伦理问题会有所准备;而对于非意向性结果的出现可能缺乏预期,因而对相关的伦理问题准备不足。因此,从这个意义上讲,在处理客户关系管理方面的伦理问题时,企业要做两方面的准备:首先是处理好对客户群体作用过程中产生的意向性结果所伴生的伦理问题与非意向性结果所伴生的伦理问题;其次是处理好对非客户群体作用过程中产生的非意向性结果所伴生的伦理问题。

我们在前面的分析中,阐述了"三位一体"伦理关系,其实除了企业、营销人员和客户之外,还存在社会。这里的社会是一个很广泛的概念,它既可能包括企业除员工之外的其他利益相关者,也可能包括一些普通社会民众。因此,企业非目标客户可能就是这样一些人群,他们关心企业的发展,同时可能受到企业客户关系管理结果的影响。

这种"行为—动机—结果"模型如图12-1所示。[②]

12.3.2　亨特—维泰尔(Hunt-Vitell)模型

在客户关系管理理论方面,亨特(Shelby D. Hunt)和维泰尔(Scott J. Vitell)于1991年提出了一个概念模型,主要用于分析环境、感知、规则、评价/伦理判断、目的与打算、行

---

① ANDREASEN A R. Ethics in Social Marketing[M]. Washington, D. C.: Georgetown University Press, 2001: 4.

② ANDREASEN A R. Ethics in Social Marketing[M]. Washington D. C.: Georgetown University Press, 2001: 4, 内容有修改。

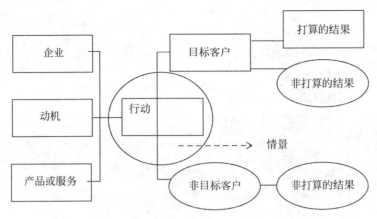

图 12-1　客户关系管理伦理驱动模型

为等变量之间的关系。为了便于阐述,我们在此将其称为亨特—维泰尔模型。该模型变量之间的关系路径以及变量所包括的各个子变量构成情况如图 12-2 所示[①]。

从图 12-2 中可以发现,亨特—维泰尔模型中的变量关系十分复杂。简便起见,我们在分析该模型时可以省略变量的因子项,形成一个相对简化的模型框架,即环境变量、个人性格变量、感知变量、评价变量、目的变量和行为变量。伦理因素在感知变量和评价变量中发挥影响力,进而对目的和行为产生影响。但是,伦理因素本身又客观地存在于各种环境变量中,也与个人性格变量这一主观因素有关。因此,伦理因素是由客观环境因素和个人性格主观因素共同作用于对某一种客观事物的感知上,进而依据一些道义或功利性结果上的判断标准做出评价,然后再对目的或者打算进行思考,最后才是行动。

亨特—维泰尔模型本身经过了修改,但是其基本要素并没有改变。人们在此基础之上也一直在不断地增加新的变量和研究内容。具体到客户关系管理这一领域,企业的营销人员在处理客户关系时不仅会受到正式法规制度、公司政策的约束,而且会受到一些不成文的非正式社会规则的影响。因此,可能在感知层面一方面是从可能的结果上来感知,而另一方面就是从客户关系伦理上进行感知,当然在有多种选择方案时,营销人员对客户关系的处理就可能从容地应对,而不至于陷入"伦理困境"。

一般而言,在处理客户关系时,备选方案越多,面临的伦理困境就越少。因此,企业在对待客户关系方面,一定不能只有一个应对方案或者只有一种工作模式。对于不同事项、不同客户群体,企业应当有多种管理资源、工具和方法。此外,该模型并没有告诉企业客户关系管理者如何进行决策,而只是对可能影响决策的因素进行了分析。但是,它有利于客户关系管理者对营销人员的伦理行为进行控制。

客户关系管理是一个复杂的过程。除了做好客户关系管理人员的管理工作外,企业还需要认真研究客户方面的情况。同时,也需要对竞争对手采用的客户关系管理工具和方法有所了解。一味地迎合客户的需求并非长久之计。企业必须对客户感受有客观认识和把握。一般而言,客户对以下营销宣传方式表现出较低的容忍度:不切实际的审美标

---

① BRENKERT G G. Marketing Ethics[M]. Oxford,UK:Blackwell Publishing,2008:238.

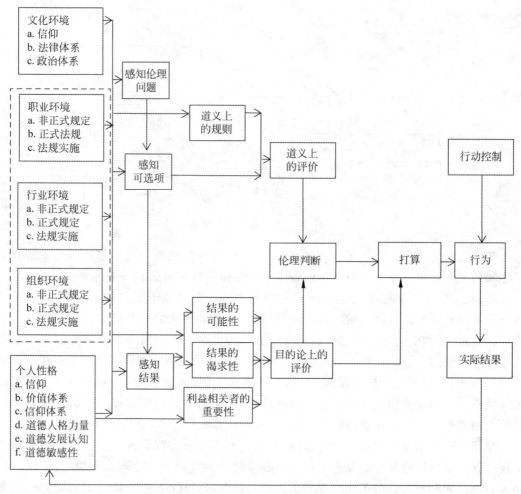

图 12-2　亨特—维泰尔模型中的变量关系

准；哄骗儿童购买一些有害或者无用的东西；在广告宣传中过于强调娱乐性；在同样价位下减少产品数量；专门针对特定客户群体开展宣传活动，让他们购买有害或者无用的东西；误导性陈述或者夸大产品保健效果；误导性陈述或者扩大产品对于环境保护的好处；潜意识广告；不公平或误导性对比等。[①]

针对上述容易引起客户反感的营销活动或者领域，企业客户管理人员要保持高度警觉，在做好自律的同时，提醒身边的工作人员不要犯类似的错误。当然，最好的方法是在企业之中形成一整套客户关系管理工作守则或者伦理行为指南。让每一项客户关系管理工作都能够有一个具体的参照标准。在一些规范的行业，行业伦理行为准则是必备的管理文件，通常由行业协会制定并组织实施，要求每一家企业都参照执行。一些表现优秀的企业通常会在行业自律规则的基础上，提高对自身的伦理道德要求。行业自律的要求越严格，企业在客户关系管理领域出错的可能性就越小。行业协会等自律组织的发展既能

---

① SAUCIER R D. Marketing Ethics[M]. Ceredigion：The Edwin Mellen Press，Ltd.，2008：8-9.

减轻政府部门对企业监管的工作压力,也能提升整个行业的经营管理水平,有助于在企业、员工、客户、社会公众等市场众多参与者中构建一种良好的关系信任环境。

复习思考题

1. 非伦理行为主要表现在哪些方面?
2. 伦理行为与非伦理行为的判断标准是什么?
3. 企业如何应对不同文化背景下的客户关系管理?
4. 中国传统社会文化情景中的伦理行为有何特点?
5. 西方传统社会文化情景中的伦理行为有何特点?
6. 客户关系管理伦理决策模型包括哪些主要内容?

心理学定律在客户关系管理中的应用的伦理问题

【案例信息】 心理学定律在企业客户关系管理中经常被采用。这些定律很好地揭示了客户的心理和行为现象,如果能够遵循这些心理定律,将其应用于合理合法的范围内,那么对于提升企业与客户沟通的效果具有重要作用。但是,这些定律有时会被不道德的企业和客户关系管理人员所利用,被当成非法敛财或违反营销伦理进行经营的工具。

从众心理、心理认同等心理学规律在企业客户关系管理中经常以心理效应呈现出来,如人们所熟知的"从众效应""登门槛效应"和"南风效应"。这些效应在营销实践中经常表现出如下特点。

(1) 从众效应。① 英文表述为 Bandwagon effect 或 Conformity effect,也称乐队花车效应,是指当个体受到群体的影响(引导或施加的压力)时,会怀疑并改变自己的观点、判断和行为,朝着与群体大多数人一致的方向变化,也就是人们通常所说的"随大流"。从众是一种普遍的社会心理现象,从众效应本身并无好坏之分,其作用取决于在什么问题及场合中产生从众行为,具体表现在两个方面:一是具有积极作用的从众效应(正向效应);二是具有消极作用的从众效应(负向效应)。从众行为的结果有三种可能性:积极的一致性;消极的一致性;无异议的一致性。在研究从众现象的实验中,比较经典的是"阿希实验",实验结果表明,接近 1/3 的被试者出现从众行为。

(2) 登门槛效应。② 英文表述为 Skips threshold effect 或 Foot in the door effect,又称得寸进尺效应,是指一个人一旦接受了他人的一个微不足道的要求,为了避免认知上的不协调,或想给他人以前后一致的印象,就有可能接受一个更大的要求。这种现象犹如登门槛时要一级台阶接一级台阶地往上走,更容易顺利地登到高处。这个效应是美国社会

---

① https://baike.so.com/doc/5698832-5911541.html.
② https://baike.so.com/doc/549877-582082.html?from=172829&sid=582082&redirect=search.

心理学家弗里德曼与弗雷瑟在1966年所做的"无压力的屈从——登门槛技术"现场实验中提出的。人们如果对于某一个小请求找不到拒绝的理由就会增加同意这一请求的倾向;而当卷入其中小部分活动以后,他们便会产生自己关心别人的知觉和态度。这时如果拒绝之后的更大请求,就会出现认知上的不协调,于是恢复协调的内部压力就会促使他继续下去,并使态度发生持久改变。

(3) 南风效应。[①] 英文表述为 South Wind Law,也叫作"温暖"法则,它来源于法国作家拉·封丹写的一则寓言:北风和南风比试威力,看谁能够先让行人把身上的大衣脱掉。北风首先加大风力,寒冷刺骨的风不仅没有把行人身上的大衣吹走,反而让行人把大衣裹得更紧。而南风则徐徐吹来,温度渐渐上升,行人很快就把身上的大衣脱掉,于是南风最终获得了胜利。

上述心理效应在客户关系管理中如果运用过度就会出现伦理问题。例如,有的企业在向客户促销产品时,通过虚假造势,故意营造一种热销的场景,利用客户的不知情,促成其迅速做出购买决策。这就是"从众心理"定律所引起的从众效应。尤其是一些非主动寻求类产品和服务,企业在面临销售压力时,很容易跨越伦理道德界线,而通过场景造假或者数据造假来骗取客户的信任。这种急功近利的不道德做法往往会在客户群体中引起不良后果。

登门槛效应通常出现在客户关系建立阶段,即一些不道德的企业通过循序渐近的方法来引诱客户上钩。这种做法利用了人们碍于面子和对自我形象比较重视的人性弱点,通过一些小的购买活动或交易与客户建立联系,为了促成更大的交易做准备。关系营销中经常会遇到类似的人情式销售,即由于已经是熟人或者朋友关系而不好意思对客户服务人员提出的有些过分的要求予以回绝。这样环环相扣,一步接一步地逼近客户的心理底线,打开客户的心理防线,进而达到企业所要实现的目的。

南风效应在促销环节中经常出现,如在客户关系维持中,对于社会人群中比较容易受冷落的群体和情感上处于严重缺乏的弱势对象,通过故意给予"温暖式"的关爱赢得客户的初始信任,在解除客户的心理防备之后,再想方设法推销企业的产品。这种情感沟通方式比直接采取强力促销更容易被客户所接受,因而对客户的蒙蔽性更强。应用南风效应作用原理步入伦理误区的企业通常喜欢把企业的业务工作理解为一项事业,从更高尚的角度来描绘企业与客户之间的关系,甚至用一些远远超过客户所具有的品质和地位来为客户定位。对客户过于迎合与表扬,有时包含刻意欺骗的商业意图。

在正常的客户关系管理中,遵循心理学定律来应对客户的各种心理反应并无不妥。但是,应用心理学规律,使之成为打开客户心理之门的钥匙而获取不道德的商业利益,就会引起伦理问题。不论是从众效应、登门槛效应,还是南风效应,在一个道德合宜的范围之内,都不会构成对客户和社会的实质性危害,而超过一定的度就会引发一系列的伦理争议。这个度取决于企业的客户关系管理人员在营销活动中对于社会伦理规则的理解,以及自我性格方面的因素。

[①] https://baike.so.com/doc/6478519-6692222.html?from=181836&sid=6692222&redirect=search.

【案例讨论题】

1．根据案例中的三种心理效应，试分析客户关系管理中与之对应的伦理问题。

2．积极地遵循心理规律进行客户关系管理与利用心理效应来获得不道德的收益有何不同？

3．你认为客户关系管理中上述心理效应经常出现于哪一类客户群体身上，为什么？

教学支持说明

▶▶ **课件申请**

尊敬的老师：

　　您好！感谢您选用清华大学出版社的教材！为更好地服务教学，我们为采用本书作为教材的老师提供教学辅助资源。该部分资源仅提供给授课教师使用，请您直接用手机扫描下方二维码完成认证及申请。

任课教师扫描二维码
可获取教学辅助资源

▶▶ **样书申请**

　　为方便教师选用教材，我们为您提供免费赠送样书服务。授课教师扫描下方二维码即可获取清华大学出版社教材电子书目。在线填写个人信息，经审核认证后即可获取所选教材。我们会第一时间为您寄送样书。

任课教师扫描二维码
可获取教材电子书目

 清华大学出版社

E-mail: tupfuwu@163.com　　　　　　　　网址：http://www.tup.com.cn/
电话：010-83470332/83470142　　　　　　传真：8610-83470107
地址：北京市海淀区双清路学研大厦B座509室　　邮编：100084